suhrkamp nova

Im jungen Erwachsenenalter wird Lea De Gregorio *verrückt* und kommt schließlich in die Psychiatrie. Eines wird ihr an diesem Ort sofort unmissverständlich klar: Hier bestimmen, entscheiden, sprechen andere für sie. Muss sie sich dieser althergebrachten Ordnung tatsächlich fügen, damit alles besser wird? Oder sie erst recht in Frage stellen? Eine Suche nach grundlegenden Antworten beginnt, sie führt sie an tabuisierte Orte der Geschichte, in unsere Sprache, die Philosophie und schließlich in den Kampf. Gegen Ausgrenzung und Diskriminierung von *Verrückten*, einer viel zu lange übersehenen Minderheit.

Foto: © Paula Winkler/Ostkreuz

LEA DE GREGORIO wurde 1992 in Hessen geboren. Sie studierte Vergleichende Kultur- und Religionswissenschaft und schloss einen Master in Europäischer Ethnologie und einen zweiten in Philosophie ab. Sie volontierte beim *Amnesty Journal*, wo sie später als Redakteurin für Gesellschaftsthemen zuständig war. Bereits während des Studiums begann De Gregorio für überregionale deutsche Zeitungen zu schreiben. Heute arbeitet sie als freie Journalistin u.a. für *Die Zeit*, *Deutschlandfunk Kultur* und die *taz*. Sie lebt in Berlin.

Lea De Gregorio

UNTER *VERRÜCKTEN* SAGT MAN DU

Suhrkamp

Klimaneutral
Druckprodukt
ClimatePartner.com/14438-2110-1001

Erste Auflage 2024
suhrkamp taschenbuch 5430
Originalausgabe

Umschlaggestaltung: Designbüro Lübbeke, Naumann, Thoben, Köln
Satz: Satz-Offizin Hümmer GmbH, Waldbüttelbrunn
Druck und Bindung: CPI books GmbH, Leck
Printed in Germany
ISBN 978-3-518-47430-3

www.suhrkamp.de

UNTER *VERRÜCKTEN* SAGT MAN DU

Für Charlie und für Dorothea Buck

Was unser Geist der Wirrnis abgewinnt,
kommt irgendwann Lebendigem zugute;
wenn es auch manchmal nur Gedanken sind,
sie lösen sich in jenem großen Blute, das weiterrinnt …

Und ists Gefühl: wer weiß, wie weit es reicht
und was es in dem reinen Raum ergiebt,
in dem ein kleines Mehr von schwer und leicht
Welten bewegt und einen Stern verschiebt.

Rainer Maria Rilke

ES IST ZEIT

Warum ich dieses Buch schreibe

Es heißt, diejenigen, die das Wort haben, sind die Mächtigen und manchmal ist Schreiben ein Kampf, ein innerer. Und wenn geschrieben ist, ist das vielleicht erst der Anfang eines Kampfes. Dies ist auch die Geschichte einer Selbstermächtigung.

~

Es war Winter und ich befand mich auf einer psychiatrischen Akutstation mitten in Berlin mit einer Tür, die verschlossen war. Draußen war es kalt und wir froren, ich musste unser Zimmer immer wieder lüften, weil meine Zimmergenossin sich nicht waschen wollte. Sie hatte schon schrecklich gestunken, als sie angekommen war. Aber das war es nicht, was mich dort wütend machte. Es schien mir, als ob man uns Patient:innen in der Klinik verwalten wolle, und mir kam dieser Ort paternalistisch vor.

Die besagte Tür, die wir nicht eigenständig öffnen konnten, lag am Ende eines langen Flurs, von dem weitere Türen zu vielen Zimmern abgingen, in denen wir schlafen sollten und die morgens ein Pfleger öffnete, um uns zu wecken. Die Station durften wir nicht verlassen, ohne uns vorher abzumelden und darum zu bitten, dass man uns die Tür am Ende des langen Flures aufmacht. Manche der Patient:innen durften, wenn sie Bescheid sagten, gehen, wann sie wollten. Andere nur für eine Stunde oder etwas länger, wieder andere für eine bestimmte Zeit gar nicht mehr. Ich glaube, mich hatte ein Pfleger von einer Notaufnahme aus, die ich mit einem Familienmitglied zusammen aufgesucht hatte, dorthin gebracht.

Wer über die Notaufnahme gekommen war, saß beim Warten erstmal unter allen möglichen Kranken, Menschen mit Knochenbrüchen und anderen Beschwerden. Es gab in dem Warteraum Automaten mit Cola, Schokolade und irgendwelchen Riegeln und man bekam ein Band mit einem Strichcode darauf am Handgelenk befestigt.

Als ich drankam, wurde ich mit einem Gerät verbunden, anschließend hielt ein Mann im weißen Kittel Zettel mit verschiedenen Werten in der Hand. Ich nahm an, dass es bei den Werten um meine Seele und mein Herz ging. Später machte er weitere Tests, ich sollte mir Begriffe merken: Apfel, Wolke, Wasserglas, und ich fragte mich, was diese Dinge mit mir und meinem Leben zu tun haben sollten.

Ich hatte nächtelang wachgelegen und gar nicht geschlafen, weil ich so viel nachdenken musste. Ich war überarbeitet und in dem ganzen Jahr zuvor war viel passiert, mein Kopf quoll über vor Lebensfragen. Alles um mich herum, die Gegenstände und die Menschen, die mir begegneten, erinnerten mich plötzlich daran. Alles war getränkt in Gefühlen und ich verstand die Welt um mich herum nicht mehr, alles war anders als sonst. Man könnte sagen, ich steckte tief in einer Lebenskrise, ich hatte Angst und ich hoffte, dass der Mann im Kittel mir weiterhelfen konnte.

Anstatt meine Gedanken und die Hintergründe der Krisen zu besprechen, ging es jedoch vor allem darum, genetische Dispositionen für Manien bzw. Psychosen abzufragen, Angehörige über frühere Krisen zu befragen, körperliche Ursachen zu suchen, Symptome aufzuschreiben, die auf bestimmte Krankheitsbilder hinweisen sollten, und zu verdrängen, insbesondere mit Medikamenten, die wir regelmäßig in dem Pfleger:innenzimmer nehmen sollten, später auch mit verschiedenen in einem Wochenplan aufgelisteten Therapien.

Wer so wütend wurde, dass er oder sie ausrastete – meine Zimmernachbarin etwa, die einmal ein Puzzle und Plastiktassen durch den Gemeinschaftsraum geworfen hatte –, wurde zwischenzeitlich isoliert, also in einem separaten Zimmer an ein Bett gebunden. Ich sah, wie Pfleger:innen sie unter Gewalt dorthin brachten, und betrachtete anschließend ihr leeres Bett. Sie tat mir leid, ich hatte das Gefühl, dass sie völlig verzweifelt war.

»Und ich bin Jesus«, sagte ein Arzt genervt zu einer anderen Patientin ungefähr in meinem Alter, Mitte zwanzig oder vielleicht etwas älter, die das Gespräch mit ihm suchte, bevor er die Tür zu seinem Büro mit einem Ruck zuzog. Sie hatte scheinbar nicht mehr gewusst, wer sie selbst und die anderen waren. Ich erinnere mich, wie die Frau einige von uns ansah und berührte, als ob sie uns für Heilige hielt. Und ich erinnere mich an den arroganten und überforderten Blick des Arztes, der ihr mit seiner Aussage offensichtlich nicht weitergeholfen, sie eher noch mehr verwirrt hatte.

Im Raucherraum bequasselten wir *Verrückten* die großen Fragen unter uns. »Was kann ich wissen? Was soll ich tun? Was darf ich hoffen? Was ist der Mensch?« Ich glaube, dass es in vielen schweren psychischen Krisen implizit oder explizit um diese vier berühmten Fragen von Immanuel Kant geht, die man, wenn man sie sich während der *Verrückung* nicht auf dieselbe rationale Weise stellt wie sonst, am ganzen Körper *erlebt*.

In einer Depression erlebt man die Antwort »ich weiß nicht« oder »nichts« auf eine oder mehrere dieser Fragen häufig, indem man müde, lustlos und antriebslos wird, man vielleicht gar nicht mehr aufstehen kann oder vielleicht sogar nicht weiter leben möchte.

Wenn das Gefühl, eine oder mehrere der Fragen beantworten zu können, jedoch auf einmal so viel innerliche Kraft aktiviert, dass der Kopf vor lauter Ideen brummt, man viel glücklicher ist als an anderen Tagen und voller Begeisterung über all die Einfälle, wenn man so schnell und viel redet, dass niemand mehr etwas versteht, erlebt man vielleicht gerade eine Manie.

Wenn der Gedanke »ich will die Antworten finden« einen dabei so sehr beherrscht, dass man nicht mehr nur argumentativ nach ihnen sucht, sondern das Gefühl hat, sie symbolisch in den Dingen, in einem Menschen, einem Baum oder etwas anderem zu finden, erlebt man vielleicht eine schwere Manie oder Psychose. Vielleicht hören dann manche, wie viele Menschen mit der Diagnose Schizophrenie, innere Stimmen oder Halluzinationen. Vielleicht kommt man von den möglichen symbolischen Antworten nicht mehr los und es erscheint einem so, als würde man verfolgt oder überwacht werden, vielleicht machen einem die Fragen oder die Tatsache, die Fragen doch nicht beantworten zu können, große Angst.

Aber es ging im Raucherraum natürlich auch um ganz pragmatische Dinge, etwa um die Frage, wie man an eine neue Schachtel Zigaretten gelangen könnte. Oder aber darum, auf vernünftige oder *verrückte* Weise die Gegebenheiten auf der Station zu verstehen, beispielsweise abschließend zu klären, ob uns im Raucherraum wohl jemand abhören konnte. Es gibt tatsächlich Psychiatrien, in denen einzelne Zimmer mit einer Kamera überwacht werden.

»Sie wollen uns Disziplin beibringen, das ist es, was sie wollen«, erklärte mir eine ältere Frau, die sagte, dass sie Historikerin sei, als ich einmal mit ratlosem Blick auf dem Gang der Station stand. Später las ich den Satz in meinem Notizbuch. Ich nehme an, dass sie vor allem das Einhalten der Ausgangszeiten und der Tagesstruktur, die Teilnahme an dem Klinik-Programm und den verhaltenstherapeutischen Sitzungen meinte. Letztlich stand hinter alledem der Gedanke, eine Struktur beizubehalten, die einem Alltag gleicht. Wenn Pfleger:innen dieser Patientin etwas vorschrieben oder ihr nicht erlaubten, etwas zu tun, was sie wollte, berief sich die ältere Frau immer wieder auf ihren Doktortitel, als hätte er für sie als Patientin auf der Station eine Relevanz.

Das ist neben all dem Negativen, dem Schmerz und der Unterdrückung, die man auf solch einer Akutstation erleben kann, das Charmante an diesen Orten: dass dort in ihren Krisen alle Menschen zusammenkommen, egal ob Malermeister, Arbeitslose oder Intellektueller, egal ob Psychotikerin, Schwerdepressiver oder Drogenabhängige, egal ob Jüdin, Christ oder Muslim. Man kann dort so vieles über die menschliche Existenz erfahren, auf solch schonungslose und unmittelbare Weise wie sonst vielleicht nirgendwo. Ich habe die Gespräche im Raucherraum der Station später manchmal vermisst.

Im Erdgeschoss des Klinikgebäudes gab es einen weiteren langen, hellen Gang mit einer Ausstellung, die sich mit der Geschichte der Klinik und der Medizin in der Vergangenheit befasste, insbesondere während der Zeit des Nationalsozialismus, aber auch des Kolonialismus. Schön, dass sie sich mit ihrer Historie befassen, dachte ich. Zu der Klinik von heute passte jedoch auch, dass scheinbar niemand darüber nachgedacht hatte, was die Ausstellung mit den Gefühlen der Patient:innen machen kann, die notgedrungen daran vorbeigehen müssen, um sich nach dem »Ausgang« wieder auf die Station zu begeben. Bei mir jedenfalls verstärkte die Ausstellung mein Unbehagen und meine Ängste.

In einer der Vitrinen stand eine kleine Skulptur der Bildhauerin Dorothea Buck. Sie heißt »Mutter und Kind«. Dahinter hing ein Bildschirm, der einen Film über ihr Leben zeigte. Während des Nationalsozialismus haben Ärzt:innen Dorothea Buck wegen ihrer Diagnose Schizophrenie zwangssterilisiert. Ich habe die lebensfrohe, lebenskluge alte Frau einmal als Journalistin für die *taz* getroffen. Nicht lange vor meinem Klinikaufenthalt hatte ich gelesen, dass sie gestorben war. Sie war die letzte bekannte Überlebende der NS-Psychiatrie und eine namhafte Psychiatriekritikerin, für ihr Engagement ist sie mehrfach ausgezeichnet worden.

»Die sprachen ja gar nicht mit uns, diese merkwürdigen Psychiater«, hatte sie während unseres Gesprächs über die Psychiatrie im Nationalsozialismus gesagt. Als ich einmal durch die Ausstellung lief, fragte ich mich, was aus der damaligen Zeit in den Psychiatrien von heute übrig ist.

Ich erinnerte mich daran, wie ich einer Patientin auf der Station erzählt hatte, dass ich Journalistin bin bzw. gerade eine werde, damals befand ich mich in der Ausbildung. Und ich erinnerte mich daran, dass ich mich, ohne dass sie mir etwas vorgeworfen hatte, zu rechtfertigen begann. Als hätte sie gefragt, warum ich mich nicht mit eigenen Erfahrungen outen und über die Unterdrückung und Diskriminierung, die ich als *Verrückte* in der Psychiatrie und in der Gesellschaft erlebe, schreiben, diese Menschenrechtsverletzungen als Journalistin nicht stärker zum Thema machen würde. Es ist ja so, dass auf den Erfahrungen, die man in der Psychiatrie macht, ein Tabu lastet, das ganze Welten verschluckt, und wir lernen, sie zu verdrängen. Vielleicht hilft uns das im Alltag sogar. Gleichzeitig bin ich der Überzeugung, dass es auch jenem Tabu geschuldet ist, dass sich an diesen Orten, den psychiatrischen Akutstationen, und auch an dem gesellschaftlichen Umgang mit Menschen in Krisen insgesamt, nur sehr langsam etwas ändert.

Dieses Dilemma wurde auf der Station Teil meiner psychischen Krise, die ich damals, sechs Jahre nach meiner ersten Krise, noch einmal erlebt habe. Ja, ich bin fast dankbar dafür, weil ich mich anschließend mit so vielem befasst habe, was ich lange Zeit verdrängt und vergessen hatte, und mir das dabei half, dass es mir seitdem viel besser geht und ich mich wieder integer fühle. Darunter fallen neben therapeutischen Angeboten auch die Auseinandersetzung mit der Kritik an dem psychiatrischen System, die Beschäftigung mit Feminismus und das Erkennen von struktureller Diskriminierung in unserer Gesellschaft.

Obwohl ich mich in meiner Arbeit als Journalistin, insbesondere während meiner Zeit bei Amnesty International, immer wieder mit Menschenrechtsverletzungen und Diskriminierung auseinandergesetzt habe, beschäftigte ich mich wenig mit der Unterdrückung, die mich selbst betrifft. Und damit, dass ein Psychiatrieaufenthalt während der Zeit des Nationalsozialismus mich vielleicht das Leben gekostet hätte bzw., wenn dem nicht so gewesen wäre, vor dem Hintergrund der »Rassenhygiene«, meine Fortpflanzungsfähigkeit. Und doch sind mir immer wieder Parallelen zu anderen Diskriminierungsformen aufgefallen. Damit will ich mich nun näher befassen. Ich frage mich: Inwiefern sind wir *Verrückten* in unserer Gesellschaft bis heute eine unterdrückte Minderheit? Und welche Rolle spielt dabei die Psychiatrie?

Um diese Fragen geht es in diesem Buch.

Ich bin keine Ärztin oder Psychologin, sondern studierte Philosophin, Kultur- und Religionswissenschaftlerin bzw. Ethnologin und Journalistin. Ich habe Fächer studiert, in denen man bestehende Kategorien heute eher aufbricht, sich ethischen Fragen stellt, die gesellschaftliche Wirklichkeit als gemacht versteht, nicht quantitativ forscht. In denen man das Bewusstsein für ein Rätsel und das Leib-Seele-Problem für ungeklärt halten kann, auch wenn sich viele Philosoph:innen dem Materialismus und damit der Biologie verschreiben. Ich finde es hilfreich, mich immer wieder auf Ärztinnen und Psychologen zu beziehen, dennoch will ich den Umgang mit *Verrückten* und die Unterdrückung, die sie erleben, aus einer philosophischen, gesellschaftskritischen und menschenrechtlichen Perspektive betrachten, Verbindungen zu anderen Diskriminierungsformen und historische Kontinuitäten aufzeigen.

Mir geht es darum, das Thema Psychiatrie vom Rand in die gesellschaftliche Mitte zu holen und »psychische Störungen« bzw. »auffälliges Verhalten« nicht als Abnormalität zu bewerten, sondern – ähnlich wie es auch der Begriff der *Neurodiversität* ausdrückt, den vor allem viele Menschen mit ADHS und Autismus heute zunehmend als Selbstbezeichnung verwenden – wertfrei als *anders* als der quantitativ überwiegende Teil der sogenannten Mehrheitsgesellschaft.

Ich widme mich dem Thema Psychiatrie als Betroffene, auch wenn ich das Wort »Betroffene« gar nicht so gerne mag. Wenn ich von Menschen spreche, die in ihrem Leben irgendwann einmal in der Psychiatrie waren, weil sie Manie- bzw. Psychose-Erfahrungen gemacht haben, werde ich stattdessen meistens von *Verrückten* sprechen. Im Folgenden werde ich nicht nur Begegnungen schildern, die ich als Journalistin gemacht habe, sondern zur Veranschaulichung auch immer wieder Beispiele aus meiner Biografie heranziehen.

Ich beschäftige mich mit dem Thema Psychiatriekritik ebenso, weil ich Feministin bin und denke, dass ein Unbehagen Ausgangspunkt sein kann für gesellschaftliche Veränderung und Gefühle eine Ursache haben, vielleicht auch eine revolutionäre Kraft. Mich macht die mediale Berichterstattung über das Thema als Journalistin wütend und ich will mich als Betroffene wehren, weil ich das Gefühl habe, dass ich mich wehren muss. Ja, ich schreibe dieses Buch auch, weil der Schmerz und die Wut über das, was ich erlebt habe, nun schon sehr lange in mir arbeiten und ich eine innere Pflicht verspüre, das zu tun. Und wenn ich daran denke, angesichts des Tabus, das auf dem Thema lastet, doch lieber nicht darüber zu schreiben, bekomme ich schlichtweg ein schlechtes Gewissen.

Es macht mich wütend, wie in der Öffentlichkeit über »uns« gesprochen wird und dass das Thema Psychiatrie, abseits der Thematisierung von Personalmangel und der fehlenden Gelder, in Medien meist völlig unkritisch behandelt wird. Es schockiert mich, dass immer noch meistens diejenigen als Expert:innen für unsere Erfahrungen gesehen werden, die diese Erfahrungen selbst gar nicht gemacht haben, nämlich Ärztinnen und Therapeuten. Und dass diese Betroffenen dann auch noch häufig dazu raten, sich mit eigenen Erfahrungen nicht in der Öffentlichkeit zu outen und sich besser anderen Themen zuzuwenden. Ich wundere mich darüber, dass viele Feminist:innen, Menschenrechtsorganisationen und Akteure im Kontext der Erinnerungskultur das Thema Psychiatrie, wenn überhaupt, lediglich randständig behandeln.

Ich bin der Überzeugung, dass sich auch die Gefühle und Gedanken, die als krank gewertet werden, nicht einfach aus dem Nichts einschleichen, als seien sie verursacht durch ein zufälliges neurobiologisches Phänomen, sondern immer mit Ereignissen, einer Einstellung, einem Bedürfnis, einem Missstand, kurzum: einer Bedeutung zusammenhängen, auch wenn diese sich vielleicht nicht immer gleich erschließt.

Die Philosophin Martha Nussbaum schreibt, »daß das beste philosophische Verständnis der Gefühle diese nicht als rohe irrationale Kräfte begreift, sondern als intelligente und differenzierende Persönlichkeitselemente, die eng mit Wahrnehmung und Urteilsvermögen zusammenhängen«. Warum sollte das nicht auch in schweren psychischen Krisen noch in irgendeiner Form zutreffen?

Ich habe erlebt, dass Medikamente auf Dauer betäuben und etwas von der eigenen Individualität verschlucken können, vielleicht auch etwas von dem, was man Persönlichkeit oder Charakter nennt. Dass sie einen still und depressiv machen können – trotzdem oft zuverlässig helfen, Gefühle zu verdrängen, Schlaf zu finden und für viele Menschen sehr wichtig sind, um ein Leben zu führen, wie es die Mehrheit der Gesellschaft tut. Zwar blieben die Lebensfragen, die mich in die Krise gebracht hatten, nach meinem Aufenthalt ungeklärt, aber er half mir, sie zu verdrängen und sehr schnell wieder meinem Alltag nachzugehen. Ich habe während der letzten zwölf Jahre, in denen mich dieses Thema mal mehr, mal weniger beschäftigt, auch sehr empathische, selbstkritische Psychologinnen und Ärzte getroffen, denen ich dankbar bin. Aber da gibt es eben auch die strukturelle Unterdrückung, die ich in dem psychiatrischen System immer wieder spürte, überall.

Diejenigen, die als irrational gelten, werden in unserer Gesellschaft ja prinzipiell gerne bevormundet, ausgegrenzt oder beherrscht, egal ob es um Sexismus geht, um Ableismus oder Rassismus. In der Psychiatrie ist diese Beherrschung sehr unmittelbar zu spüren. Dort vermengen sich verschiedene Diskriminierungsformen, unterteilen sich Machthierarchien in »gesund« und »krank«, in Patient, Ärzte, Angehörige und Pflegerin.

Ärzte und Therapeutinnen haben gelernt, uns *Verrückte* anhand von Symptomen, die sie während einer oder mehrerer unserer Krisen wahrgenommen haben, in Kategorien einzuordnen, die uns einerseits helfen, Phänomene zu verstehen, uns aber ebenso einengen können. Die über unsere soziale Identität bestimmen und uns in einer Gruppe zusammenfassen. Die uns verallgemeinern und die erklären sollen, was *normal* und was falsch ist – und vielleicht auch, wie unser Leben weitergeht.

Gleichzeitig werden in unserer Gesellschaft derzeit so viele identitätspolitische Forderungen zu unterschiedlichen Themen laut und es gibt diverse emanzipatorische Stimmen, die mich darin bestärkt haben, selbst laut zu werden und mich gegen Verallgemeinerungen, die auf vermeintlichen biologischen Tatsachen beruhen, gegen Diskriminierung und Abwertungen zu wehren.

Trotz der Diskriminierung, die ich erlebt habe, habe ich auch viel Verständnis entgegengebracht bekommen, wenn ich mich mit meinen Erfahrungen geoutet habe. Deswegen bin ich hoffnungsvoll.

Wir leben in postnationalsozialistischen und postkolonialen Zeiten, in denen reaktionäre Kräfte an Gehör gewinnen. Zugleich sind es aber auch Zeiten, in denen Unterdrückungen historisch aufgearbeitet und den Spuren, die sie hinterlassen haben, nachgegangen wird. Zeiten, in denen biologistische Deutungen von Verhalten und Gefühlen, die sich etwa in Geschlechterrollen und Rassismen ausdrücken, einerseits in erschreckendem Ausmaß wieder an Popularität gewinnen, andererseits aber auch entschieden bekämpft werden. In diesem Spannungsfeld sollte auch eine gesellschaftskritische Auseinandersetzung mit dem Umgang von *Verrückten* ihren Platz finden – insbesondere in einer Gesellschaft, die ihre Erinnerungskultur für vorbildlich erachtet und sich Vielfalt auf die Fahne schreibt.

Ich schildere meine Erfahrungen aus der Sicht einer *weißen* Frau, gleichzeitig bin ich mir bewusst, dass damit Leerstellen in meiner Wahrnehmung einhergehen. Ich weiß, dass ich als junge, *weiße* Frau anders gesehen werde als etwa ein muslimisch gelesener, älterer Mann mit arabischen Vorfahren und sich bei der gesellschaftlichen Sicht auf *Verrückte* jeweils verschiedene Vorurteile und Ängste überlappen. Ich will mich dem Thema ebenso aus einer intersektionalen Perspektive widmen. Gleichzeitig sind wir *Verrückten* insgesamt sowieso so verschieden, wie Menschen verschieden sind, auch darauf gehe ich immer wieder ein.

Mit dem Thema Psychiatrie sollten sich im Übrigen alle Menschen auseinandersetzen, nicht nur diejenigen, die psychiatrische Gewalt und Diskriminierung erlebt haben. Ich bin fest davon überzeugt, dass die Psychiatrie ein Themenfeld ist, dem sich die gesamte Gesellschaft widmen sollte. Eine solche Auseinandersetzung erachte ich als eine Voraussetzung für eine menschliche und gerechte Gesellschaft. Und schließlich kann jede und jeder irgendwann einmal im Leben auf ihre oder seine Weise in eine schwere psychische Krise geraten, egal ob er oder sie zur sogenannten Mehrheitsgesellschaft oder zum sogenannten gesellschaftlichen Rand gehört. Es weiß schließlich niemand, was er oder sie noch erlebt.

Vor allem aber ist dieses Buch in Gedenken an all diejenigen Menschen heute und gestern geschrieben, die die Unterdrückung, die sie als *Verrückte* erlitten haben, nicht überlebt haben. Ich schreibe dieses Buch, weil es Zeit ist, etwas an dem Umgang mit Menschen in Krisen zu ändern oder: es Zeit werden muss.

1

MEIN GROSSVATER, DER *VERRÜCKTE* IM DORF

Wie wir im Alltag über Wahnsinn sprechen

Sprache legt uns fest, sie fängt uns auf oder lässt uns fallen wie ein Netz mit Maschen, die für manche enger und für manche gröber sind. Sie spinnt ihr Netz durch Vergleiche, Verbindungen, Metaphern und bringt darin zusammen, was sich ähnelt, aber auch, was sich völlig fernliegt.

~

Ärzt:innen gehen davon aus, dass Gene zu einem großen Teil schuld seien an den *Verrückungen*, darum werde ich ganz von vorne beginnen und einen großen Schritt zurückgehen, weg aus Berlin, weit hinter meinen ersten *verrückten* Zustand. Ich werde von einem *Verrückten* in meiner eigenen Familie erzählen, oder sagen wir von einem *Verrückten*, bei dem ich davon ausgehe, dass er ein *Verrückter* war. Ich werde über Hessen und das Dorf schreiben, in dem ich aufgewachsen bin und wo das Thema diskriminierungssensible Sprache, um die es in diesem Kapitel noch gehen wird, und auch andere Prozesse, die mit Antidiskriminierung und Vergangenheitsbewältigung zusammenhängen, vielleicht länger brauchen als in den Städten.

Erst vor kurzem hörte ich dort noch, wie eine Frau, ohne Irritationen hervorzurufen, sagte, dass sie »bis zur Vergasung« dies und jenes gemacht habe, um zu beschreiben, dass sie sich bei etwas sehr angestrengt hatte. In meiner Kindheit in den 1990er Jahren habe ich dort gelernt, dass man zu einer bestimmten Sorte

Feuerwerkskörper »Juddeferz« sage. Vielleicht aber ist die Annahme, dass Menschen auf dem Land rückständiger seien als im Urbanen, auch ein Vorurteil, vielleicht zeigen sich dort die Überreste der NS-Zeit einfach anders. Und zwar bis heute. In der Stadt Hanau, die auch in Hessen liegt, haben sie sich 2020 nicht bloß in Worten, sondern in einem rassistischen Anschlag eines Rechtsextremen ausgedrückt, der neun Menschen sowie seine Mutter ermordet hat. Und auch die NSU-Morde wurden in deutschen Großstädten verübt, zwei davon ebenfalls mit Bezug zu Hessen. Aber das gehört zu einem zwar in Teilen verwandten, aber anderen Thema. Die Tatsache, dass die Gene mit verantwortlich seien an »psychischen Störungen« jedenfalls, bringt mich immer wieder zu der Auseinandersetzung mit meinem Großvater, dem *Verrückten* im Dorf.

Das hessische Dorf, in dem ich aufgewachsen bin und in dem mein Großvater fast sein ganzes Leben verbracht hat, ist bis heute ein bäuerlich geprägtes, auch wenn dort kaum noch aktive Bauernhöfe stehen. Es ist ein schönes Dorf mit Fachwerkhäusern, die etwas Romantisches haben. Man könnte sagen, es ist pittoresk. In dem Dorf leben etwa 2 500 Einwohner:innen, außerdem gibt es Storchennester und eine schnuckelige kleine Kirche. Ich mag den Blick über die Felder. Da ist ein Feld mit einem einzigen Nussbaum in der Mitte. Ich liebe diesen Baum, es ist mein Lieblingsbaum. Als Kind mochte ich so gern den kleinen Bach, der an unserem Garten verläuft. Ich soll auch etwas Schönes über das Dorf schreiben, sagt meine Mutter, darum schreibe ich das, und es ist dort wirklich ganz schön.

Wenn meine Mutter hört, dass ich über meinen Großvater als den »*Verrückten* im Dorf« schreibe, beschwert sie sich. Sie sagt, das würde zwar stimmen, aber ich könne das so eigentlich nicht sagen, weil es nicht alles sei, weil es nicht sicher ist, schließlich habe mein Großvater keine Diagnose gehabt, und weil es nicht das sei, was meinen Opa charakterisiert. Dass es nicht sicher ist, dass er *verrückt* war, sei doch gerade der springende Punkt, sage ich, und wegen der Gene sei es für das Buch doch wichtig, das zu schreiben. Nein, sagt sie: Die *Verrückungen*, von denen man nicht mal wisse, ob es welche waren, und auch der Suff, all das sei eine Nebensache gewesen.

Mein Großvater, erzählt meine Mutter dann nicht ohne Stolz, war in seiner Kindheit einer der wenigen im Dorf, die auf ein Gymnasium gingen. Er lief dazu mit einer Ledertasche in der Hand zum Zug und fuhr in die nächstgrößere Stadt. Denn in dem Dorf und in den Nachbardörfern und kleinen Städten rundherum gab es kein Gymnasium. Später hat er in Kassel Kunst studiert und Soziologie im Nebenfach, manchmal ist er nach Frankfurt gefahren und hat sich in den 1950er Jahren Vorlesungen von Theodor W. Adorno angehört, der 1949 aus dem Exil in den USA nach Deutschland zurückgekehrt war. Ende der 50er haben Studierende aller möglichen Fächer in Frankfurt den Vorlesungssaal gestürmt, um sich Adornos berühmte Vorlesungen anzuhören – über die negative Dialektik und seine Kritik an der »verwalteten Welt«, der spätkapitalistischen, neofaschistischen. Frankfurt war neben West-Berlin das intellektuelle Zentrum in der Bundesrepublik – vor allem wegen der dort gelehrten Kritischen Theorie. Es war eine Zeit, in der das Erbe des Nationalsozialismus in der deutschen Gesellschaft ansonsten lieber verdrängt wurde. Auch die Morde an Menschen mit den Diagnosen »Schizophrenie« oder »manisch-depressivem Irrsein« (heute »bipolare Störung«) und die Zwangssterilisationen arbeitete damals noch kaum jemand auf.

Im Dorf jedenfalls, sagt meine Mutter, sei mein Großvater wegen seiner Bildung bewundert worden. Er hat als Lehrer gearbeitet, als Oberstudienrat. Und er sei »seiner Zeit voraus« gewesen, weil er schon Hippie gewesen sei, bevor es Hippies gab, sagt sie. Mein Großvater hat tolle Kunst gemacht, von der leider nie irgendwer etwas mitbekam, er lebte sehr zurückgezogen. Aber eines seiner Bilder hängt bei mir an der Wand, seit ich von zuhause ausgezogen bin, in jeder Wohnung, die ich seither bewohnt habe. Ich bin bis heute fasziniert von ihm. Auch wenn mir anderes, wovon meine Mutter mir erzählt hat, Angst macht.

Ich denke, dass ich ihm tatsächlich in gewisser Weise nachgeeifert bzw. etwas mit ihm gemeinsam habe – in dem Dorf würde man dazu vielleicht auch sagen, das sei »vererbt«: Wahrscheinlich bin ich auch seinetwegen nach dem Abitur nach Indien gereist, um dort sogenannte Entwicklungszusammenarbeit zu leisten, denn er ist dort selbst oft gewesen. Und meine Studienfachwahl hatte vielleicht ebenso etwas mit ihm zu tun. Mein Großvater, der starb, als ich dreizehn war, interessierte sich als Einziger aus meiner Familie ähnlich stark wie ich für Geisteswissenschaften, nicht nur für Soziologie und Philosophie, sondern auch für Ethnologie.

Genetische Voraussagen

Egal ob Interessen, Charaktereigenschaften oder eben auch die Disposition für das, was man psychische Krankheit nennt: Wir fragen uns im Alltag immer wieder, was davon in den Genen liegt, diesem scheinbar übermächtigen Gewirr an Strängen, die unser Leben prägen und bestimmen sollen. Manche glauben etwas weniger, manche etwas mehr.

Noch heute gehen »Professionelle« davon aus, dass die »Veranlagung« zu einer sogenannten bipolaren Störung oder Schizophrenie vererbbar sei, es aber auf äußere Faktoren ankomme, ob sie sich »manifestiert«. Wissenschaftler:innen vermuten, dass Bipolarität und Schizophrenie auf gemeinsamen »Risikogenen« liegen. Man spricht nicht mehr von »Erbkrankheiten«, sondern davon, dass sie unter bestimmten Umwelteinflüssen entstehen können. Auch wenn bis heute noch nicht geklärt ist, wie sich diese »Störung« genau vererbt, ist die Vorstellung der Vererbung »psychischer Störungen« fest in unserem Alltagsverständnis verankert, findet sie sich als Hypothese auf diversen Internetseiten von »Professionellen« und spielt auch in klinischen Aufnahmegesprächen eine zentrale Rolle. Manche »Professionelle« äußern sich dazu differenzierter bis skeptisch. Der Neurowissenschaftler Felix Hasler schreibt: »Es gibt nicht *das Gen* und auch nicht das Zusammenspiel einiger weniger Gene, die mit einer Schizophrenie-Erkrankung in Verbindung zu bringen sind. [...] Was man hingegen findet, ist eine Vielzahl von schwachen, aber statistisch signifikanten korrelativen Zusammenhängen zwischen häufig auftretenden Genvariationen, die auch bei ganz anderen Merkmalen (ob gesund oder pathologisch) vorkommen.«

Es wäre bei all den Dingen, von denen wir meinen, dass sie vielleicht vererbbar sind, allerdings abwegig, wenn wir die Vererbung nicht auch als mögliche Ursache für *Verrückungen* in Betracht ziehen würden – gerade auch vor dem Hintergrund der postnationalsozialistischen Tradition. Wissenschaftler:innen im Nationalsozialismus waren etwa auch der Überzeugung, dass »asoziale Charaktereigenschaften« vererbbar seien, und ließen wohnungslose Menschen, denen sie diese Eigenschaften zuschrieben, daher zwangssterilisieren.

Und es gibt tatsächlich viele Familien, in denen mehrere Menschen Manien oder Psychosen erleben, die Wissenschaft spricht heute darum von »familiären Häufungen«, diverse aktuelle Forschungsergebnisse, etwa Studien, die mit Zwillingen durchgeführt wurden, belegen sie.

Auch wenn viele Ärzt:innen ihre Patientinnen in ihrem Kinderwunsch sehr unterstützen, frage ich mich, inwiefern extrem wertende Begriffe wie »Risikogene«, wie sie heute in der Forschung verwendet werden, noch zu Diskriminierung beitragen. Schließlich überlegt man sich zweimal, ob man ein »Risiko« eingeht.

»Bist du dir sicher, dass du Kinder willst, wenn du denkst, dass das vererbbar ist?«, fragte mich kürzlich ein Freund. Es war nicht das erste Mal, dass ich so eine Unterhaltung führte. Ich fragte mich, ob Menschen, die mir diese Frage stellen, davon ausgehen, dass mein Leben nicht lebenswert sei. Auch wenn ich in meinem Leben Krisen erlebt habe, würde ich mich heute doch wieder für einen sehr lebensfrohen Menschen halten. Und aufgrund der Häufigkeit, mit der heute Menschen eine psychiatrische Diagnose bekommen, finde ich diese Frage absurd. Auf der Website der Deutschen Gesellschaft für Psychiatrie und Psychotherapie, Psychosomatik und Nervenheilkunde (DGPPN) heißt es: »Bundesweit erfüllt mehr als jeder vierte Erwachsene im Zeitraum eines Jahres die Kriterien einer psychischen Erkrankung.«

Jede:r müsste also eigentlich Betroffene mit irgendeiner »Störung« in der eigenen Familie haben. Allerdings soll die Wahrscheinlichkeit, eine Manie oder eine Psychose zu erleben, insgesamt geringer sein als beispielsweise die Wahrscheinlichkeit für eine Depression (jeder fünfte). Drei von hundert Menschen sollen von einer »bipolaren Störung« betroffen sein, ungefähr ein Prozent aller Menschen von Schizophrenie.

Ich habe bei ärztlichen Gesprächen, in denen es um die Vererbung ging, jedenfalls immer gesagt, dass ich vermute, dass mein Großvater bipolar war bzw. Psychosen erlebt hat, obwohl er keine Diagnose hatte. Ich komme darauf, weil mein Großvater sich manchmal sehr merkwürdig verhalten hat. Nicht *normal*. Und noch viel merkwürdiger, als ich selbst mich verhalten habe, als ich *verrückt* gewesen bin. Die Idee von der Vererbung verunsicherte mich lange. Obwohl ich mich in meinen eigenen *verrückten* Zuständen völlig anders verhalten habe, fragte ich mich wegen der Vererbungstheorie immer wieder: Was von seinem seltsamen Verhalten habe ich geerbt?

Er hat nie jemandem physische Gewalt angetan, aber mein Großvater hat sich manchmal sehr bedrohlich verhalten. Irgendwoher muss ich es doch haben, und wenn ich also eine *Verrückte* bin, muss mein Großvater doch *erst recht* ein *Verrückter* gewesen sein, dachte ich, verängstigt und verwirrt über dieses Verhalten. Ich erinnere mich, wie ich einen Freund darum verunsichert fragte, ob ich ihm, als er mich in der Psychiatrie besuchte, irgendwie bedrohlich vorkam, und er lachte und das entschieden verneint hat.

Bedrohlich und sonderbar verhalten habe sich mein Großvater immer nur dann, wenn er betrunken war, sagt meine Mutter, das habe mit bipolar überhaupt nichts zu tun. Auch ein Therapeut vermutete später, dass mein Großvater überhaupt nie manisch oder psychotisch gewesen sei, vielmehr sei er in seiner Trunkenheit einfach in einer Art Delirium gewesen. Und selbst wenn er mit seiner Einschätzung falschliegt und mein Großvater doch *verrückt* war, hänge dieses Verhalten sicherlich mit seiner Trunkenheit, nicht jedoch unbedingt mit irgendeiner Diagnose zusammen.

»Menschen mit psychischen Erkrankungen sind nicht generell gefährlicher als psychisch gesunde Menschen«, heißt es an anderer Stelle auf der Website der DGPPN. Jedoch könne es bei einzelnen Diagnosen – insbesondere im Zusammenhang mit Drogenmissbrauch – vermehrt zu aggressivem Verhalten und zu Straftaten kommen. Während viele Menschen – auch aufgrund der Medienberichterstattung – davon ausgehen, dass Menschen mit psychiatrischen Diagnosen insgesamt gewaltbereiter sind als andere, ist das faktisch falsch.

Wolfgang Böker und Heinz Häfner forschten 1973 zu den »Gewalttaten Geistesgestörter«, eine Forschung, die im Zusammenhang mit der sogenannten Psychiatriereform stattfand. Die Reform sollte in den 1970er Jahren dazu führen, Menschen in Krisen nicht mehr für lange Zeit in Großkrankenhäusern am Stadtrand zu verwahren, sondern stattdessen eine sogenannte gemeindenahe Versorgung herzustellen – eine Reform, die bis heute als noch nicht abgeschlossen gilt und von manchen gleichzeitig als umstritten angesehen wird. Die beiden fanden heraus, dass Menschen mit psychiatrischen Diagnosen ebenso häufig bzw. selten eine Gewalttat verüben wie die Allgemeinbevölkerung. Bei Menschen, die Psychosen erleben, haben sie eine leicht erhöhte Gewaltbereitschaft festgestellt. Der Anteil derer, die Gewalt ausüben, stehe aber immer noch »in keiner Relation zu Personen mit Alkohol-, Drogen- und Medikamentenmissbrauch«, schreibt der Arzt Asmus Finzen. Er verweist hier außerdem auf Menschen mit »antisozialen Persönlichkeitsstörungen« – die von »psychischen Krankheiten« unterschieden werden. Und folgert daraus, dass Gewalt unter »psychisch Kranken« nicht häufiger auftritt als in anderen sozialen Gruppen, als Beispiel nennt er auch »Männer im dritten Lebensjahrzehnt«.

Studien belegen indes, dass das Risiko für Betroffene signifikant erhöht ist, selbst Opfer von Gewalt zu werden.

Doch wir Menschen neigen dazu, zu verallgemeinern. Wenn in den Medien bei einem Attentäter der Migrationshintergrund genannt wird und dieser mit einem muslimischen Land in Verbindung steht, ist die Folge eine Zunahme von Rassismus. Und wenn in den Medien ein Vorfall benannt wird, bei dem ein Mensch in einer Psychose Gewalt anwendet, steigert das die Vorurteile gegenüber Menschen, die in ihrem Leben schon mal eine Psychose erlebt haben, selbst wenn die Statistik dagegenspricht, dass das eine mit dem anderen zusammenhängt.

Das ist nicht nur eine Angst, die sich in der Betroffenen-Community nach solchen Vorfällen ausbreitet, dazu gibt es auch Studien. Matthias Angermeyer und Kollegen führten vor und nach dem Messer-Angriff auf Oskar Lafontaine, der von einer Frau in einer paranoiden Psychose im April 1995 verübt wurde, eine Repräsentativbefragung durch und beobachteten einen Einstellungswandel gegenüber Betroffenen in der Gesellschaft. »Bei bis zu einem Viertel der Befragten nahmen Misstrauen und Ablehnung erheblich zu«, schreibt Finzen über die Ergebnisse der Studie. Solche Verallgemeinerungen können auch politische Konsequenzen haben. Als ein Mann mit Depressionen 2015 vorsätzlich den Flugzeugabsturz einer deutschen Linienmaschine herbeiführte, dachte der damalige bayerische Innenminister Joachim Herrmann darüber nach, als Folge dessen in bestimmten Beschäftigungsfeldern (Bus- oder Taxigewerbe) ein Berufsverbot für Menschen mit Depressionen zu verhängen. Der heutige Gesundheitsminister Karl Lauterbach unterstützte Herrmann damals.

Asmus Finzen schreibt, dass nicht nur Medien verantwortlich seien für das falsche Bild des gefährlichen *Verrückten*, sondern auch die Psychiatrien. Letztere hätten ebenso dazu beigetragen, das Bild »vom unberechenbaren und gefährlichen Kranken« zu zeichnen. »Immerhin hat es die Psychiatrie über Jahrhunderte als angemessen und sinnvoll angesehen, Menschen mit psychischen Krankheiten hinter hohen Mauern in geschlossenen Anstalten zu ›behandeln‹.«

Für die Betroffenen-Community ist die Mediendarstellung von den gewalttätigen *Verrückten* fatal. Immer wieder, wenn von einem »verrückten« Gewalttäter die Rede ist, zucken viele *Verrückte* zusammen und fürchten, dass Vorurteile nun weiter zunehmen werden.

Das Problem ist, dass sich darüber wenige empören, weil viele *Verrückte* aufgrund des Tabus, das auf unseren Erfahrungen lastet, leise sind, weil wir zu wenig Allies haben und keine wirkliche Lobby. Vielleicht haben wir auch gerade wegen des Tabus und den vielen Vorurteilen zu wenige Verbündete, ja vielleicht, weil Menschen, die uns gerne helfen würden, Angst haben, selbst als *verrückt* zu gelten, sobald sie sich auf unsere Seite schlagen.

In Medien wird das stigmatisierende, falsche Bild von den gefährlichen *Verrückten* dadurch erzeugt, dass Medien vor allem im Zusammenhang mit Gewalttaten Diagnosen nennen und über *Verrückte* berichten. Und wenn ich an meinen Großvater denke, habe scheinbar auch ich dieses Bild übernommen, indem ich es mit einer vermeintlichen »Störung« zusammengebracht habe.

Immer wieder führen Journalist:innen Gewaltdelikte auf psychiatrische Diagnosen zurück. Als im Juni 2022 ein Mann in einem akuten psychotischen Zustand auf dem Berliner Breitscheidplatz in eine Menschenmenge gefahren ist, waren die Schlagzeilen voll mit seiner vermuteten Diagnose. Der Fahrer sei »wahrscheinlich schizophren« (*Zeit Online*), es bestehe der »Verdacht auf paranoide Schizophrenie« (*Tagesspiegel*), hieß es.

»In dem Maße gar, in dem wir nicht wissen, wo der Wahnsinn beginnt, wissen wir mit beinahe unbestreitbarer Gewißheit, was der Wahnsinnige ist«, schrieb der Philosoph Michel Foucault bereits 1961 in seinem berühmten Buch *Wahnsinn und Gesellschaft*. Und so erzeugten auch die Berichte über die tragische Fahrt auf dem Breitscheidplatz, bei der eine Frau ums Leben kam und mehr als dreißig Menschen verletzt wurden, wieder das Bild des gefährlichen *Verrückten*. Ich denke, es macht darum Sinn, die Diagnose bei Gewaltdelikten wegzulassen und sich stattdessen auf die verminderte Schuldfähigkeit im konkreten Moment der Tat zu konzentrieren.

Wenn Journalist:innen keine Diagnose nennen, schreiben sie

häufig, dass die Person in der Vergangenheit irgendwann in ihrem Leben einmal eine psychische Krise hatte, als würde sich dadurch alles erklären – oder als könnten sie dadurch markieren, dass die Täter:innen »anders« sind. Dieser Prozess der sogenannten »Otherings« ist auch dann zu beobachten, wenn Journalist:innen den Migrationshintergrund im Zug von Gewalttaten benennen. Personen, die grausame Taten begehen, müssen anders sein als die »Mehrheitsgesellschaft«, wird so suggeriert. Dabei sind *Verrückte* nicht gefährlicher als der Rest der Gesellschaft und Gewalttaten werden auch von Menschen verübt, die schon seit Generationen in Deutschland leben. Weder der Migrationshintergrund noch die Tatsache, irgendwann im Leben einmal eine psychische Krise gehabt zu haben, sind hinreichende Erklärungen für eine schreckliche Tat. Dennoch scheinen sie den Wunsch nach einer Erklärung zu befriedigen. Was *Verrückte* anbelangt, spiegeln und manifestieren sich solche Vorurteile schon im Sprachgebrauch. Und auch das »Othering« ist hier zu erkennen. Wenn jemand über Menschen als »verrückt« oder »irre« spricht, schafft das eine Distanz, sind die anderen die *Verrückten*, die Irrationalen, die Bösen. Wer andere so nennt, zeichnet von sich selbst das Bild des »Normalen«.

Psychisch kranke Einzeltäter

Ich verwende das Wort *Verrückte* in diesem Buch als Selbstbezeichnung, für mich als Person, die in ihrem Leben *verrückte* Zustände erlebt hat, obwohl oder weil es als Fremdbezeichnung ein diskriminierender Begriff ist. Es handelt sich dabei um ein sogenanntes Reclaiming, das Diskriminierungserfahrungen sichtbar machen soll. Von Reclaiming spricht man dann, wenn eine marginalisierte Gruppe sich einen diskriminierenden Ausdruck aneignet, um sich damit zu verteidigen: Um die Absurdität des

Wortes deutlich zu machen und die Diskriminierung zu kennzeichnen, die *Verrückte* als Gruppe erleben. Auch die Begriffe »schwul« oder das N-Wort auf Englisch werden wie der Begriff »verrückt« oder im Englischen »Mad« als Reclaiming verwendet, ebenso wie das Wort »Krüppel« als Selbstbezeichnung der »Krüppel-Bewegung«. Als Fremdbezeichnung sind diese Begriffe diskriminierend, während sie als Selbstbezeichnung Ausdrücke von Empowerment darstellen.

Ich verwende den Begriff auch, weil einige Betroffene die Bezeichnung »psychisch Kranke« ablehnen, während andere darauf bestehen, sich selbst als »psychisch krank« zu verstehen, um das Leid in ihren Krisen zu betonen und wichtige Hilfsangebote zu bekommen. Dieses Spannungsfeld ist komplex und kompliziert und beide »Parteien« berufen sich darauf, mit der bzw. ohne die Bezeichnung »krank« Diskriminierung vorzubeugen. Und es gibt für beide Seiten gute Argumente.

Einige sprechen als Selbstbezeichnung auch von »Psychiatrie-Erfahrene«. Im Englischen verbreitet ist die Bezeichnung »Psychiatric Survivor«, Psychiatrieüberlebende. Diese Begriffe erlauben es, unabhängig von der Diagnose die geteilte (bei dem englischen Begriff vor allem leidhafte) Psychiatrie-Erfahrung hervorzuheben.

Während der Begriff »Psychiatrieüberlebende« in anderen Ländern weiter verbreitet ist, gilt er in Deutschland bei vielen als umstritten, weil er an die sogenannte »Euthanasie« in der NS-Zeit erinnert und als »zu radikal empfunden« wird.

Das Wort *Verrückte* wird von Psychiatrie-Erfahrenen, die Manien oder Psychosen erlebt haben, häufig als Selbstbezeichnung verwendet – gerade dann, wenn sich Betroffene kritisch mit der Psychiatrie auseinandersetzen. Auch einige kritische »Professionelle« verwenden diesen Begriff. Oft wird »ver-rückt« auch mit Bindestrich geschrieben. Das Wort beschreibt damit auch den aktiven Vorgang des Verrückens, wie wenn man ein Objekt verrückt. Es beschreibt somit auch die Verschiebung in der Wahrnehmung der Realität während *verrückter* Zustände. Und es beschreibt die Tatsache, dass Angehörige *Verrückte* in diesen Zuständen manchmal kaum wiedererkennen, während manche Betroffene davon berichten, sich selbst dann besonders nah zu sein. Die Philosophin und Ärztin Andrea Moldzio schreibt von einer »›Verrückung‹ des Daseins«, die sich »hervorragend an der Schizophrenie studieren« lasse, denn diese »Erkrankung« führe »dem Menschen doch seine Vulnerabilität und Zerbrechlichkeit, sein Ringen um Selbst- und Weltfindung sowie die Gefahren des Selbst- und/oder Weltverlustes« vor Augen.

Ich finde, dass das Wort noch etwas anderes gut beschreibt – und zwar das gedankliche und tatsächliche Verrücken der Betroffenen an den sogenannten gesellschaftlichen Rand. Während sich das im Zuge der Einführung der Psychiatriereform sozusagen räumlich auflösen sollte, indem Betroffene gemeindenah versorgt wurden, hat sich die Idee, dass Menschen durch psychische Krisen an den »gesellschaftlichen Rand« rücken, gehalten – ich merke das auch bei mir selbst als eine, die immer wieder betont, »normal« zu sein oder Leistungen erbracht zu haben. Ich ertappe mich außerdem manchmal noch selbst dabei, dass ich überrascht bin, wenn ich in Runden von betroffenen Menschen sitze, die angesehenen Berufen nachgehen, obwohl ich längst weiß, dass es unter uns *Verrückten* selbstverständlich auch praktizierende Richterinnen, Polizisten, Filialleiterinnen, Lehrer, Journalistinnen und Ärzte gibt. Auch in einem aktuellen medizinischen Fachbuch, das ich während meiner Recherche lese, ist die Rede davon, dass Manien zu einem sozialen Abstieg führen würden – ohne dies konkret zu spezifizieren. Offen bleibt, was mit sozialem Abstieg gemeint ist, welche Rolle dabei die sogenannte neurobiologische Störung selbst spielt, welche der gesellschaftliche Umgang und fehlende adäquate psychiatrische Versorgung von Betroffenen. Es erweckt den Anschein, als ginge der »soziale Abstieg« als Folge *notwendig* aus der »Krankheit« selbst hervor.

Das Reclaiming *verrückt* beschreibt auch einen Paternalismus, und zwar die Tatsache, dass wir *Verrückten* von anderen gern wie ein Objekt herumgerückt werden. Das Wort *Verrückung* zeigt auch, dass andere uns gerne in eine Kategorie schieben und verallgemeinernd über uns sprechen und uns, wie im Folgenden noch deutlich werden wird, benennen, uns einordnen und über uns entscheiden.

Im Alltag benutzen wir die Worte »verrückt«, »irre« oder »wahnsinnig« entweder, um ein Extrem auszudrücken, oder gefährliches Verhalten zu beschreiben oder etwas, das wir nicht nachvollziehen können und das wir ablehnen.

»Wie krank« ist während eines Gespräches mit anderen Journalistinnen als Beschreibung für unfaires Verhalten gefallen. »Ich habe mir einfach gedacht, das ist ein ›Verrückter‹ und habe ihn nicht ernst genommen«, sagte die eine, als es um Hasskommentare und Morddrohungen aufgrund einer Berichterstattung ging. »Welche Störung hat der denn?«, fragte eine andere, als sich das Gespräch um diskriminierendes und sexistisches Verhalten von einem Kollegen in einer Redaktion drehte. Es waren Journalistinnen, die sich in ihrer Arbeit engagiert mit Sexismus, Rassismus, Feminismus und anderen brisanten, gesellschaftskritischen Themen unserer Zeit auseinandersetzen, die sprachsensibel sind und für Diversität plädieren und die ich als Menschen und Kolleginnen schätze. Und mir fällt auf, wie wenig Sensibilität für das Thema herrscht, obgleich doch so viele Menschen in unserer Gesellschaft irgendeine Diagnose haben.

Ratlos fragte ich mich, ob sie nicht merken, wie sie mit ihren Aussagen andere Menschen diskreditieren, und zwar diejenigen, die *tatsächlich* irgendeine psychiatrische Diagnose haben. Ich frage mich, ob ihnen klar ist, was sie eigentlich damit sagen, wenn sie meinen, dass man *Verrückte* nicht ernst nehmen soll. Ich frage mich, wo es hinführt, menschenfeindliches, sexistisches Verhalten als krank zu bezeichnen, und stelle fest, wie gravierend ihre Äußerungen sind.

Überall wird in unserer gegenwärtigen Gesellschaft Verhalten, das schädlich, unverständlich, gefährlich, verboten, unfair oder schlichtweg falsch ist, im Alltag als »psychisch krank« interpretiert. Menschen, die mit Klimaaktivist:innen sympathisieren, sprechen von »Wahnsinn«, wenn sie das Abbaggern der Braunkohle verurteilen. Die Terror-Organisation »Hamas« wird »verrückt« genannt, wenn sie ein brutales Massaker an israelischen Zivilist:innen verübt. Und wenn Jugendliche Feuerwerkskörper auf Polizisten werfen, werden sie in den Medien als »irre« bezeichnet. Dasselbe gilt übrigens auch für steigende Energiepreise aufgrund des russischen Angriffskriegs in der Ukraine. Und wenn Grünen-Politiker:innen in Bezug auf den Braunkohleabbau im Rheinland ihre Meinung ändern, heißt es auf Plattformen wie Twitter bzw. X, sie hätten eine »bipolare Störung« oder seien »schizophren«. Ich brauche meine Timeline nur hoch- und runterzuscrollen oder den Fernseher anzumachen, ständig begegnen mir diese Begriffe in allen möglichen, völlig unpassenden Kontexten. Das Wort »krank« wird als Metapher gebraucht – sozusagen als Kurzform für »psychisch krank«. Asmus Finzen schreibt, die metaphorische Verwendung des Wortes »schizophren« habe »entscheidenden Anteil an der Stigmatisierung, der Beschädigung der Identität« von Betroffenen.

Dass Menschen im Alltag Fehlverhalten als »krank« bezeichnen und das Wort als Beleidigung benutzen, ist fatal – nicht nur, weil es Menschen, die tatsächlich eine Behinderung oder eine Diagnose haben und/oder sich akut in einer psychischen

Krise befinden, diffamiert und diskriminiert, sondern auch, weil es Gesetzesbrüche, Verbrechen, Fehlverhalten und Notstände, Gesinnungswechsel, die eine Auseinandersetzung notwendig machen würden, als neurobiologische Störung vereinfacht, die Verhalten begründen und entschuldigen soll. Überhaupt ist es ja nicht etwa so, dass sich *verrückte* Zustände oder Behinderungen dadurch auszeichnen, dass die Menschen, die sie erleben, sexistisch, unfair, gefährlich, menschenverachtend und gemein sind oder ihre Meinung ändern, auch wenn all das, wie überall sonst, natürlich auch in Manien und Psychosen vorkommen kann. Es sind jedenfalls keine Diagnosekriterien, so äußern und verhalten sich Menschen auch dann, wenn sie aus klinischer Sicht völlig *normal* sind. »Jugendliche, die in der U-Bahn ohne Anlass Rentner zusammenschlagen, oder Hooligans, die Konzerthallen oder Sportstadien kurz und klein schlagen, sind nicht krank«, schreibt Asmus Finzen. »Sie mögen angetrunken sein. Aber das ist etwas anderes: Nein, sie sind böse, aber sie sind normal.« Dasselbe gelte für »Generäle, die in Bürgerkriegen ihre Landsleute abschlachten lassen oder in ethnischen Konflikten zu Massenmördern werden«, und auch für »Nazi-Schergen [...], die hinter der Front oder in Lagern millionenfach gemordet haben«.

Es ist in unterschiedlicher Hinsicht problematisch, das beschriebene Verhalten fälschlicherweise als »krank« zu bezeichnen. Dennoch kommt es vor, dass sogar Institutionen, die sich mit Erinnerungskultur auseinandersetzen, beispielsweise von einer »wahnhaften NS-Ideologie« sprechen. Wenn sich Menschen tatsächlich im medizinischen Sinne in einem Wahn befinden, sind sie nur vermindert schuldfähig. Die Bezeichnung »wahnhaft« im Sinne der NS-Ideologie sorgt also nicht zuletzt auch dafür, ihre Anhänger:innen implizit von ihrer Schuld zu befreien. Das Fatale ist doch gerade, dass die Nationalsozialist:innen gewählt und ihre Taten durch ganz *normale* Menschen verübt wurden, nicht die Täter:innen waren »psychisch krank«, vielmehr fielen ihnen eine große Zahl an Menschen mit psychiatrischen Diagnosen zum Opfer.

Im Alltag sorgen solche Begriffe wie »wahnhaft« oder »verrückt« dafür, dass sich Menschen mit Taten oder Ideologien, die mit diesen Attributen versehen werden, nicht beschäftigen, und das kann eine kritische Auseinandersetzung verhindern. Ich bin der Überzeugung, dass es sich lohnt, sich auch mit psychiatrisch krank diagnostiziertem Verhalten und Empfinden auf vernünftige Weise auseinanderzusetzen, nicht nur um die Person selbst, sondern auch um unsere Gesellschaft besser zu verstehen. Das gilt meines Erachtens sogar dann noch, wenn *verrückte* Gedanken menschenfeindlich sind. Wenn *Verrückte* sich antisemitisch äußern, dann ist das nicht einfach *verrückt*, sondern wie bei allen anderen Menschen auch als Antisemitismus zu werten und entschieden zu kritisieren. Wenn *Verrückte* sich rassistisch äußern, dann ist das nichts anderes als Rassismus. Wenn *Verrückte* sich sexistisch äußern, dann ist das Sexismus, was sonst? Die Schuldfrage ist in *verrückten* Zuständen zwar anders zu bewerten, ebenso wie beispielsweise dann, wenn sich Menschen im betrunkenen Zustand oder unter Drogeneinfluss falsch verhalten, kommen diese Einstellungen nicht von nirgendwo. Und häufig wird sogar bei jenen eine Verbindung zu der Diagnose hergestellt, die im Augenblick der Tat vielleicht noch nicht einmal *verrückt* sind. Das zeigt nicht nur, wie tief die unbegründete Verbindung von *verrückt* und gewalttätig in unserer Gesellschaft verankert ist.

Bei dem rassistischen Attentäter von Hanau war zum Beispiel von »krankheitsbedingte[n] Fantasien« die Rede, laut eines Gutachtens hatte er die Diagnose paranoide Schizophrenie. Die Frage ist allerdings, wie relevant diese Information zur Beurteilung und Aufarbeitung seiner Tat ist. Da der Täter sich selbst und seine Mutter hinterher umgebracht hat, ist es schwierig zu beurteilen, ob er zum Zeitpunkt der Tat als psychotisch gegolten hätte und damit schuldunfähig war. Er hat seine Tat »trotz eingeschränkter Steuerungsfähigkeit« jedenfalls planvoll vorbereitet, was dagegenspricht.

Werden psychiatrische Diagnose und rassistisch oder antisemitisch motivierte Taten (fälschlicherweise oder begründet) in Bezug gesetzt, führt das nicht selten dazu, den Täter nicht nur als krank, sondern auch als Einzeltäter zu bezeichnen – vor allem dann, wenn im direkten Umfeld niemand ausgemacht werden kann, der oder die die jeweilige Tat mit vorbereitet oder von ihr gewusst hat. Der Mann, »der am 19. Februar 2020 in Hanau neun Menschen aus rassistischen Motiven erschossen hatte, war [...] nach Ansicht der Bundesanwaltschaft ein Einzeltäter«, berichtete die *hessenschau*. Unter Menschen, die sich gegen Rassismus und Antisemitismus starkmachen oder/und davon betroffen sind, gibt es bei solchen Einschätzungen einen Aufschrei. So wehrte sich ein Experte der Amadeu Antonio Stiftung etwa dagegen, den Täter von Hanau als »psychisch kranken Einzeltäter« zu bezeichnen – als Erklärung verwies er auf »Online-Milieus«, in denen Rechtsextreme ein ähnliches Weltbild wie der Täter vertreten und in dem sich dieser wahrscheinlich radikalisiert hat. Wie nun was miteinander korreliert, lässt sich vielleicht schwer sagen – klar ist jedoch, dass die Reduktion auf neurobiologische Vorgänge im Gehirn, selbst wenn sie vielleicht während der Tat anders waren als bei anderen Menschen, keine befriedigende Erklärung für die Tat darstellen.

Die These von dem »psychisch kranken Einzeltäter« führt dazu, dass strukturelle Menschenfeindlichkeit in das Individuum verlagert wird. Das behindert nicht zuletzt die gesellschaftliche Aufarbeitung solcher Vorfälle und die kritische Auseinandersetzung mit der Gedankenwelt des Täters. Und es führt dazu, dass andere Menschen, die irgendwann in ihrem Leben mal eine *verrückte* Phase hatten und deshalb dieselbe oder eine ähnliche Diagnose bekamen, stigmatisiert werden. Auch was die Psychologisierung rassistischer und antisemitischer Taten angeht, ist Hanau kein Einzelfall.

In Momenten wie während des beschriebenen Gesprächs mit den anderen Journalistinnen werde ich plötzlich ganz still. Es ist, als würde ich in eine Art Schockstarre verfallen, nachdem ich eben noch engagiert erzählt, argumentiert, kommentiert habe. Und wenn ich anschließend zuhause bin, ärgere ich mich über mich selbst. Weil ich gegen Begriffe wie »gestört« im Zusammenhang mit patriarchalen Einstellungen und anderem kritikwürdigen Verhalten nichts gesagt, weil ich mich nicht gewehrt habe, fühle ich mich schuldig.

Wenn selbst unter jenen, die doch sonst sprachsensibel sind, scheinbar gar keine Grundlage, gar keine Sensibilität für dieses Thema besteht, frage ich mich: Wo soll man anfangen?

Gleichzeitig merke ich, wenn mir mein Großvater in den Sinn kommt: Ich denke ja manchmal selbst so. Auch ich habe gegenüber *Verrückten* Vorurteile. Ich setzte sein nicht erklärbares Verhalten ebenfalls mit einer von mir vermuteten »psychischen Störung«, mit einer Manie oder Psychose gleich. Vielleicht weil die Bedeutung von »psychisch krank« und »nicht normal« nicht nur in unserem eigenen Sprachgebrauch, sondern genauso im psychiatrischen Verständnis eng beieinanderliegen. Der Neurowissenschaftler Felix Hasler schreibt: »Keine andere psychische Störung ist weiter entfernt von der sozial akzeptierten Norm, kein anderes Krankheitsbild verbinden wir mehr mit ›Verrücktsein‹, als den Formenkreis der Schizophrenie.«

(Non)konformität

Aus Erzählungen weiß ich, dass mein Großvater manchmal nackt herumgelaufen ist. Er hat die Musik gelegentlich so laut aufgedreht, dass er damit das halbe Dorf beschallte. Wenn meine Mutter sich gegen die Bezeichnung »*Verrückter* im Dorf« wehrt, betont sie, dass mein Großvater meistens jedoch sehr ordentlich angezogen war, sobald er vor die Tür gegangen ist. Dass er die meiste Zeit eigentlich ganz *normal* war. Angepasst.

Im Alltag gehen wir häufig davon aus, dass sich »gesunde« Menschen normal, also angepasst verhalten und »kranke« Menschen auffällig. Dieses Verständnis ist auch in der Psychiatrie verankert. Asmus Finzen schreibt in seinem Buch *Normalität. Die ungezähmte Kategorie in Psychiatrie und Gesellschaft* darüber, dass die Begriffe »normal« und »gesund« in der medizinischen Sprache quasi austauschbar seien. »Wer normal ist, ist gesund.«

Auch Finzen bezieht sich auf eine Kleiderordnung aus den 1950er Jahren. Schon die »grellbunte Kleidung einer Dame aus sogenannten besseren Kreisen, gekrönt von einem breitkrempigen Hut in knalliger Farbe«, schreibt er, galt »als anomal, ja als Aufforderung, nachzuforschen, ob hier nicht eine Manie vorliege«. Dasselbe habe auch für sichtbare Tätowierungen oder Piercings gegolten.

Er beschreibt die Bewertung sozialen Verhaltens als relativ. Finzen schreibt, um ein weiteres Beispiel zu nennen, auch darüber, dass es heute etwa als normal gilt, wenn unverheiratete Paare zusammenziehen. Als mein Großvater studierte, war das anders. »Unverheiratet zusammenwohnen war damals strafbar.« Und vielleicht kann man auch die Tatsache, dass meine Großeltern im Westdeutschland der 50er Nudisten waren, als progressiv beschreiben. Dass die Vorstellungen von »krank« und »gesund« in der Gesellschaft und in der Psychiatrie voneinander abhängig sind, zeigt auch die Tatsache, dass sie einem Wandel unterliegen.

Ebenso die Tatsache, dass Homosexualität als psychisches Krankheitsbild galt, spricht dafür, dass »Psychische Krankheiten« variabel sind, letztlich ein Konstrukt.

Dass Vorstellungen von abweichendem Verhalten und psychiatrische Diagnosen eng mit kulturellen Prägungen verbunden sind, zeigt die jüngst eingeführte sogenannte »Verlängerte Trauerstörung«. Sie wurde als Diagnose in das ICD-11, die statistische Klassifikation der Krankheiten und verwandter Gesundheitsprobleme der Weltgesundheitsorganisation, eingeführt. 2022 trat sie in Kraft. Ein Kriterium dafür ist, dass die Trauerreaktion »einen atypisch langen Zeitraum« anhalten und »eindeutig die erwarteten sozialen, kulturellen oder religiösen Normen für die Kultur und den Kontext der Person« übersteigen muss. Als »atypisch lang« gilt heute eine Dauer von mindestens sechs Monaten. Früher gab es das sogenannte Trauerjahr, in dem Frauen ein Jahr lang Schwarz tragen und trauern sollten.

~

Als ich die Kritische Psychologin Eva Jaeggi für ein Porträt traf, sagte sie, dass auch die Diagnose Burn-out kulturell geprägt sei. Ich war vor dem Treffen aufgeregt, denn mich erfüllte Ehrfurcht. Ich hatte kurz zuvor in ihren Büchern gelesen und war fasziniert, wie selbstkritisch sie ihr eigenes Metier auseinandernimmt, vor allem in ihrem Buch *Und wer therapiert die Therapeuten?*. Jaeggi hat in den 1970er Jahren am Psychologischen Institut von Klaus Holzkamp in Berlin gelehrt. Sie erzählte mir von den Studentenprotesten. Eine linke Studentin habe zu Beginn ihrer ersten Vorlesung gesagt: »Genossin, ich möchte abstimmen lassen, ob wir uns diesen bürgerlichen Scheiß anhören wollen.« In der Vorlesung ging es um Verhaltenstherapie. »Etwas ganz Unpolitisches, wenn man so will«, erklärte Jaeggi. Sie hat in den 1950er Jahren in Wien Psychologie studiert, in einer unpolitischen Zeit. Später beschäftigte sie sich mit Kritischer Theorie und Psychoanalyse. Letztere war in Wien zu jener Zeit »fast eine staatsfeindliche Wissenschaft«. Auch das zeigt, wie sich das Verständnis von Psychologie im Laufe der Geschichte verändert hat und wie es durch gesellschaftliche Umbrüche beeinflusst wurde.

In den 1970er Jahren gab es eine große psychiatriekritische Bewegung, die sich mit den gesellschaftlichen Verhältnissen auseinandersetzte. Foucaults berühmtes Buch *Wahnsinn und Gesellschaft* war 1961 erschienen, und nicht nur Soziologinnen und Philosophen, auch Ärztinnen und Therapeuten selbst kritisierten das psychiatrische System. Vieles davon wurde unter dem Label »Antipsychiatrie« zusammengefasst, obwohl es nicht immer darum ging, die Psychiatrien tatsächlich abzuschaffen. So wehrte sich beispielsweise der US-amerikanische Psychiater und Gegner der Zwangspsychiatrie Thomas Szasz gegen das Etikett: Ebenso wie es unsinnig sei, einen »kritischen Augenarzt« als »›Antiaugenarzt‹« zu bezeichnen, schreibt er, sei es »unsinnig […], einen Kritiker psychiatrischer Zwangsbehandlung einen ›Antipsychiater‹ zu nennen«.

Was Szasz auch kritisiert, ist die Unterscheidung zwischen »gesund« und »krank«. In seinem Buch *Geisteskrankheit – ein moderner Mythos* schreibt er, psychiatrische Diagnosen seien »stigmatisierende Abstempelungen, die so formuliert sind, dass sie medizinischen Diagnosen ähneln, und die auf Menschen angewendet werden, die ihre Mitmenschen irritieren oder ihnen nicht passen«.

Die »Bewegung«, die in den 1960er Jahren ihren Anfang nahm, einte der Gedanke, dass es »die Schizophrenie« nicht gibt, vielmehr hieß es: »›Geisteskrankheit‹ sei in Wahrheit lediglich abweichendes Verhalten, um in einer ›verrückten‹ Welt zurechtzukommen.« Schizophrenie wurde von der Bewegung nicht als naturgegeben, sondern als »Konstrukt« verstanden, schreibt Dirk Arenz in seinem Buch *Dämonen, Wahn, Psychose. Exkursion durch die Psychiatriegeschichte*.

Gleichsam wird deutlich, wie unglaublich divers diese »Bewegung« war. Sowohl Michel Foucault als auch Szasz, genau wie der Soziologe Erving Goffman werden dazugezählt. Und sie finden ihren Ausdruck in realen Protesten vor Krankenhäusern und Besetzungen, etwa in Heidelberg. Das Besondere war, dass sie so öffentlichkeitswirksam und disziplinübergreifend war und zugleich menschenrechtliche Forderungen gestellt hat. Szasz schreibt: »Es gibt keine medizinische, moralische oder gesetzliche Rechtfertigung dafür, bei einem Menschen gegen dessen Willen psychiatrische Interventionen durchzuführen. Geschieht dies, so sind solche Handlungen Verbrechen gegen die Menschlichkeit.«

Interessant ist, dass Szasz hier mit dem Begriff »Verbrechen gegen die Menschlichkeit« eine Formulierung wählt, die auf die NS-Verbrechen rekurriert. Diese wird heute nicht mehr nur im Zusammenhang mit Taten verwendet wird, die im Nationalsozialismus stattgefunden haben, sondern beispielsweise auch von Organisationen wie Amnesty International für Menschenrechtsverletzungen an Palästinenser:innen. Der Begriff »Verbrechen gegen die Menschlichkeit« oder »Menschheit« (manche halten ihn für eine falsche Übersetzung des Wortes »humanity«) fand als Straftatbestand 1945 im Rahmen der Nürnberger Prozesse Eingang im Völkerstrafrecht.

Während in den 1970er Jahren bereits Forderungen laut wurden, Betroffene stärker in die Behandlung einzubeziehen, kritisieren andere, dass *Verrückte* im Rahmen der Antipsychiatriebewegung instrumentalisiert wurden – etwa von der Sekte Scientology, die sich in der Bewegung ebenfalls engagierte. Auch wenn ich persönlich manches inspirierend finde, was Szasz schreibt, dachte ich mir beim Lesen: Wieder einmal ein Psychiater, der »unsere« Erfahrungen deutet und sagt, wie und wer »wir« sind. Er schreibt: »Weil Krankheiten genau genommen nur den Körper betreffen, kann es keine psychischen Krankheiten geben.« Hat er das Leid einer Depression je gespürt, das einige Betroffene dazu führt, diese Zustände als Krankheit zu verstehen, um ebenjenes zu beschreiben? Wer hilft den Menschen, die betroffen sind, wenn keine Krankenkasse die Therapien übernimmt? Szasz schreibt, dass der Begriff »Krankheit« auch in Bezug auf »psychische Erkrankungen« als Metapher zu verstehen ist: »Der Geist kann nur in dem Sinne ›krank‹ sein, wie Witze ›krank‹ und die Wirtschaft eines Landes ›krank‹ sein können.«

Ich habe mich selbst immer wieder gefragt, inwiefern der Begriff »Krankheit« nicht nur im Alltag, sondern auch in der Psychiatrie eine Metapher ist, einmal weil das Leib-Seele-Problem ungelöst ist, aber genauso weil ich mich fragte, inwiefern Gedanken, die andere auch in »gesunden« Zuständen haben, krank sein können. Fernerhin ist es so, dass manische Zustände anders als Depressionen nicht durch das Empfinden von Leid, sondern sogar im Gegenteil zunächst durch ein positives Gefühl definiert werden. Und die Selbstbestimmung der Betroffenen steht jedenfalls selten im Vordergrund, wenn Psychiater:innen darüber schreiben, wer und was »wir« sind. Ebenso scheinen sich ihre Bedürfnisse häufig in den, wenn auch berechtigt geäußerten, Infragestellungen von »krank« und »gesund« aufzulösen.

Mitleid

»Soll ich dir 'nen Strick holen?«, fragte jemand aus meiner Familie, wenn mein Großvater wieder einmal davon sprach, sich umbringen zu wollen. Das war wahrscheinlich meine erste Begegnung mit dem, was Ärzt:innen psychische Krankheiten nennen – bzw. meine erste Begegnung mit dem Umgang der anderen. Ich war nicht dabei, aber ich kenne Erzählungen, in denen diese Frage als eine Art Heldentat beschrieben wurde, als scheinbar erfolgreicher Sprechakt, um meinen Großvater von seinen Suizidgedanken abzubringen. Hat übrigens nicht so richtig geklappt, mein Großvater starb, weil er sich ins Koma getrunken hat. Ich finde, das kann man auch unter Suizid fassen, meine Mutter sagt nein, wahrscheinlich ist es eine Frage der Interpretation.

Die Reaktion mit dem Strick liegt ein paar Jahre zurück, vielleicht hat sich an dem Umgang mit Depressionen in unserer Gesellschaft inzwischen langsam etwas verändert. Was mir auch heute noch regelmäßig auffällt, ist die Tatsache, dass Betroffene in ihren leidhaften Erfahrungen nicht ernst genommen werden. Sie wollen ja »bloß Aufmerksamkeit«, heißt es im Alltag häufig: wie in dem Beispiel von meinem Großvater. Aber das ist Quatsch. Suizidgedanken sind ein typisches Symptom von Depressionen. Und für Betroffene, die während einer depressiven Phase eine innere Leere spüren und das Leben nur noch als sinnlos empfinden, kommt der Gedanke an Suizid oft dem Gedanken eines letzten, selbstbestimmten Ausweges aus der eigenen leidhaften Lage gleich. Manchmal erweckt das sogar Trost, zu wissen: Es gibt noch eine Möglichkeit, dem Leid ein Ende zu setzen. Das soll kein Aufruf zum Suizid sein, und wer solche Gedanken hat, sollte sich dringend Hilfe holen, und es gibt eben doch Auswege, selbst wenn man die manchmal nicht sieht. Es zeigt jedoch, dass Gedankengänge, die Menschen während Depressionen haben, nachvollziehbar sind. Auch wenn sich Menschen mit psychiatrischer Diagnose das Leben nehmen, haben diese Gedanken einen Grund. Finzen schreibt, dass sich »psychisch Kranke« aus denselben Gründen das Leben nehmen wie andere: »aus Hoffnungslosigkeit und Verzweiflung. Sie nehmen sich das Leben, weil sie keinen anderen Ausweg wissen.«

Vertreter:innen der Antipsychiatriebewegung der 1970er Jahre würden nun vielleicht sagen, dass diese Gedanken durch gesellschaftliche Prozesse bedingt seien. Viele Ärzt:innen von heute würden auf eine »Stoffwechselstörung« im Gehirn verweisen, obwohl bis heute unklar ist, worin die eigentlich genau besteht. Vielleicht hätten meinem Großvater Tabletten geholfen, sicherlich hätte er aufhören müssen zu trinken. Vielleicht hätte er zudem eine vernünftige Antwort auf die Frage nach dem guten Leben gebraucht.

~

Es gibt noch einen Grund, weshalb ich denke, dass mein Großvater bipolar war. Da war dieses Zitat von Friedrich Hölderlin, das er in seiner Ausgabe des *Hyperion* markierte. Mein Großvater war ein sammelverrückter Mann (in einem Sammelrausch viele Dinge kaufen gilt im Übrigen auch als ein Symptom einer Manie). Vor allem hat er Bücher gekauft. Weil *Hyperion* das erste Buch seiner Sammlung war, wollte er, dass wir es ihm in den Sarg legen, da liegt es auch. Eine Stelle war darin unterstrichen: »O ein Gott ist der Mensch, wenn er träumt, ein Bettler, wenn er nachdenkt, und wenn die Begeisterung hin ist, steht er da, wie ein missratener Sohn, den der Vater aus dem Hause stieß, und betrachtet die ärmlichen Pfennige, die ihm das Mitleid mit auf den Weg gab.«

Ich finde, dieses Zitat stellt sehr gut dar, was man eine »bipolare Störung« nennt. An das Zitat jedenfalls, das ich seit seiner Beerdigung auswendig kann, denke ich öfter. Ich frage mich manchmal, was mein Großvater gesagt hätte, wenn ich mit ihm über meine *verrückten* Erfahrungen hätte sprechen können. Und ich bin mir ziemlich sicher, dass er dieses »Mitleid« gehasst hätte.

2

DIE MANIE ALS PARTY?

Von institutioneller Diskriminierung und der Deutungshoheit über Erfahrungen

Die Macht über die Erfahrungen der anderen ist wie Diebstahl. Wenn sie durch die ergriffen wird, die helfen sollen, stimmt etwas nicht. Oder sind sie da, um zu erziehen?

~

»Du bist verrückt mein Kind, du musst nach Berlin«, dieses Franz-von-Suppè-Zitat stand auf einem Frühstücksbrett, das meine Mutter mir schenkte, als ich mit zwanzig zuhause auszog. Im Hintergrund: der Fernsehturm. In Berlin angekommen, bin ich dann tatsächlich *verrückt* geworden.

Das Zitat liegt gar nicht so falsch. In Berlin existiert eine große *Verrückten*-Community, so wie man dort auch haufenweise andere Zusammenschlüsse von Menschen findet, die sich selbst als »anders« wahrnehmen oder vielmehr von der Gesellschaft als »anders« markiert werden, die sich innerhalb von Interessengruppen zusammentun, um sich gegenseitig zu »empowern«, zu emanzipieren. Da wäre die LGBTQIA+-Community zu nennen oder verschiedene migrantische Selbsthilfeorganisationen. Und so gibt es dort auch viele Selbsthilfegruppen, politische Gruppen und andere Zusammenschlüsse von Menschen, die ähnliche psychische Ausnahmezustände erlebt oder dieselbe psychiatrische Diagnose bekommen haben.

Während es solche Veranstaltungen in anderen Ländern schon früher gab (erstmals in Kanada 1993), fand in Berlin 2013 die erste deutsche »Mad Pride« statt. Der Begriff ist angelehnt an die in den 1970er Jahren entstandene »Gay Pride« und beschreibt eine Veranstaltung von *Verrückten*, die Sichtbarkeit gewinnen und selbstbewusst ihre Identität zum Ausdruck bringen wollten. Und in manchen Vierteln, etwa im Wedding, kann man, wie ich dort dann feststellte, fast schon sagen, dass akut *verrückte* Menschen zum Stadtbild gehören.

Aber warum hat mir meine Mutter damals dieses Brettchen geschenkt? Hatte sie etwas geahnt? Eigentlich war ich doch ganz *normal*. Ein »gutes Kind«, wie meine Mutter manchmal über mich gesagt hat. Weil ich unbedingt in Berlin Philosophie studieren und den Numerus clausus schaffen wollte, strengte ich mich sehr an, um den entsprechenden Notendurchschnitt zu bekommen, was mir auch gelang. Ich war viele Jahre in der Schülervertretung (SV) aktiv und zwei Jahre lang Schulsprecherin. Wir organisierten für alle Stufen eine Projektwoche zum Thema Menschenrechte, wofür wir sogar einen Preis bekamen. Manchmal sind wir, weil wir das lustig fanden, durch ein Fenster des alten roten Backsteingebäudes ins SV-Zimmer geklettert. Ich bin gern in der Oberstufe in die Schule gegangen, ab und zu haben wir nach einer SV-Veranstaltung alle dort übernachtet; ich fand es aufregend, mir in der Schule die Zähne zu putzen. Ich war in verschiedenen AGs aktiv, ich spielte Gitarre und Klavier, außerdem Klarinette in einem Orchester.

Ich hatte viele Freund:innen. Es war auch nicht so, dass ich mich, wie viele Menschen mit Diagnose in Medienberichten erzählen, mein Leben lang »anders« fühlte. Ich war vielleicht alternativer, politisch linker, vielleicht aktiver als manche anderen aus meinem Jahrgang, aber ich fühlte mich völlig »integriert«.

Während im Alltag abweichendes Verhalten gern mit Diagnosen in Verbindung gebracht wird, heißt es andererseits, dass man Menschen ihre »psychischen Erkrankungen« nicht ansieht. Wenn man ihnen aus diesem Grund ihr Leid, das sie in akuten Krisen erleben, abspricht, ist das ein Problem. Es zeigt aber auch, dass Menschen mit Diagnosen die allermeiste Zeit einfach ein Leben wie alle anderen führen – und sie, selbst wenn sie während einer Krise kurzzeitig eingeschränkt waren, aufgrund einer Diagnose nicht unbedingt ihr ganzes Leben lang »anders« sind. Ein Drittel der Betroffenen werde nur ein einziges Mal im Leben psychotisch. »Ein zweites Drittel hat das Risiko, in einer Lebenskrise noch mal psychotisch zu werden. Man kann aber gegensteuern: etwa mit Achtsamkeit und mit Therapien«, sagte der Psychologe Thomas Bock, als ich ihn zum Auftreten von Psychosen befrage. »Ein weiteres Drittel muss mit Beeinträchtigungen rechnen und braucht Hilfe. Aber auch diese Personen sind nicht dauerhaft psychotisch.«

Alle *Verrückten* sind anders. Nicht alle sind gleich häufig *verrückt*. Und *verrückt* werden kann theoretisch jede:r. Wer weiß schon, was im Leben noch passiert?

Schleier des Nichtwissens

Der Philosoph John Rawls geht in seiner Vertragstheorie davon aus, dass wir gerechte Grundlagen für Institutionen in einer Gesellschaft dann festlegen können, wenn wir uns vorstellen, unter einem »Schleier des Nichtwissens« zu sein. Erst wenn wir uns gedanklich von unserem eigenen gesellschaftlichen Status, unserer Religion und unseren Positionen befreien, können wir demnach gemeinsam an einer Gesellschaft arbeiten, die für alle gerecht ist. Voraussetzung dafür ist eine Situation, in der wir alle nicht wissen, welche Position uns in dieser Gesellschaft zugewiesen wird. Nur so erzeugen wir eine für jede:n gerechte Vorstellung von Gesellschaft. Was psychische Krisen angeht, befinden wir uns gewissermaßen unter einem Schleier des Nichtwissens. Wir müssen ihn dafür nicht erst imaginieren.

Es ist ja so, dass sich viele Menschen erst dann mit Dingen beschäftigen, wenn sie selbst betroffen sind und sich einen eigenen Vorteil erhoffen. Das deutet auf Egoismus hin. Aber es hilft vielleicht, sich das bewusst zu machen und sich nicht zuletzt aus diesem Grund mit den Zuständen in Psychiatrien auseinanderzusetzen.

Auch wenn die Wissenschaft heute noch akribisch nach »Risikogenen« sucht, gehen Ärztinnen und Therapeuten davon aus, dass jeder Mensch psychotische Zustände erleben kann. Auch wenn bei manchen eine höhere »Vulnerabilität« besteht als bei anderen, kann jede Person betroffen sein. Und wenn man in einer Krise nicht *verrückt* wird, reagiert man vielleicht mit einer anderen als »krank« beschriebenen Reaktion.

Warum sollte es nicht *normal* sein, dass uns traumatische Erlebnisse oder Umbrüche oder existenzielle Fragen, die wir in Krisen spüren, manisch, psychotisch oder depressiv machen können, in Angst oder Panik versetzen?

Psychosen können sowohl bei Menschen auftreten, die eine Schizophrenie diagnostiziert bekommen, als auch bei Menschen, die eine starke Manie erleben, eine Depression haben, aber auch bei Menschen, die Drogen nehmen oder zum Beispiel eine Vollnarkose bekamen. Ein internationales Forschungsteam fand zudem heraus, dass auch »völlig gesunde« Menschen bei einem Schlafentzug von 24 Stunden bereits schizophrenieähnliche Symptome entwickeln können. Also bereits nach einer Nacht ohne Schlaf.

Hier zeigt sich erneut, dass die Grenzen von »krank« und »gesund« fließend sind. Dass alle Menschen *verrückt* werden können, mag sich jedoch kaum jemand eingestehen. Warum sonst würde man im Alltag permanent das »Othering« bemühen? Vielleicht haben Menschen deshalb Angst vor *Verrückten* und grenzen sie aus, weil sie sich dadurch von dem Verdacht befreien wollen, selbst nicht ihr Leben lang *normal* zu bleiben.

Normal sein wollen wir schließlich alle. »Ist das normal?«, fragen wir im Alltag, wenn wir wissen möchten, ob etwas *richtig* ist, womit wir meist meinen, dass etwas für die Mehrheit der Gesellschaft oder der Menschen zutrifft. Auch wenn manche Menschen vielleicht vulnerabler, sensibler sind als andere, frage ich mich manchmal, ob es eigentlich wirklich Personen gibt, denen keine Art von Krise irgendetwas anhaben kann, und wie es viele Menschen schaffen, existenzielle Fragen so konsequent aus ihrem Alltag zu verdrängen.

Nach dem Abitur wollte ich nach Indien, um dort einen sogenannten entwicklungspolitischen Freiwilligendienst in einer Frauenrechtsorganisation zu leisten. Manche haben gesagt, dass es mutig sei, so jung so weit weg zu gehen. Im Abi-Buch sollte man sein Lebensmotto aufschreiben und ich entschied mich für ein Zitat von Hermann Hesse: »Man braucht vor niemand Angst zu haben. Wenn man jemanden fürchtet, dann kommt es daher, dass man diesem Jemand Macht über sich eingeräumt hat.«

Wenn ich meine Mutter frage, wie ich früher war, sagt sie, manche in dem Dorf hätten es auch mutig von mir (oder von ihr unvorsichtig) gefunden, dass ich in der fünften Klasse alleine mit dem Bus in die Stadt gefahren bin, um das Gymnasium zu besuchen. Ich hatte mich wirklich selten vor irgendetwas gefürchtet oder bin an mir oder der Welt verzweifelt. »Wenn ich Lea höre, werde ich immer an ein entschlossenes, energiegeladenes Mädchen denken, das sein Leben genießt«, schrieb eine Mitschülerin über mich im Abi-Buch.

Als ich aus Indien zurückkam, bin ich seltsam stumm geworden. Ich war nicht nur desillusioniert, was sogenannte Entwicklungszusammenarbeit anging (wieso sollen wir *weißen* Abiturientinnen den Menschen in Indien ihre Welt erklären und wissen, was gut für sie ist?!), und irritiert, weil die Gegenüberstellung von reichem Globalem Norden und armem Globalem Süden nicht aufging (wie konnte es sein, dass ein Hochglanzshoppingcenter mit hochpreisiger Ware neben einem Slum stand – ich dachte, in Indien seien alle Menschen arm?!). Ich habe mich dort plötzlich sehr für Religion interessiert, weil das Thema in Indien omnipräsent war. Ich hatte während der Arbeit in der Organisation schreckliche Geschichten von Frauen und Mädchen gehört, die mich nicht unberührt ließen – Frauen, mit denen wir als Freiwillige in einem Frauenhaus zusammen bastelten, und Mädchen in einem Kinderheim, deren Lebensgeschichten wir für Spender:innen dokumentierten. Da waren Frauen, die einen Suizid-Versuch hinter sich hatten, und Mädchen, die süchtig danach waren, an Kleber zu schnüffeln. Da waren Kinder, die dabei zugesehen hatten, wie ihr Vater die eigene Mutter ermordete.

Vor allen Dingen aber war ich überfordert, weil ich dort am Ende meines Aufenthaltes selbst ein traumatisches Erlebnis hatte, das mir, wie ich zurück in Deutschland merkte, völlig den Boden unter den Füßen wegzog. Dabei hatte ich gedacht, *mir* würde nichts passieren. Vielleicht lag das daran, dass ich ein ausgeprägtes Urvertrauen hatte, vielleicht war es aber auch einfach nur naiv zu glauben, dass nur den »anderen« schlimme Dinge passieren würden. Wir denken im Alltag häufig so.

Ich musste wieder daran denken, als ich einmal kurz vor Weihnachten bei einer Veranstaltung war und anschließend Geld für ein Projekt im Globalen Süden gesammelt wurde. Man sollte spenden, weil es »uns« hier ja allen so gut geht, während es anderen Menschen auf der Welt so schlecht gehe. Internationale Solidarität ist natürlich wichtig, aber sie sollte kein Vehikel sein, um sich dadurch besser als »andere« zu fühlen.

Damals zurück in Deutschland fragte ich mich jedenfalls: Wieso musste ich, als ich das Trauma erlebte, am falschen Ort sein? Warum passieren Dinge im Leben, gibt es nicht eine Bedeutung für alles oder sind die Begegnungen, die wir im Leben machen, und die Dinge, die uns widerfahren, wirklich komplett Zufall? – Bis ich anfing, alles zu hinterfragen, auch die Tatsache, ob wir Menschen so etwas wie einen freien Willen besitzen. Ich fragte mich, wie wir Gott in der Welt finden können. Ich fragte mich, was die Seele ist. Ich dachte, dass Liebe Menschen »retten« kann. Ich blieb während alldem nächtelang wach und las. Und wurde mehr und mehr *verrückt*.

Es ist wohl kein Wunder, dass *Verrückungen* häufig in der Adoleszenz zum ersten Mal auftreten – wenn man sich selbst und einen Sinn im Leben sucht. Vielleicht ist es auch kein Zufall, dass viele in ihrer Jugend Hermann-Hesse-Fans sind. Als Teenagerin mochte ich dieses Zitat, und ich finde, es passt irgendwie auch zu der *Verrückung*: »Ich wollte ja nichts als das zu leben versuchen, was von selber aus mir heraus wollte. Warum war das so sehr schwer?« Es passt, weil diese Zustände so intuitiv sind. Ich ließ mich einfach leiten, ging nachts auf Erkundungsspaziergänge durch die Stadt, bis ich schreckliche Angst vor dem Tod bekam.

Es kann niemand so richtig sagen, was die konkreten Auslöser dafür sind, dass Menschen *verrückt* werden. Was Betroffenen vor diesen Zuständen oft gemein ist: Sie haben zuvor etwas erlebt, das sie dazu bringt, extrem viel nachzudenken, sich selbst und die Welt zu hinterfragen, und zu fühlen, so viel, dass sie nächtelang nicht mehr oder kaum schlafen können.

Zurück in Deutschland war einiges zusammengekommen. Ich hatte mich in Berlin total verliebt. Meine Großmutter war gestorben und ich hatte plötzlich Zugang zu der Sammlung meines Großvaters und seinen Büchern, die teilweise Jahre nach seinem Tod noch so dalagen, wie er sie zurückgelassen hatte. Sie passten plötzlich so gut zu meinen Gedanken. Ich fragte mich während meiner *Verrückung*: Wieso lagen *diese* Bücher, die mich so ansprachen, ausgerechnet dort?

Als ich später mit Dorothea Buck sprach, sagte sie, eine Psychose sei eine Reaktion auf eine Lebens- bzw. Glaubenskrise. Und so habe ich meine *Verrückung* auch erlebt.

Dabei habe ich mich in der WG, die ich in Berlin gefunden hatte nach meinem Trauma, besser gefühlt. Weil die Uni noch nicht begonnen hatte, hatte ich viel Zeit, tiefgründige Gespräche zu führen. Teils traurige, teils hoffnungsvolle Gespräche. Ich genoss mein Leben wieder und ging bis zum Morgen tanzen. Ich hatte meine Energie zurück, die mir nach dem Trauma abhandengekommen war – und noch viel mehr und immer mehr und mehr und mehr davon als je zuvor. Ich wurde einfach gar nicht mehr müde.

Die Ursachen von Psychosen und Manien sind bis heute nicht abschließend geklärt. Die Tatsache, dass sich so viele Mythen darum ranken, mag auch der Grund dafür sein, dass wir das Wort »Wahnsinn« oder »schizophren« im Alltag gern als Metapher verwenden. »Die Auffassung, daß eine Krankheit nur durch eine Vielzahl von Ursachen erklärbar sei, ist ganz charakteristisch für die Ansichten über Krankheiten, deren Verursachung *nicht* verstanden wird«, schreibt die Philosophin Susan Sontag. »Und es sind die Krankheiten, die als vielfach determiniert (d. h. mysteriös) gelten, die als Metaphern für das, was als gesellschaftlich oder moralisch falsch empfunden wird, die größten Möglichkeiten haben.«

Nicht nur Drogen und lebensverändernde Ereignisse, es gibt einen ganzen Topf an möglichen Ursachen: ein Umzug, Verlieben, eine Hochzeit, ein Verlust. Auch Stress, unterdrückte Gefühle, Diskriminierung und Kommunikationsprobleme in Beziehungen werden als Ursachen angesehen. Ich denke, dass viele der Möglichkeiten, die Ärzte und Therapeutinnen neben einer vermuteten genetischen Disposition in Erwägung ziehen, einen gemeinsamen Nenner haben. Die Tatsache, dass das Gefühl des »Und-so-weiter« und »Ich-kann-immer-wieder«, was nach den beiden Soziologen Alfred Schütz und Thomas Luckmann unsere alltägliche Lebenswelt prägt, durcheinandergerät: bis hin zu der Angst, überhaupt keine Gewissheit mehr über die eigene Wirklichkeit zu haben.

Psychiatrie und Macht

Mein Vater hatte mich mit dem Auto aus Berlin abgeholt und ich quasselte ihn die ganze Fahrt über voll. Ich weiß noch, wie ich während meiner *Verrückung* auf dem Beifahrersitz saß und mich wie ein Kind fühlte, das die Welt nochmal neu entdeckte und alles, was es sah, bestaunte. Meine Eltern machten sich Sorgen und dachten, wenn ich wieder in unserem Dorf mit den Stoppeläckern und der kleinen Kirche wäre, könnte ich mich ausruhen und würde schlafen und aufhören, ohne Punkt und Komma zu reden. Aber das hat nicht geklappt. Meine Mutter sagt heute, eine der schlimmsten Dinge in ihrem Leben sei gewesen, ihre Tochter in eine Psychiatrie bringen zu müssen, an diesen verrufenen, hoffnungslosen Ort. Ich bin mit meiner Mutter dorthin gegangen, weil ich auch im Dorf einfach nicht zur Ruhe kam. Meine Angst, die ich in Berlin bekommen hatte, als ich in der einen Nacht durch die Stadt geirrt war, hatte sich beruhigt, aber ich hatte immer noch viele Gedanken in meinem Kopf, die mir den Schlaf nahmen. Es waren einfach zu viele.

Ich sah schon von außen den vergitterten Balkon der Station mit dem engen Raucherabteil, in dem ich später in meiner grauen

Pumphose, die ich in Indien gekauft hatte, zwischen Spuckflecken sitzen würde – in der Hocke auf dem Boden, weil es dort nicht genügend Sitzgelegenheiten gab. In psychiatrischen Kliniken sind Raucherräume oft die eigentlichen »Gemeinschaftsräume«.

Ich fürchtete mich vor den anderen Patient:innen, deren Verhalten ich nicht verstand, vor allem vor den Männern, die mich anglotzten. Auch Betroffene teilen die Angst vor *Verrückten*, die in unserer Gesellschaft verbreitet ist – vielleicht zusätzlich begründet durch den Umstand, dass in Medien häufig gar nicht zwischen Forensik und Psychiatrie unterschieden wird. Und ja, ich hatte diese Vorurteile genauso und hatte vor manchen anderen *Verrückten* und alkoholabhängigen Menschen (die dort ebenfalls untergebracht waren) große Angst.

»Ich weiß noch, dass du aus dem Grund dort wegwolltest«, sagt eine Angehörige, als ich mit ihr über die Klinik spreche. »Einer war mehrmals an deiner Tür und du hast immer gesagt, der kommt rein, du hast dem gefallen und der wollte in dein Zimmer.« Mein Zimmer befand sich am Ende des Flurs. »Die Pfleger:innen saßen in der Mitte der Station, als würde die gar nix angehen«, sagt sie: »Ich habe Angst um dich gehabt in der Zeit«, sagt sie. Schließlich hätte man dort alle, junge Frauen und alte kräftige Männer, »zusammengepfercht«. Sie hätte dort auch Angst gehabt.

Ich erinnere mich an eine Patientin aus der Klinik, ein Mädchen, genauso alt wie ich. Sie hatte mir erzählt, dass sie dort ist, weil sie ein Mann am Feldrand vergewaltigt hat. Wie sie sich wohl zwischen den Männern dort gefühlt haben muss, frage ich mich heute.

~

Nach den Psychisch-Kranken-Gesetzen kann man Menschen wegen Selbst- oder Fremdgefährdung gegen ihren Willen in einer Klinik »unterbringen«. Wobei »Eigengefährdung«, wie ich später merkte, gerade wenn Angehörige aus Verzweiflung darauf pochen, Betroffene in der Klinik zu behalten, meiner Erfahrung nach ein sehr dehnbarer Begriff ist und nicht unbedingt mit akuten Suizidgedanken einhergehen muss. Auch die Psychiater:innen Margret Osterfeld und Martin Zinkler schreiben, es sei »kein seltenes Missgeschick, dass institutioneller Zwang und Gewalt gegenüber Menschen mit psychiatrischen Diagnosen eingesetzt, gesetzliche Normvorgaben großzügig ausgelegt werden und alle Akteure meinen, stets nur zum Wohle der Patienten zu handeln.« Ich sollte wegen Selbstgefährdung in der Klinik bleiben, wohl auch, weil meine Mutter sich schreckliche Sorgen machte. Ich wollte dort zunächst nicht sein, ich bekam furchtbare Angst. Ich hatte den Eindruck, dass dort gegen Menschenrechte verstoßen wird.

Dass ich in der Psychiatrie solche Angst hatte, mag man als Symptom deuten, sie kam aber auch von der angespannten Stimmung, die sich durch die geschlossene Tür ergab, von der Macht, die ich dort spürte, der Fremdbestimmung und Unterdrückung durch das Pflegepersonal. »Erweiterungen oder gar erst Einführung von Einzel- oder begleiteten Ausgängen, wertvolle Gesprächszeiten mit Psychologen, dem Pflegeteam oder den Ärzten werden an erwünschtes Verhalten geknüpft«, schreibt der Psychiater Stefan Weinmann über Ausgangsregelungen auf »geschützten oder anderweitig stark reglementierten Stationen«. »Einrichtungskonforme Verhaltensweisen« würden belohnt, »Abweichungen« bestraft. Diese Kommunikations- und Verhaltensmuster hätten eine »Ähnlichkeit mit Kommunikationsmustern zwischen Eltern und den pubertären Kindern«.

Bei guter »Compliance«, also wenn sie die Maßnahmen in der

Klinik wie von den Ärztinnen und Therapeuten vorgegeben mitmachten, durften Patient:innen früher gehen. Wenn sie freiwillig kamen und gegen ihren Willen festgehalten wurden, weil ein Arzt das aufgrund eines bestehenden Risikos zur Selbstgefährdung für nötig erachtete, und sich wehrte, konnte es in dem Krankenhaus passieren, dass er oder sie in einen Überwachungsraum kam und dort vielleicht sogar fixiert wurde. Widerstand bedeutete: mehr Zwang.

Ich war geschockt, als ich an dem Empfang, an dem die Pfleger:innen saßen, Bildschirme hängen sah, auf denen ein Mädchen in meinem Alter zu sehen war, das sich mit weißen Gurten festgebunden in einem Überwachungsraum befand. Weil ich dann erst realisierte, dass die Menschen, die in diesem Raum waren, nicht nur von den Pfleger:innen, sondern auch von den Patient:innen rund um die Uhr beobachtet werden konnten.

Dass traumatische Erfahrungen in Psychiatrien durch solche »Maßnahmen« getriggert und Angstzustände, die für Psychosen typisch sind, dort wiederholt hervorgerufen werden, ist keine Seltenheit. Leider wird, wie so häufig, jedoch nicht nach den Ursachen gesucht (also den Missständen in der Psychiatrie), vielmehr werden diese Angstzustände aus einem biologistischen Verständnis heraus als Symptom einer Krankheit gedeutet und mit Tabletten behandelt. »In kaum einem anderen Bereich der Medizin wird den Patient:innen so konsequent das Recht auf freie Entscheidung über medizinische Maßnahmen abgesprochen«, schreibt die Kulturwissenschaftlerin Peet Thesing. »Durch die Klassifikation als krank und unmündig wird eine Verweigerung von Behandlungen zumeist als Teil einer Krankheit definiert: So kann widerständiges Verhalten pathologisiert werden.«

Meine Mutter sagt rückblickend, es sei für sie beruhigend gewesen, mich in der Klinik zu wissen, weil sie Sorge hatte, dass ich mich in meinem *verrückten* Zustand in Gefahr bringen, etwa vor ein fahrendes Auto laufen könnte.

Es kommt häufig vor, dass Angehörige Menschen in die Klinik bringen oder sogar die Polizei anrufen, damit jemand Betroffene gegen ihren Willen zu Hause abholt. Dafür müssen Angehörige sich nicht unbedingt bedroht fühlen, manchmal sind sie schlicht überfordert und machen sich Sorgen.

Auch hier entsteht ein Machtgefälle: Angehörige fühlen sich manchmal plötzlich wieder für ihre erwachsenen Kinder, für ihre Brüder und Schwestern, für ihr Elternteil oder für ihre Partner:innen verantwortlich. »Vielleicht haben die Angehörigen mehr Sorge als die Betroffenen, die sind dadurch genauso betroffen«, erklärte mir ein Angehöriger einer Freundin mit der Diagnose Schizophrenie, als ich ihn für dieses Buch nach seinen Erfahrungen fragte. »Manchmal haben die Leute in der Psychose vielleicht eine richtig coole Zeit.« Die Angehörigen jedoch seien überfordert, weil sie nicht wüssten, was sie machen sollen, hätten das Gefühl, sich pausenlos kümmern zu müssen. »Die Welt oder der Alltag ist ja eh schon so komplex und fordernd und das ist dann alles zu viel.« Man wolle seine Arbeit weitermachen, den Alltag.

Er vergleicht den *verrückt* gewordenen Menschen mit einem Kind. »Ich erinnere mich daran, dass ich mich damals auch wie ein Kind gefühlt habe, das die Welt neu entdeckt«, sage ich, füge einknickend hinzu: »ehrlich gesagt auch ganz cool …« Er sagt: »Ja, für dich vielleicht. Aber für die anderen ist das Arbeit.«

Ein Haufen Freaks

Für dieses Buch spreche ich mit einer Freundin, die selbst Psychosen erlebt hat, weil sie anonym bleiben will, nenne ich sie K. Sie sagt, ich solle meine *verrückten* Zustände als »Party« beschreiben. Und dann darstellen, wie schön *verrückte* Zustände sein können, wie toll sich in einer Manie alles anfühlt. Damit die anderen denken: Wow, wie geil. Und es stimmt, manische Zustände können großen Spaß machen. Ja, vielleicht sind sie zeitweise wirklich wie eine große Party. Man ist von allem unglaublich BEGEISTERT.

Ich habe so viel in diesen Zuständen erlebt, nicht nur Ausflüge mit Menschen, die ich sonst nie kennengelernt hätte, sondern auch ein spirituelles Gefühl, plötzlich fühlte es sich für mich so an, als ob alles in der Welt mit allem verbunden sei. Dorothea Buck beschreibt ein ähnliches Gefühl in ihrer Biografie *Auf der Spur des Morgensterns*. »Eines zu sein mit allem, das ist Leben der Gottheit, das ist der Himmel des Menschen«, schrieb schon Hölderlin.

Aber die Begeisterung kann mit der Zeit eben auch in Verfolgungsangst oder andere Angstzustände umschlagen, in denen man sich extrem hilflos fühlt. Man kann während der *Verrückung* den Alltag nicht mehr meistern. Und natürlich können diese Zustände Betroffenen schaden.

~

Was die Schilderung über meine *verrückten* Erfahrungen angeht, breche ich an dieser Stelle erstmal ab. Leser:innen sind vielleicht enttäuscht, denn sie hätten eventuell eine ausführlichere, spannungsgeladene, vielleicht auch schillernde »Freakshow« erwartet. »Freakshow« war übrigens die Bezeichnung für Vorführungen im 19. und 20. Jahrhundert, bei denen Menschen, die als »abnormal« galten, zur Belustigung ausgestellt wurden. Die Autorin Andrea Schöne weist in ihrem Buch *Behinderung und Ableismus* darauf hin, dass es im Holiday Park in Hasloch bis 1996 eine »Liliputaner-Stadt« gab – ein Überbleibsel der »Freakshow«: »Hier lebten kleinwüchsige Menschen in einer fiktiven Stadt und mussten sich von den Besucher:innen in ihrem Alltagsleben anglotzen und sogar anfassen lassen.«

Viele Menschen neigen dazu, sich über »andere« zu amüsieren. Ähnlich menschenfeindlich, in diesem Fall rassistisch, waren die Völker- oder Kolonialschauen, in denen Schwarze Menschen gegen Eintrittsgeld angeschaut wurden, ebenfalls um sich von ihrer zugeschriebenen *Fremdheit* unterhalten zu lassen.

Ich werde an den Stellen über *verrückte* Zustände schreiben, an denen es hilft, etwas zu erklären und meine Argumentation zu stützen – nicht zum Amüsieren. Eine Bekannte sagte zu mir, ich solle doch ganz genau beschreiben, wie meine *verrückten* Zustände abliefen, das sei doch überhaupt das Interessante! Dass es in meinem Buch um Diskriminierung gehen sollte, schien gar nicht so interessant, die *verrückten* Zustände seien doch das, worüber die Leute lesen wollen.

Ich habe im Alltag immer wieder mitbekommen, dass einige uns für »interessant« halten, weil sie auch uns *Verrückte* während dieser Zustände als fremd und anders wahrnehmen. Vielleicht finden uns auch manche Thearpeut:innen darum so *interessant* oder *lustig*. Wenn mir in meinem Bekanntenkreis jemand erzählt, dass er oder sie nun in der Psychiatrie arbeitet oder ein Praktikum absolviert, weil das ja so *interessant* sei, zucke ich immer etwas zusammen. In die Psychiatrie kommen Menschen, die extreme Krisen durchleben und dort auf Akutstationen oft gegen ihren Willen eingesperrt werden. Ist das interessant?

Die Ärztin und Philosophin Andrea Moldzio schreibt: »Gerade psychotische Menschen regen unsere Fähigkeit des Wunderns und Staunens an, da sie aus der geordneten Alltäglichkeit des gewohnten Seins und Sich-Verhaltens herausfallen.«

Ich fand es erschütternd, als ich eine Psychologin bei einem Vortrag über *verrückte* Zustände darüber sprechen hörte, wie absurd diese sein können. Was übrig blieb, war das Faszinierende, das Abwegige, das »Exotische«. Die sind so komisch, wir sind *normal*. »Es ist die Produktion einer Dichotomie zwischen Normalität und Wahnsinn, der Patientinnen (›dieser Leute‹) und der Normalen (›uns‹)«, schreibt der Psychologe Robin Iltzsche über eine Situation in einer Psychiatrie. »Es ist wahrscheinlich auch dieses ›Othering‹, diese Distanzierung, Verfremdung und Exotisierung, die nicht nur das gesteigerte Interesse am Pathologischen, sondern auch die Angst vor selbigen hervorbringt.«

In ihrem Vorwort zu einer Textsammlung der kanadischen Antipsychiatrie-Aktivistin Bonnie Burstow schreibt Charlotte Pankalla als Betroffene über Reaktionen von Ärztinnen, Therapeuten und Ergotherapeutinnen während einer Visite in einer Klinik: »Ich hatte versucht, von meinen Problemen zu erzählen. Als Antwort lachten sie mich aus. Der ganze Stuhlkreis lachte mich aus. Anstatt auf mich einzugehen oder nachzufragen, wurde ich bloßgestellt und meine Äußerungen in eine Diagnose verpackt.«

Das ist sicherlich keine Beschreibung, die auf alle Krankenhäuser und alle Ärzte und Therapeutinnen zutrifft, und ich finde es wichtig, auch zu betonen, dass es »Professionelle« gibt, die sehr empathisch mit uns *Verrückten* umgehen. Aber als ich das gelesen habe, habe ich mich dennoch nicht darüber gewundert.

Ich kann mich nicht daran erinnern, dass ich bei einer Visite jemals ausgelacht wurde. Aber ich fragte mich später einmal, warum ich – während Angehörige oder Freund:innen, die zu Besuch in die Klinik kamen, ganz *normal* mit mir sprachen – von manchen Ärzt:innen manchmal mit l-a-n-g-g-e-z-o-g-e-n-e-n Worten angesprochen wurde, als ob ich ein kleines Kind wäre. Und ich empfand die Visiten ebenso als extrem unangenehm. Wenn ich an meinen letzten Klinikaufenthalt denke, denke ich an einen vollen Raum. Da saßen während einer Visite eine Sozialarbeiterin, der Oberarzt, eine Therapeutin und noch einige andere Menschen, ich nehme an Praktikanten, andere Ärztinnen oder was auch immer, die mir zum Teil überhaupt nicht vorgestellt worden sind. Alle schauten mich an und beurteilten mich. Ich nahm diese Situation als erniedrigend wahr!

In der Psychiatrie entsteht notgedrungen ein extremes Machtgefälle zwischen Patient:innen und Ärzt:innen. Das fängt schon damit an, dass sie uns erklären, dass wir »krank« sind. Dass das alles nur eine Störung im Gehirn ist, dass ALLES, was wir denken, krank und damit falsch ist. Sie sagen uns damit im übertragenen Sinn auch, dass es eben doch keine Antwort auf die existenziellen Fragen gibt, die wir uns gestellt haben. Sie suggerieren uns, dass die Hoffnung, die »Mission«, die viele in diesen Zuständen spüren (bei mir war es Schreiben), alles, was man in seiner Manie vielleicht als »Lösungsversuch« für vorausgegangene Probleme oder ungelöste Lebensfragen gesehen hat, komplett deutungsfrei und falsch ist. Ich glaube, dass viele Betroffene danach auch deswegen in eine schwere Depression stürzen.

Manche Ärzt:innen weisen darauf hin, dass Antipsychotika depressiv und Antidepressiva manisch machen können. Wie ich selbst erlebt habe, können Neuroleptika, die man in der Psychiatrie bekommt, so müde machen, dass man seinen Alltag nach *verrückten* Zuständen auch wegen der Medikamente manchmal nicht mehr bewältigen kann. Ich fing nach meinem ersten Klinikaufenthalt an, Philosophie und Geschichte zu studieren, und belegte erstmal nur zwei Veranstaltungen, weil ich mich für alles viel zu müde fühlte. Die Medikamente sorgten dafür, dass ich in der Philosophie-Vorlesung zum Thema Logik ständig eingeschlafen bin. Ich brach das Studium deshalb nach kurzer Zeit wieder ab. »Beruht doch alles Gute und alles Üble nur auf Empfindung, der Tod aber ist Aufhebung der Empfindung«, schreibt der Philosoph Epikur. »Darum macht die Erkenntnis, dass der

Tod ein Nichts ist, uns das vergängliche Leben erst köstlich.« Wir sollten die Struktur von Epikurs Argumenten während der Vorlesung analysieren. Und ich fühlte mich, seit ich die psychiatrische Station nach meinem ersten Aufenthalt unter hochdosierten Neuroleptika wieder verlassen hatte, so leer und leblos wie nie zuvor. Nichts war »köstlich«. Ich hatte das Gefühl, dass man mir in der Klinik etwas genommen hatte.

Psychoedukation

Ich bin mir nicht sicher, ob es nach der Aufnahme bei meinem ersten oder zweiten Aufenthalt in der Klinik war (ich bin dort kurz darauf nochmal gewesen). Ich erinnere mich an eine Flipchart und an eine gestresste Ärztin mit weißem Kittel und roten Flecken im Gesicht, die uns, also einer Gruppe *Verrückten*, erklärte, dass unsere Gene schuld seien an den Zuständen. Dass Drogen sie befeuern. Dass Stress ein Auslöser sein kann.

Sie notierte alles, was sie sagte, mit einem Filzstift, als befänden wir uns in der Schule. Nach den Inhalten unserer Erlebnisse und den Dingen, die wir währenddessen gedacht haben, wurden wir gar nicht gefragt. Sie waren nach dem kurzen Aufnahmegespräch kaum mehr Thema. »Psychoedukation ist nicht wirklich offen für die Erfahrung von Psychosen aus der Betroffenensicht«, schreibt Weinmann über solche Arten von Unterricht in der Psychiatrie. Auch wenn es außerhalb von Akutstationen inzwischen viele »trialogische« Psychoseseminare und Ähnliches gibt, bei denen Betroffene mitwirken, liegt die Deutungshoheit über das, was wir erleben, meistens bei »Professionellen«.

Ich sprach in der Klinik vor allem mit anderen Patient:innen über meine Gedanken, manchmal half das, manchmal machte das nur noch mehr *verrückt*. Ich schaue meine Notizen aus der

Psychiatrie für die Recherche zu diesem Buch, also circa zehn Jahre später, durch und finde einen kurzen Briefwechsel, den ich mit einem Patienten führte. Ich habe damals in meiner *Verrückung* manchen Patient:innen einen Brief vor die Tür gelegt, um sie zu fragen, was sie gerade denken, weil ich ihre Krisen besser verstehen wollte und mir die Beschreibungen einer neurobiologischen Störung für all das nicht genug war.

Ein Patient schrieb mir, dass er sehr religiös erzogen wurde und wegen Angstzuständen in der Klinik sei. Er hat manchmal laut etwas auf Arabisch aus seinem Zimmer gerufen und ich weiß noch, wie er mir mal erklärte, dass er Angst vor Dschinnen hat.

Es gab in der Klinik eine christliche Seelsorgerin, die für das gesamte Krankenhaus (also auch alle anderen Stationen, die Chirurgie und so weiter) zuständig war. Es kam mir vor, als sei sie die einzige Person dort, die mit uns Patient:innen tiefergehend über unsere Gedanken und Gefühle sprach und uns irgendwie ernst nahm. Hätte es dem Patienten mit den Angstzuständen wegen seines Glaubens an Dschinnen nicht vielleicht auch genützt, mit einer muslimischen Seelsorgerin oder jemand anderem über Religion zu sprechen, anstatt nur Tabletten einzunehmen oder bei Beschäftigungstherapien mitzumachen?

Ich erinnere mich noch daran, dass mir ein Patient erzählt hat, er habe Angst, dass sein Gehirn irgendwo angeschlossen sei. Ich musste wieder an ihn denken, als ich später in einer Philosophievorlesung in Dublin zu Skeptizismus von dem sogenannten »Gehirn im Tank« (auf Englisch: »brain in the vat«) hörte – ein bekanntes philosophisches Gedankenexperiment, bei dem es um die Frage geht, ob ein Gehirn, das dem Menschen entnommen und in einem Tank an einen Computer angeschlossen wird, verstehen kann, dass es ein Gehirn im Tank ist, und welche Bedeutung das hätte.

Es wäre natürlich zu kurz gegriffen zu sagen, dass der Patient einfach ein philosophisches Gespräch gebraucht hätte, um »gesund« zu werden. Und ich habe gemerkt, dass Tabletten helfen können, Schlaf zu finden und die vielen Gedanken zu reduzieren. Aber das biologistische Verständnis psychischer Krisen verengt den Blick auf menschliche Fragen über unsere Wirklichkeit.

Die Philosophin Andrea Moldzio schreibt in ihrem Buch *Schizophrenie – eine philosophische Erkrankung*?: »Die wesentlichen Fragen der Philosophie wie zum Beispiel: Was ist der Mensch? Wer bin ich? Was ist überhaupt Dasein? Was ist der Tod? Stellen sich auch psychiatrische Patienten, die oft ein verstärktes Bedürfnis zum Philosophieren haben.« Auch sie erwähnt die kantischen Fragen in Bezug auf das *Verrücktsein.* Sie konzentriert sich jedoch vor allem auf die Frage »Was ist der Mensch«, die die kantischen Fragen »Was soll ich tun?«, »Was darf ich hoffen?« und »Was kann ich wissen?« zusammenfassen. Sie verweist auch darauf, dass Kant »die Behandlung von ›Verrückten‹ als eigentliche Aufgabe der Philosophen« verstand, »da er die Mediziner nicht für kompetent hielt, die Kranken wieder in die natürlichen Regeln geordneten Denkens zurückzuführen«. Mich freut es, dass auch eine Ärztin den philosophischen Charakter des *verrückten* Erlebens erkennt.

Ja, die Gedanken und Gefühle in *verrückten* Zuständen muten oft »philosophisch« an, so wie wir »philosophisch« im Alltag verstehen – als etwas Tiefgründiges, als Gedanken oder Gefühle, die unser Dasein und unsere Stellung als Mensch in der Welt hinterfragen. Und Moldzio ist mir sympathisch mit ihrer Aussage: »Der Psychiater *hat* zu philosophieren, wenn er den ernsthaften Versuch unternimmt, die ›Seele‹ des Menschen zu erkunden.«

Aber viele Philosoph:innen würden die Hände über dem Kopf zusammenschlagen, wenn sie einen Menschen vor sich hätten, der gerade *verrückt* ist, weil das *Verrücktsein* jegliche Form einer vernünftigen Argumentation verwehrt. Es ist während Manien oder während einer Psychose sehr schwer, überhaupt ein Gespräch zu führen, weil Menschen in manischen bzw. psychotischen Zuständen auf ihr Gegenüber oft kaum eingehen können. Sie können häufig keine schlüssige Argumentation mehr formulieren und sprechen einfach alles aus, was aus ihnen herausfließt. Da ist kein Nachdenken, kein Überlegen, alles ist sehr intuitiv und die Grenze von »innen« und »außen«, von Selbst und Welt, weicht auf, wird noch dünner als gewöhnlich.

Aber kann das eine Begründung dafür sein, einfach gar nicht mit uns über unsere Erfahrungen zu sprechen, sie einfach als sinnlos abzutun? Und unsere geäußerten Bedürfnisse oft so wenig in die »Behandlung« zu integrieren?

Die Diskriminierung der Professionellen

Ich war geschockt, als ich für die Recherche zu diesem Buch in meinen Unterlagen von damals einen Beschwerdebrief fand, den ich in meiner *Verrückung* an die Ärztin der Klinik geschrieben habe. Ich hatte ihn scheinbar nicht abgegeben oder sie gab ihn mir wieder zurück. Darin beklage ich mich darüber, dass sie mich als Strafe aus der »Morgenrunde« ausgeschlossen hat, weil ich vorgeschlagen hatte, man könne in der Klinik doch eine Art Kummerkasten für die Patient:innen einrichten.

Ich kann mich daran nur noch schemenhaft erinnern, weshalb ich meine Mutter fragte, ob ich ihr davon damals etwas erzählt hatte. Sie wusste noch, dass ich an meiner Zimmertür tatsächlich einen Karton mit der Aufschrift »Kummerkasten« aufgestellt hatte und jemand, der mich besuchte, gesagt habe: »Die Lea macht hier wohl einen auf SV.«

Dass es ein ganzes Netzwerk an verschiedenen »Beschwerdestellen Psychiatrie« in Deutschland gibt, habe ich viel später erst festgestellt, als ich einmal mit dem Fahrrad durch Berlin fuhr und an einem Haus mit einer Plakette vorbeikam, die diese Aufschrift trug.

Ich habe gelegentlich den Eindruck, dass sich manche Therapeut:innen verletzt fühlen, wenn man an der Psychiatrie oder Therapien etwas kritisiert. Einige wehren sich schnell und wollen nicht, dass man ihre Berufsgruppe durch Kritik in ein schlechtes Licht rückt. Wahrscheinlich ist das menschlich, ich verfalle ebenso schnell in eine Verteidigungsposition, wenn jemand anfängt, etwas am Journalismus zu kritisieren. Als ich einem Therapeuten erzählte, dass ich ein kritisches Buch über meine Psychiatrie-Erfahrungen schreiben will, fürchtete er, dass ich »den Kollegen« nicht gerecht würde. Schuld sei doch »das System«, sagte er.

Ich habe gar nicht vor, einzelnen Menschen Schuld zu geben. Aber die strukturelle Diskriminierung von *Verrückten* hat sich in unsere Gesellschaft eingeschrieben und findet sich auch unter Psycholog:innen, die zu uns immer in einem Machtverhältnis stehen.

Eine Freundin studierte Psychologie. Kürzlich habe ich zu ihr gesagt, dass ich mir manchmal die Frage stelle, wie sich unsere Beziehung dadurch verändert hat, dass sie nach dem Abitur Psychologin geworden ist und ich eine *Verrückte*. Ich dachte, dass es dabei darum geht, dass wir uns nicht mehr auf Augenhöhe befinden. Ich war zum Beispiel verärgert, als sie mich einmal fragte, ob ich denn für mein Buch auch mit »Expert:innen« sprechen werde, und sie damit Psycholog:innen meinte, nicht uns *Verrückte*, die das, worüber die »anderen« in Vorlesungen an der Universität lernen, selbst erlebt haben.

»Da hat sich bestimmt etwas verändert«, antwortete sie auf meine Frage zu unserer Beziehung. Nachdenklich fragte ich sie, was es sein könnte. Sie sagte:

»Ich hatte das Gefühl, dass du nach deiner Psychiatrie-Erfahrung, die sicher schlimm war, sehr negativ und teils pauschalisierend über Psychologie gedacht hast.«

Sie fühlte sich scheinbar abgelehnt. Ich sagte ihr, dass ich weiß, dass es ebenfalls kritische Psycholog:innen gibt. Und ich erklärte ihr, dass ich verstehen kann, dass sie das ärgert, ähnlich wie es mich ärgert, wenn jemand pauschal den Journalismus ablehnt. Vielleicht gäbe es sogar »kritische Polizist:innen«, fügte ich hinzu – damit stieß ich bei ihr auf Skepsis.

Ich dachte dabei an eine Polizeischulung, die ich für eine Recherche besucht habe. Es ging darum, dass Polizist:innen lernen sollen, menschlicher mit Personen umzugehen, die sie wegen Fremd- oder Eigengefährdung in die Psychiatrie bringen müssen. Ich war ziemlich begeistert von dieser besonderen Schulung, die in dieser Form leider nicht die Regel ist. Obgleich ich es fraglich bis gefährlich finde, dass die Polizei zuständig dafür sein soll, Menschen in Krisen in Kliniken zu bringen. Aber ich stellte dort mit großer Überraschung fest, dass die Trainer:innen, also die Polizist:innen, die den Workshop gaben, teils sensibler und verständnisvoller über das Thema sprachen, als ich es von manchen Ärzt:innen gewohnt bin.

~

Wenn jemand schlechte Erfahrungen in der Akutpsychiatrie macht, was häufig vorkommt, ist das Vertrauen in die Psychologie manchmal schwer wiederherzustellen. Genauso ist das Misstrauen, das einige Betroffene gegenüber Psychologinnen und Ärzten hegen, oft auf schlechte Erfahrungen in der Vergangenheit zurückzuführen. Wenn uns in unserem Leben etwas Ungutes widerfährt, speichern wir das sogar manchmal eher ab, als die guten Erfahrungen, weil es womöglich tiefe Furchen hinterlässt. Und das gilt im Übrigen nicht nur für *Verrückte*. Ich erinnere mich, wie ich einmal in Berlin-Charlottenburg zur S-Bahn-Station gelaufen bin und mich eine junge Frau völlig aufgebracht ansprach und bat, sie auf ihrem Weg zum Gleis zu begleiten. Sie hatte Angst vor einem Mann, der etwas weiter entfernt stand und sie anstarrte. Der Mann hatte flirrende, aufgerissene Augen.

Ich wollte die Frau beruhigen und sagte, dass es nervig ist, angestarrt zu werden, sie aber keine Angst haben müsse, weil Menschen in *verrückten* Zuständen in den allermeisten Fällen gar nicht gefährlicher seien. Aber man wisse es eben nie genau, meinte sie. Ihr Gesicht war angsterfüllt.

Sie sagte: »Ich arbeite mit diesen Menschen.« Mit »diesen Menschen«, dachte ich, meinte sie »uns«, und dachte an meine Freund:innen. Sie schien vor uns extreme Angst zu haben.

Mich machte diese Begegnung ratlos. Einerseits dachte ich daran, wie ich in der Klinik selbst Angst vor *Verrückten* hatte, und natürlich gibt es Fälle, in denen das auch begründet ist. Nur weil *Verrückte* generell nicht gefährlicher sind als andere, gibt es – wie im Rest der Bevölkerung – trotzdem *Verrückte*, die Gewalttaten begehen.

Aber ich fragte mich: Wie kann sie denn mit »uns« arbeiten, wenn »wir« aufgrund der *Verrückung* in ihr scheinbar solche extremen Ängste auslösen? Und liegt das vielleicht daran, dass sie schlechte Erfahrungen, die sie offensichtlich mit *Verrückten* gemacht hat, auf alle ausdehnt?

Diskriminierende und pauschalisierende Einstellungen gegenüber *Verrückten* sind auch unter jenen verbreitet, die als Ärztin oder Therapeut arbeiten – wahrscheinlich ist dies ein Grund dafür, dass sich viele betroffene »Professionelle« nicht outen. Asmus Finzen schreibt darüber, wie manche »Professionelle« womöglich zu Vorurteilen innerhalb der Gesellschaft beitragen. Das läge daran, dass Psychiater:innen zu 90 Prozent denjenigen

Menschen mit Psychoseerfahrung begegnen, die einen »ungünstigen Krankheitsverlauf« haben und andere, denen es nach der ersten Psychose gut geht, oft nie wiedersehen. Dieses »negative Bild« von Patient:innen, die ihre Rückkehr in das alte Leben nicht schaffen, präge auch ihr Urteil über andere.

Dass diskriminierende Einstellungen unter Menschen, die in der Psychiatrie oder anderweitig im Gesundheitsbereich arbeiten, verbreitet sind, bestätigen Studien: »Psychiater und Mitarbeiter in der Psychiatrie tragen – so wie andere Bürger auch – durchaus Ablehnung gegenüber Menschen mit Psychosen, Depression und Angsterkrankungen in sich«, heißt es in einem Artikel aus der *Berliner Zeitung*. Auch Weinmann schreibt, dass viele Psychiater:innen Menschen mit Manie- oder Psychoseerfahrungen eher nicht als Nachbar:innen haben wollen – weil sie in ihren Augen »die anderen (die Kranken und damit immer wieder ›von Krankheit Bedrohten‹)« sind.

Viele halten ihre Diagnose aus Angst vor Stigmatisierung geheim, auch wenn Osterfeld sagt: »Es werden langsam mehr«, als ich sie nach »Outings« von anderen »Professionellen« frage. Dass ein solches »Outing« Konsequenzen hat, zeigt ihr eigener Fall. Nachdem sie sich auf einer Tagung »outete«, wurde Osterfeld, die früher Oberärztin in einer psychiatrischen Klinik war, aufgrund ihres »Rollenkonfliktes« von der Klinikleitung nahegelegt, in Vorruhestand zu gehen.

~

Ich wollte schließlich in Marburg Vergleichende Kultur- und Religionswissenschaft studieren. Die Ärztin in der Klinik damals sagte mir, dass das keine gute Idee sei, denn mit meiner Diagnose würde ich ein Studium vielleicht nicht schaffen. Lieber sollte ich eine Ausbildung machen.

Ich fühlte mich völlig vor den Kopf gestoßen. Unbedingt

wollte ich studieren. Dass ich es beim letzten Mal nicht geschafft hatte, lag doch an den hochdosierten Medikamenten, die dafür gesorgt hatten, dass ich überhaupt nicht aufnahmefähig gewesen war, dachte ich.

Gibt einem eine Autoritätsperson wie eine Ärztin einen Ratschlag, nimmt man sich den natürlich zu Herzen. Ich weiß nicht, warum ich es dennoch ein zweites Mal mit dem Studieren versuchte, wahrscheinlich lag das auch daran, dass ein Pfleger auf der Station, dem ich davon erzählte, sagte, dass das völliger Quatsch sei und ich unbedingt mein Studium absolvieren sollte.

Er behielt recht, ich schloss den Studiengang schneller als in Regelstudienzeit ab und hatte einen sehr guten Abschluss.

Ich frage mich manchmal, was passiert wäre, wenn ich dem Rat der Ärztin gefolgt wäre und nicht studiert hätte. Ziemlich sicher wäre ich dann keine Journalistin geworden, würde nicht dieses Buch schreiben. Vielleicht wäre ich auch als jemand, die *wegen* ihrer »Krankheit« trotz Abitur nicht studiert hätte, in die Statistik derer eingegangen, die, wie es in einem psychologischen Handbuch über »bipolare Störungen« heißt, als Folge ihrer »Krankheit« »sozial abgestiegen« sind. Bildung ist in unserer Gesellschaft mit einem sogenannten »sozialen Status« verbunden.

»Eine promovierte Sozialwissenschaftlerin, die prekär an der Universität angestellt ist und weniger verdient als ihre Eltern, die einen Späti in Neukölln besitzen, wird sicherlich als soziale Aufsteigerin – und erfolgreiches Integrationsvorbild – gelten«, schreibt die Politologin Emilia Roig über die Rolle der Bildung bei »der sozialen Mobilität«.

Hätte ich nicht studiert, weil es mir gesagt wurde, so wird aus diesem Beispiel klar, hätte die Aussage der Ärztin zu dem »sozialen Abstieg« geführt – nicht meine Fähigkeiten.

Leider wurde mir erst viele Jahre später, als ich anfing, mich mit verschiedenen Diskriminierungsformen zu beschäftigen, klar, dass die Aussage der Ärztin damals ableistisch war.

3

GOFFMAN, FLEDERMÄUSE UND ADORNO

Was mir die Universität über Verrückte verriet

Was wir erleben, können wir nur in Bruchstücken teilen, wenn wir es beschreiben. Interpretieren wir es, entfernen wir uns: Welchen Mythos stellt dabei die Biologie?

~

»Göttingen *hat* eine Universität, Marburg *ist* eine Universität«, sagte der Romantiker Ernst Koch im 19. Jahrhundert. In Marburg ist der Spruch bis heute ein geflügeltes Wort. Und es stimmt. In der hessischen Stadt wimmelt es nur so von Studierenden. Während der Semesterferien hingegen sind die Straßen leer: die kleinen, steilen, engen Gassen zwischen Fachwerkhäusern, die auf einem Hügel gelegen sind und verwinkelt zum Marburger Schloss führen. Es thront obenauf, über der von Wald umsäumten und manchmal von Nebel umhüllten Stadt, wie ihre Augusta.

Während meiner Studienzeit bin ich fast jeden Tag den steilen Hügel der Oberstadt hochgelaufen, um unterhalb des Landgrafenschlosses für Seminare zu der Religionskundlichen Sammlung zu gehen oder zu dem alten Gebäude zu gelangen, in dem sich die Kultur- und Sozialanthropologie befand. Auf den Wegen erinnern Figuren an das Wirken der Gebrüder Grimm. Marburg ist eine Märchenstadt. Man findet dort nicht nur die Sterntaler, sondern auch den Froschkönig. Und unterhalb der Lutherischen Pfarrkirche befindet sich das Lebkuchenhaus der bösen Hexe aus dem Märchen »Hänsel und Gretel«.

Doch bei der »Märchenhexe« bleibt es nicht. Hinter dem Schloss steht der »Hexenturm«, wo im Mittelalter Menschen, die mit Hexerei in Verbindung gebracht wurden, tatsächlich auf ihre Hinrichtung gewartet haben und gefoltert wurden.

Hexen

25 000 Menschen sind Schätzungen zufolge im deutschsprachigen Raum zwischen dem Ende des 15. Jahrhunderts bis 1775 Opfer der Inquisition geworden. Etwa zu 75 Prozent sollen die »Hexen« weiblich gewesen sein. Viele sehen in der »Hexen«-Verfolgung auch eine patriarchale Macht über weibliche Heilerinnen bzw. damit verbundenem Wissen und Spiritualität.

Auch *Verrückte* waren unter den »Hexen«.

»Eine Frau, die im 16. Jahrhundert mit einer großen Begabung zur Welt kam, mußte ohne Zweifel wahnsinnig werden, sich erschießen oder ihre Tage in einer einsamen Hütte außerhalb des Dorfes beschließen, halb Hexe, halb Zauberin, gefürchtet und verspottet«, schreibt die Schriftstellerin Virginia Woolf. »Man braucht nicht viel von Psychologie zu verstehen, um sich vorstellen zu können, daß ein hochbegabtes Mädchen, das sich der Dichtkunst verschrieb, von der Umgebung daran gehindert, von den eigenen Instinkten gequält und zerrissen, schließlich krank werden und den Verstand verlieren mußte.«

Und der britische Psychiater Neel Burton schreibt: »Die Verbrennung der sogenannten Häretiker – oft Menschen, die unter psychotischen Störungen wie Schizophrenie oder einer manisch-depressiven Erkrankung litten – setzte in der frühen Renaissance ein und erreichte ihren Höhepunkt im 14. und 15. Jahrhundert.«

Burkhart Brückner betont, dass sowohl die meisten Täter als auch die meisten Opfer der »Hexenverfolgung« heute keine psychiatrische Diagnose bekommen würden, und sieht Thomas Szasz'

Annahme, dass es sich mit der Hexenverfolgung um »Vorläufer von psychiatrischen (Zwangs-)Maßnahmen« handele, kritisch. Demgegenüber ist es einigen, gerade in den radikalen Strömungen der Psychiatriekritischen Bewegung wichtig, in Bezug auf die »Hexen«-Verfolgung eine Kontinuität zu heute zu ziehen.

Um die »Hexen« im Mittelalter ranken sich viele Mythen und Ungewissheiten. Wie viele *Verrückte* unter den »Hexen« tatsächlich waren, ist unklar. Es waren verschiedene gesellschaftliche Gruppen, die zu den »Hexen« gehörten, darunter insbesondere Menschen, die nicht in das christliche Weltbild passten. »Die Abkehr der Dämonen- und Hexentheorie in Deutschland erfolgte mit einem wachsenden Einfluss der französischen Materialisten [...] und führender Ärzte Englands [...], die von den natürlichen Ursachen der Geistesstörungen überzeugt waren«, schreibt Dirk Arenz. Die kanadische Psychotherapeutin Bonnie Burstow schreibt, dass es auch Ärzte gegeben habe, die die Hexenverfolgung im Mittelalter unterstützten und »gegen ›Hexen‹ aussagten«, außerdem hätten viele Ärzte Frauen, denen Hexerei nachgesagt wurde, verteidigt, »um bei dieser Gelegenheit nachweislich ihre eigene spezielle, psychiatrische Theorie weiterzuentwickeln, zum Beispiel, dass diese Frauen an Hysterie erkrankt wären«.

Neel Burton schreibt, »dass wahnhafte Überzeugungen dadurch gekennzeichnet sind, dass sie nicht zum kulturellen oder religiösen Hintergrund des Betroffenen gehören«. Dies führt ihm zufolge auch dazu, dass es zu »Fehldiagnosen« kommen könne und gerade in totalitären Systemen zu »Machtmissbrauch«. Die Hexenverfolgung war, wie der Historiker Wolfgang Behringer schreibt »primär von der Bevölkerung gewünscht« – gleichzeitig betont er die »Anteile der Kirche, der Justiz und des Staates«. Es hat sich damit also gerade nicht um einen »Hexenwahn« im Sinne eines psychotischen oder manischen und damit nonkonformen Fühlens und Denkens gehandelt.

Wahnsinn und Magie

Ich besuchte ein ethnologisches Seminar, in dem mir gleich zu Anfang des Studiums auf vernünftige und zunächst ganz beiläufige Weise der Wahnsinn wiederbegegnete. In dem Seminar ging es um Theorien der Magie. Wir sprachen nicht nur über »Hexenverfolgungen« in Europa und in afrikanischen Ländern, sondern beschäftigten uns auch mit dem Strukturalisten Claude Lévi-Strauss und lasen neben einem Ausschnitt aus der *Dialektik der Aufklärung* einen Text von Siegmund Freud, in dem er Ähnlichkeiten zwischen einem »Neurotiker« und einem sogenannten »Primitiven« beschreibt.

Der rassistische Ausdruck »Primitive« wurde früher in der Ethnologie bzw. Kulturanthropologie verwendet, um indigene Gruppen zu bezeichnen, die kolonialisierte Regionen schon vor der Unterdrückung durch Kolonialmächte bewohnt haben und die aus einem rassistischen und eurozentristischen Verständnis von westlichen Menschen als »unterentwickelt«, im Sinne von »ursprünglich« und angeblich weniger rational, wahrgenommen wurden. Der Anthropologe und Evolutionist Edward Burnett Tylor prägte den heute umstrittenen Begriff des Animismus im 19. Jahrhundert, um damit die Vorstellung einer Beseeltheit der Welt zu beschreiben, die er bei sogenannten »primitiven Völkern« ausmachte. Der Begriff »Animismus« gilt als Sammelbegriff für verschiedene, lokale Vorstellungen unterschiedlicher religiöser Gemeinschaften, die nicht einen Glaube der sogenannten Weltreligionen teilen. Tylor sah im sogenannten Animismus aus einem sozialevolutionistischen Verständnis, also einer Vorstellung, die davon ausgeht, dass es höhere und weniger höher entwickelte Menschengruppen bzw. »Rassen« gibt, den »Ursprung« von Religion. Der Begriff »Animismus« ist mit Taylor von einem sogenannten »Armchair Anthropologist« entwickelt worden, also einem Ethnologen bzw. Kulturanthropologen, der die Menschen, über die er schreibt, selbst nie gesehen hat und seine verallgemeinernden und abstrakten »Erkenntnisse« auf die Berichte von Kolonialisten und Missionare zurückführt.

Allgemein steht der Begriff für eine »Beseeltheit« der Natur, in welcher auch Gegenstände beseelt sind und demnach eine Handlungsmacht besitzen, einer Art »Naturzustand«, in dem Psyche und Natur nicht getrennt verstanden werden. Freud schrieb über die Vorstellung der »Allmacht der Gedanken«, die er sowohl im sogenannten animistischen Denksystem als auch bei Neurosen wiederfindet, die er den Psychosen gegenüberstellt: »Dachte er eben an eine Person, so kam sie ihm schon entgegen, als ob er sie beschworen hätte.«

Der Begriff Animismus ist von »Animal«, Tier, abgeleitet. In der Psychologie wird der Ausdruck »Animismus« nach dem Biologen und Entwicklungspsychologen Jean Piaget auch für das Stadium des Gehirns eines Kleinkindes verwendet.

Man braucht es kaum zu betonen, es gibt natürlich nicht nur zwischen dem religiös-spirituellen Glauben indigener Gruppen und Kinder, sondern auch zwischen den Erfahrungen von Menschen in *verrückten* Zuständen oder Neurosen zahlreiche Unterschiede. Ein Unterschied ist allein die Tatsache, dass der medizinische Wahn dadurch klassifiziert wird, dass die Gedanken in diesen Zuständen von dem kulturellen Verständnis des Umfeldes abweichen, er also nicht das Denken einer Gruppe beschreibt – die lokalen Religionen wurden von den Kolonialmächten als »anders« konstruiert, beschreiben aber gleichsam die religiöse Vorstellung einer Gruppe.

Heute sehe ich diese Vergleiche und begrifflichen Gleichsetzungen kritisch, doch mich erinnerte die in dem Konzept des »Animismus« beschriebene Verschmolzenheit zwischen Natur und Psyche bzw. Innenleben und Umwelt und das sogenannte

»magische Denken« des Animismus, wie es Freud beschreibt, schematisch tatsächlich an die Struktur der Fülle einiger hektischer Fragen, die ich mir während meiner übernächtigten und verirrten, *verrückten* Zustände gestellt habe, es waren Fragen wie: Was verrät mir dieses Lied im Radio über mein Leben und die Fragen in meinem Kopf? Wie kann es sein, dass das gerade JETZT gespielt wird, wo es so gut zu meiner Situation passt? War das vorherbestimmt oder waren das MEINE Gedanken? Wird es für MICH gespielt? (Wie toll!) Steht die Sonne am Himmel für Hoffnung? Wieso ist das Wetter plötzlich besser, hab ich das beeinflusst?! Wieso starb meine Großmutter eigentlich gerade dann, als ich früher als geplant aus Indien zurückgekommen bin? Hat sie gewartet, damit sie mich nochmal sehen kann? Warte, (Hilfe!), kann man den Tod voraussehen?

Dorothea Buck schreibt in ihrer Biografie über ihre psychotischen Schübe: »Die Gleichzeitigkeit von Geschehnissen, die das normale Bewußtsein ›Zufall‹ nennt, erlebte ich im psychotischen Zustand als sinnerfüllt: das Auftauchen des Malers in dem Augenblick, als ich Molt vergeblich angerufen hatte.«

Nicht nur im sogenannten Animismus, auch in monotheistischen Religionen findet sich die Idee, mit Gedanken etwas beeinflussen zu können: durch das Gebet.

Später fragte ich mich manchmal, warum mich im Studium magische Theorien und Religionen interessiert haben, warum ich mich damals nicht mit politischeren Themen beschäftigt habe. Welcher *normale*, aufgeklärte Mensch beschäftigt sich in unserer entzauberten Gesellschaft mit so etwas? Viele würden sagen, ich hätte lieber etwas »Vernünftiges«, was hierzulande heißt: etwas ökonomisch Verwertbares, lernen sollen. Und irgendwie erschien mir die Auseinandersetzung mit solchen Themen rückblickend selbst manchmal »sinnlos«, obgleich sie das vielleicht gar nicht war.

Am Ende des ersten Semesters setzte ich mich in dem Seminar über Magie in einem Essay mit den Gemeinsamkeiten von Wahnsinn, Mystik und Kunst auseinander. Das war das einzige Mal, dass ich während meines Studiums konkret über den Wahnsinn schrieb. Und es war eine meiner besten Prüfungsleistungen. Der Dozent gab mir eine 1,0 und sagte, wenn mich dieses Thema so interessiere, solle ich doch vielleicht später irgendwann einmal darüber promovieren.

Ich wollte das nicht, ich beschäftige mich später im Studium mit anderen Inhalten. Aber was er sagte, ermutigte mich, denn es zeigte mir, dass ich offensichtlich sehr *vernünftig* über den Wahnsinn nachdenken konnte.

Und es irritierte mich völlig, weil ich die Worte der Ärztin aus der Klinik im Kopf hatte, die bezweifelte, dass ich wegen meiner Diagnose ein Studium überhaupt schaffen würde. Ich konnte mir nicht erklären, wie das eine mit dem anderen zusammenpasst.

Wenn ich es doch schaffe und dann auch noch so gute Noten habe, bin ich dann überhaupt »krank«?

Ein Mann, der bei einem psychoanalytischen Institut in Frankfurt arbeitete, wo ich nach meinem ersten Psychiatrieaufenthalt gewesen war, um einen Therapieplatz zu bekommen, hatte gesagt, dass ich – anders als mir in dem Krankenhaus diagnostiziert worden war – gar keine Psychose, sondern einfach einen »Ausnahmezustand« erlebt hätte. Er riet mir, weil, wie bei so vielen anderen Menschen in psychischen Krisen, die Liebe in meiner *Verrückung* so eine große Rolle spielte, in freudscher Manier, dass ich doch einfach mein Verhältnis zu Männern überdenken solle. Und er empfahl mir noch etwas, mir blieben die Worte, die er zur Verabschiedung sagte, im Kopf: »Passen Sie gut auf sich auf, wenn es wieder einmal zu verrückt und fantastisch wird.«

Fantastisch passt allein schon zu der Begeisterung, die für Manien typisch ist und bereits in ihrer Anfangsphase auftritt. Die Hypermanie, also Vorstufe oder schwächere Form einer Manie, wird in der internationalen Klassifikation von Krankheiten (ICD) beschrieben als »eine Störung, charakterisiert durch eine anhaltende, leicht gehobene Stimmung, gesteigerten Antrieb und Aktivität und in der Regel auch ein auffallendes Gefühl von Wohlbefinden und körperlicher und seelischer Leistungsfähigkeit«.

Sichtweisen

Auch in meinem Umfeld sagten einige, die mich damals während der *Verrückungen* erlebten, dass ich gar nicht krank (gewesen) sei. Andere wendeten sich, als sie erfahren hatten, dass ich in der Psychiatrie war, oder weil sie mein manisch-psychotisches Verhalten seltsam fanden, von mir ab. Bei manchen wiederum wollte ich mich nicht melden, weil mir Dinge, die ich während meiner *verrückten* Zustände gemacht hatte, peinlich waren: zum Beispiel die Eigenschaft, Bekannten in überschwänglicher Weise zu schreiben, wie gerne ich sie habe, oder die Angewohnheit, altertümliche Worte zu benutzen und im Paarreim zu schreiben und manchmal auch zu sprechen. Die Verse sind damals, bei meiner zweiten *Verrückung*, die kurz auf die erste folgte, ohne zu überlegen wie aus mir herausgeflossen, als hätte mich jemand in die Romantik zeitzurückversetzt: »Ersehnen kann der Mensch doch nur, was ihm selbst einst widerfuhr, so hat er als er ward geboren, die Einigkeit in sich verloren. Bloß doch kann der Mensch vermissen, was er selbst verstand zu wissen, so sucht er an des Lebens Tor, was er einst an ihm verlor«, dichtete ich. Und so weiter und so fort. Ich musste manche der Worte, die mir plötzlich in Form von Reimen einfielen, erstmal googlen, weil ich ihre Bedeutung nicht kannte, zum Beispiel das Wort

»Pfaffen« bei dem Vers: »Wollt' wie all die holden Pfaffen mir mein eignes Kunstwerk schaffen. Eigne Dicht'rin wollt ich sein, dacht die Zeilen wär'n bloß mein. Nie gedacht, dass mich einst treibt, was ein anderer mit mir schreibt.«

Der letzte Satz fiel mir wahrscheinlich ein, weil ich mir in diesen Zuständen so viele Gedanken über das »Selbst« und »die Seele« gemacht habe und das Gefühl hatte, dass ich von irgendetwas Innerem oder Äußerem geleitet werde. Es war nicht so wie bei manchen anderen *Verrückten*, die, anders als ich, auch Stimmen gehört hatten, die ihnen etwas raten oder befehlen, eher ein allumspannendes Gefühl, dass ein Gott auf schützende Weise mein Leben lenkt. Ein bisschen wie der Inhalt dieses Mascha-Kaléko-Gedichts, das mir, während ich *verrückt* war, total gefallen hat: »Einer ist da, der mich denkt. / Der mich atmet. Der mich lenkt. / Der mich schafft und meine Welt. / Der mich trägt und der mich hält. / Wer ist dieser Irgendwer? / Ist Er ich? Und bin ich Er?«

Ich hatte während meines ersten Psychiatrieaufenthaltes erlebt, wie meine beiden Mitbewohner mich aus der Wohngemeinschaft geworfen hatten, als ich ihnen mitteilte, dass ich gerade in der Psychiatrie bin. Sie sagten mir, während ich noch in der Klinik war, dass ich ausziehen soll – nicht mit Bezug auf die Irritation meines *verrückten* Verhaltens, das nicht bedrohlich war, sondern das zum Beispiel darin bestand, dass ich einem von ihnen ständig Bücher vor die Tür gelegt habe. Es ging eher um eine Angst vor der Zukunft. Einer erklärte, dass sie die Verantwortung für mich nicht übernehmen könnten.

Ich erinnere mich noch daran, dass ich, als ich *verrückt* war und voller Angst durch Berlin geirrt bin und wieder nach Hause kam, froh war, dass einer der Mitbewohner da gewesen ist und mich umarmt hatte, als ich ihm sagte, wie verängstigt ich war. Ich dachte bei meinem verirrten und intuitiven Spaziergang durch die Stadt, ich müsste von einer Brücke springen, und hatte gleichzeitig Todesangst, wahrscheinlich hat Letztere mich glücklicherweise von Ersterem abgehalten. Ich erlebte nicht nur eine »Führung Gottes«, es fühlte sich auch an wie ein Kampf zwischen guten und bösen Mächten. Die Forderung meiner beiden Mitbewohner verstand ich dennoch nicht, ich bin ja während der Wochen in der Klinik wieder in der Alltagswelt angekommen, schließlich auch dorthin gegangen, um »gesund« zu werden. Und ich fragte mich: Welche Verantwortung? Ich war doch selbst für mich verantwortlich? Durch den Aufenthalt in der Psychiatrie war ich plötzlich nicht mehr eine »Krank«-Gewesene, sondern eine von nun an »Kranke«. Verändert war ich tatsächlich durch die starken Medikamente, die vor allem nach meinem ersten Psychiatrieaufenthalt dafür gesorgt hatten, dass ich extrem müde und verlangsamt war. Jemand sagte damals zu mir, er könne meinen veränderten Anblick schwer ertragen. Ein anderer, von dem ich wusste, dass seine Familie evangelikal war, dachte, dass ich während der *Verrückung* vom Teufel besessen war. Ein Familienmitglied hat mir, als ich während einer schweren Depression zwischen den ersten beiden Psychiatrieaufenthalten im Bett lag, gesagt, dass es sich schäme, mit mir verwandt zu sein.

Gleichzeitig wurde mir auch Verständnis entgegengebracht, für manche anderen aber war ich nun nicht mehr nur Lea, sondern »die, die in der Klapse war«.

Religiosität und die Grenzen des Verstandes

Ich wollte den Wahnsinn verstehen.

Während meines Studiums saß ich in der theologischen Bibliothek, die sich in einem Gebäude befindet, das in Marburg alle »Hogwarts« nannten, weil es an die Zauberschule aus Harry Potter erinnert, und nahm dort für den Essay im ersten Semester fasziniert Bücher aus den Regalen, die irgendwie mit dem Geist oder Magie zu tun hatten – oder mit Mystik.

Ich las in Hegels »Vorlesungen über die Philosophie der Religion« und schrieb darüber, wie die Entstehung des Geistes in der biblischen Schöpfungsgeschichte mythologisch zu verstehen versucht wird, und darüber, dass die Unterscheidung zwischen Gut und Böse den Menschen in die Welt des Trennbaren führt und die Fähigkeit birgt, Kategorien und Urteile zu bilden. Und ich schrieb darüber, dass der Wahnsinn, ähnlich wie die Kunst, in diese Unmittelbarkeit zurückdeutet. In meiner *Verrückung* war ich ebenfalls interessiert an dem paradiesischen Zustand in der Schöpfungsgeschichte gewesen, ich habe mich darüber in der Klinik mit einem muslimischen Patienten ausgetauscht.

Ich wollte damals an der Uni wissen, was es mit diesem spirituellen Gefühl, das man in *verrückten* Zuständen haben kann, auf sich hatte, und kramte das Buch *Weltfremdheit* von Peter Sloterdijk aus, in dem er den Wahnsinnigen mit einem Mystiker vergleicht: Er schreibt darüber, dass der Mystiker im Unterschied zu dem Wahnsinnigen das Auf- und Abtauchen beherrsche. In den Atemzügen des Tauchers sieht er die Fähigkeit des Urteilens angelegt. Bei dem als pathologisch verstandenen mystischen Erleben jedoch fehle die »Entfaszination inmitten des Faszinierenden«. Ernst Cassirer schreibt darüber, dass im Animismus »noch nicht über den Mythos reflektiert, sondern wahrhaft in ihm gelebt wird«.

Später las ich auch bei anderen Geisteswissenschaftler:innen, dass es zwischen Spiritualität und Wahnsinn eine Verbindung zu geben scheint. In Foucaults *Wahnsinn und Gesellschaft* fand ich in einer Passage über den Wahnsinn im 16. Jahrhundert folgende Aussage: »An der Wahrheit des Wesens der Dinge und an der Wahrheit Gottes gemessen ist die ganze menschliche Ordnung nur Wahnsinn.« Und weiter: »Wahnsinn ist in dieser Ordnung auch die Bewegung, durch die man versucht, sich ihr zu entreißen, um zu Gott zu gelangen.«

Der Philosoph und Psychiater Neel Burton schreibt darüber, dass die Vorstellung, Psychosen hingen mit »Inspiration und Offenbarung« zusammen, »ein alter und wiederkehrender Gedanke« sei, »der mindestens in die Antike zurückreicht«. Er bezieht sich auf Platon, der Sokrates in seinem Buch Phaidros sagen lässt: »Nun aber werden uns die größten der Güter durch Wahnsinn zuteil, freilich nur einen Wahnsinn, der durch göttliche Gabe gegeben ist.«

Wahrscheinlich fragen sich gerade Menschen, die auch sonst für religiöse Themen empfänglich sind, wie sich ihre Erfahrungen in den Glauben integrieren lassen. »Ich habe eine große Sehnsucht nach Gott oder nach Transzendenz, doch mein Psychiater sagt, das wäre meine Erkrankung!«, steht auf einem Flyer des Bundesverbands Psychiatrie-Erfahrener e.V. zu einer Selbsthilfegruppe für spirituelle Psychiatrie-Erfahrene.

Zu mir sagten manche Menschen, die sich für Spiritualität oder Drogen interessieren, einfach nur: Wow!, wenn ich von meinen Erfahrungen erzählt habe. Sie haben die *Verrückungen* romantisiert und waren neidisch, denn sie wollten diese Zustände auch haben.

Das ist problematisch.

Nicht zuletzt deshalb, weil die *Verrückungen* für Menschen so völlig unterschiedlich sein können und sie sich bei manchen auf furchtbare Verfolgungsängste und Rückzug beschränken und sie die schlimmen Erfahrungen, die oft mit der *Verrückung* verbunden sind, sicher nicht erleben wollen.

Der Begriff bipolar oder manisch-depressiv beschreibt ja auch beides: »Himmelhoch jauchzend und zu Tode betrübt.«

Ich beschäftigte mich in meinem Studium viel mit Religion. Damit, was Religion für mich selbst bedeutet oder inwiefern meine *Verrückung* sich darin eingliedern lässt, setzte ich mich weniger auseinander, sowieso beschäftigte ich mich kaum mit mir selbst und dem, was ich persönlich denke und meine, ich hatte das Gefühl, die wissenschaftliche, distanzierte Auseinandersetzung mit Themen wie Identität und Religion schützt mich davor, nochmal *verrückt* zu werden.

Bevor ich nach Indien gegangen bin, war ich, obgleich konfirmiert, in meiner jugendlichen Marx-Euphorie der Überzeugung, dass Religion Opium für das Volk sei. Vielleicht, so würde ich es heute sehen, haben die *verrückten* Zustände aus mir später dann so etwas wie eine theistische Agnostikerin gemacht. Eine, die sich, wohl auch durch ihre Sozialisation oder durch depressive Phasen, in denen mir christliche Gottesdienste geholfen haben, immer wieder dem christlichen Glauben verbunden fühlte.

Vielleicht war ich beides aber auch schon zuvor.

Und vielleicht hat dieser konstatierte theistische Agnostizismus, den ich rückblickend aus alldem mitnehme, wenn ich es mir recht überlege, für meine »Krankheit« sogar etwas Heilsames: weil es mir, sollte ich in meinem Leben nochmal Gefahr laufen, *verrückt* zu werden, helfen wird, wenn ich daran denke, dass ich manche Dinge über Gott und die menschliche Existenz nicht wissen kann und weder durch die Vernunft noch durch den Wahnsinn herausfinden werde.

~

Meine Freundin K., mit der ich während meiner Recherche spreche, sagt über ihre *verrückten* Erfahrungen, sie wolle darüber eigentlich gar nicht mehr so viel nachdenken. »Ich habe da während meiner Psychose schon so viel nachgedacht. Das sind ja Psychosen: dieses Zu-viel-Nachdenken.« Als ich ansetze und sage: »Ich frage mich manchmal, was dieser Wahns …«, unterbricht sie mich und sagt: »Das ist kein Wahn, sondern Erkenntnisse!« Wir lachen beide. Sie erklärt, dass sie die Erfahrung gemacht habe, an die Grenzen des eigenen Verstandes zu stoßen. Ja, vielleicht war das die *erlebte* Erkenntnis aus der *Verrückung*!

In philosophischen Vorlesungen, die ich während meines Studiums belegte, lernte ich, dass man viele der Dinge, die mich in der *Verrückung* gedanklich oder auf einer Gefühlsebene beschäftigten, der Metaphysik zuordnen würde – »den Bereich angeblichen Wissens über das Wesen der Dinge […], der sich der empirisch begründeten induktiven Wissenschaft entzieht«, so beschreibt der Philosoph Rudolf Carnap, der zusammen mit anderen Positivist:innen zu ihren schärfsten Kritikern gehört, die für »in Europa übliche« Definition.

Die Metaphysik als Ontologie wird als »Lehre vom Seienden« verstanden. Sie befasst sich außerdem mit der Ursache von allem – als »Lehre vom Absoluten, vom Einen, von Gott« sowie mit der rationalen Psychologie bzw. Philosophie des Geistes, die insbesondere danach fragt, was der Träger mentaler Zustände bzw. die Seele ist.

Eine der ersten Antimetaphysiker war Rudolf Göckel der Ältere, vor allem bekannt unter dem Namen Goclenius, der Anfang des 17. Jahrhunderts an der Universität Marburg im Mittelalter gelehrt hat. Er ist bekannt dafür, sich für die »Wasserprobe« als Beweis innerhalb der Hexenprozesse eingesetzt zu haben, mit der getestet wurde, ob »Hexen« unter Wasser Luft bekamen. Das Ende dieser »Probe« war meistens deren Tod.

Im Zuge der Aufklärung kam es zu Kritik an dem metaphysischen Weltbild des Christentums, das zur Hexenverfolgung führte. Philosophen der Aufklärung wie Immanuel Kant ging es darum, die Vernunft bzw. den menschlichen Erkenntnisapparat zu prüfen. Die Frage »Was kann ich wissen?« ist eine der vier Grundfragen der Philosophie.

Kunsterleben

Rudolf Carnap wollte die Metaphysik durch die »logische Analyse der Sprache« überwinden und zeigen, dass metaphysische Sätze »sinnlos« sind – weil sie Worte beinhalten, die ihm zufolge keine Bedeutung haben oder von ihrer Syntax her keinen Sinn ergeben. Worte wie »Gott«, aber auch das Wort »Ich«, »Idee«, das »Unendliche« sind ihm zufolge »spezifisch metaphysische Termini ohne Bedeutung«. Auch Aussagen über das »nichts« sind ihm zufolge oft sinnlos, etwa bei Heidegger.

Interessanterweise beschäftigen sich Menschen in *verrückten* Zuständen nicht nur häufig mit metaphysischen Themen, machen sich Gedanken über metaphysische Fragen und Termini, sie nutzen oft auch eine völlig falsche Grammatik. Burton schreibt: »Manchmal ist die Sprache des Manikers so weitschweifig und desorganisiert, dass er nicht imstande ist, bei einem Thema zu bleiben und zum Punkt zu kommen; grammatikalische Regeln werden als einengend empfunden und einfach ignoriert, und die Ketten des üblichen Wortschatzes durch überraschende Wortneuschöpfungen gesprengt. Manchmal spricht der Maniker sogar in Reimen oder ergeht sich in Wortspielen.«

Carnap beschreibt nicht nur die Theologie, sondern auch die Dichtung als Erbe des »Mythus«. Aus dem Mythos habe sich die Metaphysik entwickelt. Die Kunst (vor allem die Musik), so schreibt Carnap, sei ein »adäquates Ausdrucksmittel für das Lebensgefühl«. Die Metaphysik, die versucht, »sinnlose« Begriffe in eine logische Satzstruktur mit »scheinbarem Begründungsverhältnis« zu gießen, aber sei dafür ein »inadäquates Ausdrucksmittel«. Er lobt daher, dass Nietzsche für seinen »Zarathustra«, das Werk, »in dem er am stärksten das zum Ausdruck bringt, was andere durch Metaphysik oder Ethik ausdrücken«, die »Form der Kunst, der Dichtung« wählte.

~

Ich erinnerte mich auch an den Wahnsinn, als ich von Erving Goffman das Buch *Wir alle spielen Theater* las. Und als ich mich in der Kulturwissenschaft bei einer Exkursion in die Extremadura mit Wolf Vostell und der »Fluxus-Bewegung« beschäftigte und seinem Slogan: »Kunst ist Leben, Leben ist Kunst.«

Ich dachte, als ich in meinem Studium davon las: Aha, genau das habe ich in meiner *Verrückung* doch auch gedacht!

Alles um mich herum erschien mir wie eine Metapher für irgendetwas anderes – und auch mein eigenes Handeln kam mir wie eine Art Performance vor.

Das »Verrückteste«, was ich damals gemacht habe, war wahrscheinlich die Aktion, dass ich in meinem alten Kinderzimmer die Wände mit meinen ganzen Einfällen vollgeschrieben habe – als würde ich »darstellen« wollen, dass mein Kopf so voller Gedanken war, dass er bildlich gesprochen explodiert ist. Dorothea Buck beschreibt etwas Ähnliches: »›Ich sah Sie heute aus dem Fenster auf der Straße vorbeigehen. Sie gingen so gebeugt‹, sagte mir eine ältere Freundin. Gebeugt von der Last sonst nicht gespürter Sinnzusammenhänge – so fühlte ich mich auch. Wie anstrengend wäre es, wenn man sie immer spürte, dachte ich.«

Mit Bezug auf Hölderlin schrieb ich in dem Essay in der Uni darüber, dass die Kunst die Einheit von Innerem und Äußerem darstellt und der Künstler, weil er Herr über sein eigenes Werk wird, in der Kunst göttlich wird. Anders als dem Künstler gelingt es dem Wahnsinnigen jedoch nicht, sich von seinem Schöpfungswerk abzulösen.

Später begegnete ich anderen *Verrückten*, die ähnliche Gedanken hatten. Entweder es ging darum, dass sie in einem Theaterstück gelandet waren, oder sie dachten während der Manie oder Psychose, sie steckten in einem Film. Diese Vergleiche passen, weil in diesen Zuständen alles so bedeutungsschwer ist – wie in einem Film erscheint einem während der *Verrückung* nichts zufällig. Man fragt sich, wieso passt alles so gut zusammen: Sind es meine Gedanken? Ist alles in der Welt vorbestimmt – nach einer Art »Skript«?

Alleingelassen

Während meiner Studienzeit hatte ich mal mehr, mal weniger Lust, mich mit dem Wahnsinn zu beschäftigen.

Ich weiß noch, dass ich zeitweise gar nicht darüber sprechen wollte. Ich lernte dort eine Person kennen, die auch eine Psychose hatte und das Gespräch darüber suchte, als ich ihr von meinen Erfahrungen erzählte, aber ich wollte nicht wirklich darüber reden.

Ich wollte vor allem *normal* sein.

Und zum Glück gab es Menschen, die mich darin bestärkten, dass ich die Dinge, die ich mir vornehme, »schaffe«, die mich stützten, die sagten, »natürlich schaffst du das«.

Ich war damals vor allem damit beschäftigt, voller Eifer zu studieren, ich wusste in dieser Zeit nicht, wer ich bin. Was mir wichtig, was der Sinn von allem war: Arbeit bzw. mein Studium.

In meiner tiefenpsychologisch fundierten Therapie, die ich damals in Marburg lange Zeit machte, sprachen wir zwar auch über persönliche Dinge, meinen Großvater und über meine Familie. Aber die konkreten Inhalte und die Struktur der Gedanken, die ich mir während meiner Manie bzw. Psychose gemacht habe, waren so gut wie gar kein Thema. Selbstverständlich ging es auch nicht um Religion. Und es ging auch nicht darum, was denn nun das vernünftige Denken von dem *verrückten* Denken unterscheidet. Darüber sprach ich erst viele Jahre später mit einem Therapeuten in einer Verhaltenstherapie.

Kürzlich unterhielt ich mich darüber mit K. Wir saßen hinter der Scheibe in einer Falafel-Bude im Prenzlauer Berg und schauten auf die Straße, als ich ihr erzählte, dass ich auf eine Rückmeldung von einer Tiefenpsychologin wartete, bei der ich in Marburg lange in Therapie war. Ich erzählte ihr, dass ich sie für mein Buch unter anderem fragen wollte, warum wir eigentlich während der Sitzungen, wenn ich mich richtig erinnerte, praktisch gar nicht über die Manie- bzw. Psychose-Inhalte gesprochen haben. Oft saßen wir einfach still nebeneinander Richtung Wand, meine Therapeutin wartete wohl darauf, dass ich etwas sagte, aber es kam oftmals nichts. Ich mochte sie total, aber ich wusste gar nicht so richtig, was ich dort mit ihr besprechen sollte. Ich bin damals zu ihr gegangen, weil ich die Verpflichtung gespürt habe, mir »professionelle Hilfe« zu holen, heute frage ich mich manchmal, was mir die lange Therapie damals genützt hat. In den Therapiestunden wurde indes so getan, als hätte es die Psychose gar nicht gegeben, sie wurde einfach ignoriert.

~

Meine Freundin K. sagt, dass Letzteres bei ihrer eigenen Therapie ähnlich war.

Und sie erzählt, dass ihr Therapeut gar keine Diagnose vergeben wollte, weil er nichts von Diagnosen halte. Das klingt interessant, denke ich und frage sie, ob ich mitschreiben darf – für mein Buch. Sie sagt: »Klar.« Und sagt dann, dass ihr Therapeut Diagnosen ablehne, weil es für alles »Gründe« gäbe. Aber auch sie hat man mit weiteren Erklärungen alleingelassen.

K. klingt etwas wütend und enttäuscht, als sie hinzufügt: »Und wenn man etwas über die Diagnose herausfinden will, erklärte er das nicht.« Er ist sogar öfter während der Sitzung weggedöst. »Jedes Mal, wenn ich über meine Psychosen oder Schizophrenie reden wollte, ist der eingeschlafen. Der hatte da kein Bock drauf.« Stattdessen sagt sie, sei es darum gegangen, einen Alltag zu »bewältigen«, und um zwischenmenschliche Beziehungen. Sie sei auch bei einem tiefenpsychologisch ausgebildeten Therapeuten gewesen. »Komisch«, sage ich und füge hinzu, dass die doch eigentlich dafür bekannt seien, »nachzubohren«. K. sagt: »Deswegen geht man ja hin.«

Meine ehemalige Therapeutin antwortete mir auf meine Frage, weshalb sie damals nicht mit mir über die Psychose-Gedanken gesprochen hat, per Mail:

»Bei dem psychotischen Erleben handelt es sich ähnlich wie beim Träumen um normalerweise unbewusstes Material.« Und weiter: »Bei einer Psychose ist man in der Gefahr, zu sehr vom unbewussten Denken überschüttet zu werden. Es ist deshalb erst einmal Vorsicht angesagt, gerade wenn man noch nicht stabil ist.«

Mich macht die Antwort heute ratlos und wütend. Bevor ich sie gefragt hatte, dachte ich, sie würde vielleicht antworten, es habe an mir gelegen, daran, dass ich mich nicht geöffnet hätte, ich dachte, dass mir das in dieser Zeit unter den Tabletten vielleicht schwergefallen wäre. Aber sie vertrat, wie viele, leider scheinbar die Ansicht, dass das Sprechen über die Psychosen nicht helfen kann, sie einzuordnen und wieder eine Integrität zurückzugewinnen. Nein, sie meint, es würde »destabilisieren«. Heute denke ich, dass doch gerade das Sprechen über die Psychosen und das Einordnen mir Stabilität verliehen hätte.

Und ich sehe ihre Auskunft als ein weiteres Zeichen dafür, wie paternalistisch das therapeutische und psychiatrische System jenseits der Kliniken ist.

Menschen wird aus einer paternalistischen Haltung heraus die eigene Selbstwahrnehmung abgesprochen und aus einer Haltung des »Helfens« heraus das Gespräch verwehrt. Die Psychiatrie und Psychotherapie, wie ich sie erfahren habe, besteht genauso außerhalb des klinischen Kontextes zu einem großen Teil daraus, dass andere über Menschen entscheiden, denen sie gewisse Fähigkeiten und ihre Selbstdefinition absprechen. Stattdessen beurteilt eine »Professionelle«, ob ich »fähig« bin, mich mit meinen *verrückten* Gedanken auseinanderzusetzen.

Die Kulturwissenschaftlerin Peet Thesing beschreibt diesen Kreislauf der fehlenden Selbstbestimmung im therapeutischen Kontext anhand eines Praxisbeispiels in ihrem Aufsatz »Dafür sind Sie nicht stabil genug«. In dem darin beschriebenen Fall geht es nicht um Psychoseerfahrungen, sondern um eine Person, die in ihrer Therapie über die erlittenen Gewalterfahrungen sprechen will. Nachdem man ihr das Sprechen darüber verwehrt und sagt, dass sie dafür zu »labil« bzw. »krank« sei, wird sie noch »kränker«.

Thesing zeigt in diesem Aufsatz, wie Ableismus Menschen schaden kann.

Der Begriff »Ableismus« wird verwendet, wenn Menschen mit Behinderung Fähigkeiten abgesprochen werden, vor allem wenn es um sichtbare Behinderungen geht. Seit ich diesen Begriff kenne, frage ich mich immer wieder, inwiefern er auch in der Psychiatrie und Psychotherapie eine Rolle spielt, nicht nur, wenn Therapeut:innen sagen, man könne wegen einer Diagnose nicht studieren, sondern auch, wenn sie sagen, man sei vielleicht nicht »stabil« genug, um sich mit seinen Erfahrungen auseinanderzusetzen oder damit zu outen. Das heißt nicht, dass es keine Menschen gibt, denen ein Studium schwerer fällt als anderen, und man in Krisen oft sehr eingeschränkt ist. Es geht mir dabei darum, dass Therapeut:innen meinen, die Selbstwahrnehmung von Betroffenen oder bestimmte Fähigkeiten per se abzusprechen.

Gleichsam begegnete mir der Ableismus regelmäßig in Situationen, in denen Menschen (auch in therapeutischen Kontexten) ihre Verwunderung zum Ausdruck brachten darüber, was ich »trotz« meiner Diagnose alles »schaffe«, oder Menschen mir sagten, sie seien »stolz« auf mich, dass mir trotz meiner »Krankheit« dies oder jenes gelingt – weil sie damit unterstellen, dass sie davon ausgehen, dass man, weil man mal in der Psychiatrie war und seitdem eine Diagnose hat, bestimmte Dinge im Leben notwendigerweise nicht mehr könnte.

Ich war während meines Studiums tatsächlich verunsichert. Die Welt war auseinandergebrochen. Sicher nicht nur durch die verstörenden Erfahrungen in der Psychose, sondern auch dadurch, dass ich von nun an als »krank« galt, ohne weitere Erklärung, was das für mich bedeutete. Ich stürzte mich damals komplett ins Studium und machte den Bachelor in vier Semestern. Obgleich ich gute und sehr gute Noten hatte, fragte ich mich vor jeder Hausarbeit: Bekomme ich das hin?

Wahnsinn und Alltag

Was ich nun über den Wahnsinn denken sollte, fand ich statt in meiner Therapie also in meinen Uni-Seminaren heraus, und auch, warum der Alltag von »Professionellen« immer als etwas so »Heilsames« für uns *Verrückte* gesehen wird. Struktur, die manche *Verrückte* als extrem hilfreich, andere in bestimmten Verfassungen vielleicht eher als Bedrohung ansehen, denke ich nach vielen Gesprächen heute, hilft nicht nur dabei, ein »angepasstes« Leben zu führen, sondern hilft auch beim Verdrängen der großen, existenziellen Fragen.

Die beiden Soziologen Alfred Schütz und Thomas Luckmann

sprechen in Bezug auf die alltägliche Lebenswelt von der »natürlichen Einstellung«. Das Alltägliche sei demnach fraglos gegeben. Wir hinterfragen nicht, warum es vier Uhr ist. Wenn wir uns setzen, hinterfragen wir nicht, warum wir auf Stühlen an Tischen sitzen. Wir hinterfragen nicht, warum wir in Häusern leben, die Fenster haben, wenn wir morgens das Fenster öffnen. Wir hinterfragen nicht bei jedem Wort, das wir sprechen, warum diesem eine bestimmte Bedeutung zugeschrieben wird.

Ah, ja, dachte ich, das ist es, was in der *Verrückung* durcheinandergerät! Luckmann und Schütz schreiben selbst: »Unter alltäglicher Lebenswelt soll jener Wirklichkeitsbereich verstanden werden, den der wache und normale Erwachsene in der Einstellung des gesunden Menschenverstands als schlicht gegeben vorfindet.«

Vielleicht ist es auch das, was die Wirklichkeit des Wahnsinns so individuell macht, im Grunde genommen könnte man sagen *akulturell*.

Ich habe während der Manie mit wohnungslosen Menschen gesprochen und mich mit einem von ihnen angefreundet, den ich einen Nachmittag begleitet habe. Wir hatten eine ziemlich lustige Zeit, ich half ihm nicht nur beim Flaschensammeln, sondern wir saßen auch zusammen auf einem Platz und lasen uns Gedichte von Hermann Hesse vor. Aber das ist etwas, was dem, was wir als »normal« vermittelt bekommen, widerspricht.

Im Alltag lernen wir, wahrscheinlich ebenfalls aus einer tradierten diskriminierenden Haltung, dass man von wohnungslosen Menschen besser Abstand hält und mit ihnen – abgesehen davon, dass man ihnen vielleicht peinlich berührt mal ein paar Münzen in die Hand drückt – nicht kommuniziert.

Und sowieso lernen gerade Mädchen von ihren Eltern im Kindesalter, dass man nicht mit »fremden Männern mitgehen« soll. Meine Mutter machte sich damals schreckliche Sorgen, dass ich einfach so mit »Fremden« mitgegangen bin, auch deswegen hatte sie das Gefühl, mich in die Psychiatrie bringen zu müssen – um dort »sicher« zu sein.

Ich weiß noch, dass der Mann, mit dem ich während meiner *Verrückung* damals Flaschen gesammelt hatte, sagte, er müsse etwas erledigen – ich hatte damals nicht ganz verstanden was, er hat es mir auch nicht erklärt. Wir gingen in eine Art Café, mit einem Vorraum und noch einem weiteren Raum, in den mein neugewonnener Freund dann verschwand. Ich weiß noch, dass ich plötzlich dachte: unheimlich!

Ich erinnere mich an den strengen Blick von einem anderen Mann, der sich mir als Sozialarbeiter vorstellte und sagte, dass ich diesen Ort sofort verlassen sollte, weil ich dort nicht hingehöre.

Ich ging also und ließ meinen neugewonnenen Freund allein.

Lange Zeit später, als mir ein Kumpel, der als Aufsicht in einem »Druckraum« arbeitete, von seiner Arbeit erzählte, dachte ich plötzlich wieder daran, ein Ort, an dem sich Heroinabhängige unter Aufsicht und mit cleanen Spritzen Heroin spritzen können.

Manche ziehen sich in *verrückten* Zuständen auch extrem zurück, etwa wenn sie, was oft vorkommt, während der *Verrückung* große Angst bekommen.

Während der *Verrückung* passiert es jedoch auch häufig, dass man andere Menschen, oftmals völlig fremde Menschen, einfach anspricht – über gesellschaftliche Normen hinweg. Meine Mutter sieht das als ein Indiz dafür, dass man mich vor der Welt schützen musste. »Es ist doch nichts passiert«, sage ich dann.

~

Ich habe die Begegnung mit den Menschen damals als einen Gewinn für mein Leben wahrgenommen. Ich denke eigentlich heute gern daran, wie wir damals zusammen Flaschen gesammelt haben, ich wäre mit dem Mann im Alltag sonst sicher nicht in Verbindung getreten.

»Außeralltäglichem« begegnen Menschen in *Verrückungen* häufig, wenn sie mit Verstorbenen »Kontakt aufnehmen«. Der Gedanke an Verstorbene ist zugleich etwas, was in *verrückten* Zuständen, wie ich später in Selbsthilfekontexten mitbekommen habe, sehr oft vorkommt. Dass ich damals so viel an meinen Großvater gedacht habe, könnte daran gelegen haben, dass ich, ohne dass es mir bewusst war, verstanden habe, dass ich *verrückt* geworden bin, und mich ihm, weil ich denke, dass er auch *verrückte* Zustände erlebt hat, nahe fühlte und ebenso Angst vor ihm hatte.

Ich vermutete damals, er sei bei meinen Eltern im Hof und wolle sich mit mir über Adorno unterhalten. Ich hatte nie visuelle Halluzinationen oder habe Stimmen gehört – es war eher so ein Gefühl. Weil doch auch die Bücher in seinem Haus schon so gut zu meinen Gedanken passten, als wäre er da und hätte sie dorthin gelegt. Ich denke, das kam daher, dass ich zwischen meinen beiden kurz aufeinanderfolgenden *Verrückungen* mit einem Freund in Frankfurt eine Vorlesung über Adorno besucht hatte und mir, als ich *verrückt* war, Großvaters Vorlesungsbesuche wieder eingefallen sind. Das war vielleicht eine Art Wunschdenken oder die Erkenntnis darüber, dass wir ähnliche Interessen haben. Oder es war die Trauer darüber, dass er so früh gestorben ist und ich mich mit ihm über die vielen großen Themen, die ihn beschäftigten, nicht unterhalten konnte, weil ich bei seinem Tod noch zu jung war. Vielleicht war es auch die Hoffnung, dass man sich doch irgendwie nochmal »sieht«.

Neurobiologie und Rätsel

Mir begegnete der Wahnsinn *en passant* auch in anderen philosophischen Seminaren und Vorlesungen. Am konkretesten in einer Veranstaltung über die Philosophie des Geistes. Wir haben nie über den Wahnsinn gesprochen, aber in den Vorlesungen ging es um neurobiologische Erklärungen und ich musste regelmäßig an das *Verrücktsein* denken.

Das philosophische Problem, das in neurobiologischen Auseinandersetzungen mit den physikalischen Grundlagen des *Verrücktseins* virulent ist, nennt sich Leib-Seele-Problem. »Für die jüngere Entwicklung der Debatte sind Versuche kennzeichnend, den Geist, das Bewusstsein oder die Seele auf physikalische Tatsachen zurückzuführen«, schreibt der Philosoph Thomas Metzinger. Gerade bei dem Leib-Seele-Problem zeigt sich, wie die Psychiatrie mit philosophischen Fragen zusammenhängt. Platon vertrat eine dualistische Auffassung, eine, die sich später auch im Christentum findet: Seele und Körper sind demnach getrennte Entitäten. Die Besessenheit, die »Mania«, schreibt Arenz, sah Platon als göttliches Geschenk an, das dem Künstler nutzen kann. Sein Schüler Aristoteles hingegen war der Auffassung, dass es ohne Leib keine Seele gäbe, das Seelenleben sich also kurzgesagt auf physikalischen Tatsachen gründet und mit dem Tod zugrunde geht. Wahnvorstellungen sah er als »durch die schwarze Galle verursacht«.

Die hier anklingende Viersäfte-Lehre geht auf Hippokrates zurück, der »Geisteskrankheit« als ein Ungleichgewicht der Körpersäfte Blut, gelbe Galle, schwarze Galle und Schleim ansieht. Er wird als einer der dominierenden Ärzte der Antike betrachtet und gilt als »Vater der europäischen Heilkunde und Begründer der wissenschaftlichen Medizin«. Arenz schreibt: »Sein unter der Bezeichnung ›Corpus Hippocraticum‹ zusammengefasstes

Werk, das sicherlich auch Texte anderer Autoren umfasst, war bis in die neuere Zeit hinein die ›Bibel‹ aller Mediziner im europäischen und asiatischen Raum.« Und erklärt: »Hippokrates wies den übernatürlichen Charakter von Geisteskrankheiten zurück und erklärte, selbst die Epilepsie habe natürliche Ursachen. Die meisten Geisteserkrankungen seien solche des Gehirns, in dem auch die Intelligenz des Menschen angesiedelt ist.«

In dem Seminar zur Philosophie des Geistes lasen wir damals zwei Texte, die sich mit dem sogenannten phänomenalen Bewusstsein beschäftigen – dem Erlebnisbewusstsein: der eine ist von Peter Bieri, der andere von Thomas Nagel. In seinem Text »Was macht Bewußtsein zu einem Rätsel?« schreibt Bieri über Emil du Bois-Reymond, der 1872 in seinem Vortrag »Über die Grenzen des Naturerkennens« sagte: »Ich werde jetzt, wie ich glaube, in sehr zwingender Weise dartun, daß nicht allein bei dem heutigen Stand unserer Kenntnis das Bewußtsein aus seinen materiellen Bedingungen nicht erklärbar ist, was wohl jeder zugibt, sondern daß es auch der Natur der Dinge nach aus diesen Bedingungen nicht erklärbar sein wird.« Selbst also, wenn wir jede materielle Bedingung, also jeden neurobiologischen Vorgang kennen würden, wäre das Bewusstsein demnach nicht erklärbar. Bieri fragt, was genau es ist, was das Bewusstsein für uns so rätselhaft macht, und kommt zu dem Schluss: Es ist das phänomenale Bewusstsein, also unser *Erleben*: »Wenn etwas an Bewußtsein vollkommen unbegreiflich ist«, schreibt er, »dann ist es die Fähigkeit zu erleben und die Erfahrung des Subjektseins.«

Thomas Nagel schreibt in seinem Text »Wie es ist, eine Fledermaus zu sein« darüber, dass wir, auch wenn wir alle physikalischen Tatsachen über einen Organismus (in dem Fall die Fledermaus) kennen würden, immer noch nicht wüssten, wie es ist, eine Fledermaus zu sein. Er schreibt: »Mit dem Thema ›Bewußtsein‹ scheint es hoffnungslos zu sein. Die wichtigste und charakteristischste Eigenschaft bewußter mentaler Phänomene ist noch sehr wenig verstanden.« Und fährt fort: »Ich werde zu erklären versuchen, warum die gewöhnlichen Beispiele uns nicht helfen, das Verhältnis des Mentalen zum Physischen zu verstehen – warum wir gegenwärtig in der Tat keine Konzeption von etwas haben, das eine Erklärung der physikalischen Natur eines mentalen Phänomens wäre.«

Eine reduktionistische Theorie, so Nagel, kann »den subjektiven Charakter von Erfahrungen« nicht erfassen. »Wenn der Physikalismus verteidigt werden soll, müssen phänomenologische Eigenschaften selbst physikalisch erklärt werden. Wenn wir aber ihren subjektiven Charakter untersuchen, scheint so etwas unmöglich zu sein«, schreibt Nagel. »Der Grund dafür ist, daß jedes subjektive Phänomen mit einer einzelnen Perspektive verbunden ist; und es scheint unvermeidlich, daß eine objektive physikalische Theorie von dieser Perspektive abstrahiert wird.«

In Bezug auf die *Verrückung* lässt sich vor diesem Hintergrund konstatieren, dass Ärzt:innen, selbst wenn sie genau wüssten, was auf neurobiologischer Ebene bei einer Manie oder Psychose im Gehirn passiert, eben immer noch nicht wüssten, *wie es ist, verrückt* zu sein! Und selbst wenn wir wüssten, was neurobiologisch passiert, wären doch die Gedanken, die uns in diesen Zuständen kommen, längst noch nicht erklärt, geschweige denn ihre Herkunft.

Weinmann schreibt: »Niemand weiß, was bei einer Depression oder einer Schizophrenie im Gehirn passiert. Aber wir behaupten, wir wüssten es zumindest zum Teil, und tun so, als handele es sich um Erkrankungen mit nicht nur einem biologischen *Korrelat*, sondern mit einer biologischen *Verursachung* – einer strukturellen oder funktionellen Störung im Gehirn. Das hat weitreichende Folgen.«

Nicht nur von einer Gleichzeitigkeit neurobiologischer Vorgänge und *Verrückungen* wird demnach ausgegangen, sondern zugleich von einer Verursachung der *Verrückung* durch neurobiologische Vorgänge. Das wäre ungefähr so, wie wenn wir den Zustand von Scham oder Verlieben nicht durch eine gesellschaftliche Norm oder die Begegnung mit einer Person, sondern ganz alleine durch eine Veränderung im Gehirn *verursacht* verstehen würden. Kaum jemand würde dem wahrscheinlich zustimmen.

Später nahm ich einmal an einer Studie zu Psychosen teil, bei welcher mir Speichel entnommen wurde und ich mir auf einem Bildschirm Formen merken musste. Außerdem wurde ich unter anderem danach gefragt, ob ich schon mal Angst vor dem Teufel hatte. Meine Ärztin hatte mich damals gefragt, ob ich bei einer Studie teilnehmen wolle, und ich dachte: Warum nicht! Hinterher war ich perplex und fragte mich, was man auf diesem Weg über Psychosen lernt.

Ich will dennoch überhaupt nicht bestreiten, dass in *verrückten* Zuständen andere Vorgänge im Gehirn in Gang gesetzt werden als im »normalen« Bewusstseinszustand und man diesen in Zukunft noch genauer auf die Schliche kommen wird. Auch der Philosoph Thomas Nagel tut das im Übrigen nicht: »Ich leugne weder, daß bewußte mentale Zustände und Ereignisse Verhalten verursachen, noch, daß man sie funktional charakterisieren könnte. Ich leugne nur, daß derartiges eine vollständige Analyse ergibt.«

Bei Patient:innen mit Schizophrenie wurde durch bildgebende Verfahren »eine Vergrößerung der Hirnwasserräume (Ventrikel)«, »eine Reduktion der grauen Substanz in bestimmten Hirnarealen« und eine »Störung der ›Konnektivität‹, also der Verbindung zwischen den Nervenzellen« festgestellt, schreibt Weinmann. Weiter schreibt er jedoch auch, dass bei Studien mit Menschen

»mit einem hohen Risiko des Übergangs in eine Psychose« Veränderungen im Frontalkortex und anderen Hirnregionen festgestellt worden sei. »Schaut man diese Ergebnisse genauer an, so zeigt sich, dass die Unterschiede sehr gering waren und oft auch nicht repliziert werden konnten.«

Zwischen jenen Menschen, die ein Risiko haben, den »Gesunden« und denjenigen, die eine Schizophrenie diagnostiziert bekommen haben, gab es keine signifikanten Unterschiede. »Immer wieder wird die klinische Heterogenität der Stichproben als Begründung für die inkonsistenten Befunde angeführt«, schreibt er. Gleichzeitig seien einige der angenommenen Veränderungen nicht diagnosespezifisch. Er schreibt: »Viele Befunde zu Verringerungen der grauen und weißen Substanz im Gehirn lassen sich sowohl bei Menschen mit einer Schizophrenie als auch mit einer Depression, einer bipolaren Störung oder einer Zwangserkrankung finden.« Letztlich ist nicht klar, worin die »Störungen« nun genau bestehen. »Nicht einmal mehr die Schizophrenie, deren biologische Basis früher selten bezweifelt wurde, lässt sich als Beleg für die Behauptung anführen, psychische Erkrankungen seien Gehirnerkrankungen.«

Er bezieht sich auf die Website des dänischen Lundbeck-Instituts, um zu zeigen, wie dort 2016 mit vagen Formulierungen ein biologistisches Verständnis der Schizophrenie postuliert wird: »Die Schizophrenie kann in Familien auftreten, und es ist wahrscheinlich, dass die Erkrankung eine genetische Komponente hat«, steht dort unter anderem, und: »Es wird angenommen, dass ein Ungleichgewicht von Dopamin und Glutamat im Gehirn für die Entwicklung einer Schizophrenie eine Rolle spielt.« »Es wird davon ausgegangen, dass die Schizophrenie durch eine Störung in einigen der funktionellen Schleifen des Gehirns hervorgerufen wird.« Es folgen weitere Spekulationen. Weinmann schreibt: »Obwohl fast alle diese genannten Behauptungen Hypothesen sind, die *nie* bewiesen werden konnten, wird von der Schizophrenie im Brustton der Überzeugung als einer ›Gehirnerkrankung‹ gesprochen: Störungen der Verschaltung von Neuronen, Überaktivität von Dopamin in bestimmten Hirnregionen etc.«

Daraus leite sich auch die Notwendigkeit der medikamentösen Behandlung ab: »Entsprechend dem biologischen Paradigma einer spezifischen Störung bei der Schizophrenie muss die Erkrankung laut Pharmahersteller und den von ihnen bezahlten Meinungsführern natürlich auch biologisch behandelt werden«, schreibt Weinmann. Er zitiert wieder das Institut, das die psychosoziale Therapie letztlich nur unterstützend zur medikamentösen Therapie empfiehlt.

»Die Langzeitmedikation bei Menschen mit als schizophren bezeichneten Psychosen, zunehmend auch solchen mit bipolaren Störungen und mit schweren Depressionen, ist bei genauerem Hinsehen vielerorts eine stille oder schreiende Katastrophe, deren Folgen aber nicht die Verschreiber, sondern die Betroffenen und ihre Angehörigen zu tragen haben«, schreibt Weinmann.

Auch der Neurowissenschaftler Felix Hasler kritisiert in seinem aktuellen Buch *Neue Psychiatrie* den psychiatrischen Biologismus: »Ich suchte nach einer Übersichtsarbeit, die belegt, dass das Serotoninsystem bei psychischen Störungen eine wichtige Rolle spielt, insbesondere bei Depressionen. Schnell erledigt, dachte ich mir, das ist schließlich eine Tatsache«, schreibt er. »Aber je länger ich in Datenbanken und Lehrbücher abgestiegen war, umso klarer wurde, dass die vermeintliche Tatsache gar keine Tatsache ist, sondern eine pure Hypothese, für die nie ein wissenschaftlicher Nachweis erbracht wurde.«

Verrückte Zustände können sich völlig anders anfühlen als das, was wir sonst im Alltag erleben, und natürlich muss dann auch etwas *anderes* im Gehirn passieren. Aber ich frage mich, was es uns *Verrückten* hilft und wohin das führt, wenn man Bilder auf Hirnscannern sieht oder entsprechende Gene oder Genkombinationen findet, die diese Phänomene auf einer materialistischen Ebene vollumfänglich erklären, schließlich ist damit immer noch nicht geklärt, warum sie in einer bestimmten Situation auftreten, geschweige denn, dass man dadurch versteht, weshalb diese oder jene Gedanken während der Zustände vorkommen.

Anstatt Sinnangebote zu machen, habe ich oft erlebt, dass »Professionelle« vor allem wahrsagerisch anhand von Symptomen, Statistiken oder »Compliance« während Therapien vorhersehen wollen, ob man wohl nochmal »krank« wird oder nicht. »Die Entzauberung der Welt ist die Ausrottung des Animismus«, schreiben Theodor W. Adorno und Max Horkheimer. Und: »Auf dem Weg zur neuzeitlichen Wissenschaft leisten die Menschen auf Sinn Verzicht. Sie ersetzen den Begriff durch die Formel, Ursache durch Regel und Wahrscheinlichkeit.«

4

DUBLIN UND DER SINN DES LEBENS

Über Kategorien und epistemische Gewalt

Wenn das Leben leer scheint, liegt es oftmals schlicht daran, dass etwas fehlt. Hoffnung. Vielleicht auch ein Sinn. Oder etwas, das uns in uns selbst aufrecht hält.

~

Auf dem Campus der Universität in Dublin, an der ich ein Auslandssemester machte, waren zu Beginn der Vorlesungszeit Zelte aufgestellt, in denen sich die Studiengänge präsentierten. Darunter: ein Stand von Philosophiestudierenden, die Vorbeigehende danach fragten, was der Sinn des Lebens sei. Man sollte – als Infinitiv formuliert – auf ein Post-it schreiben, wozu man lebt.

Ich erstarrte, weil mir in dem Moment auffiel, dass ich so lange studiert und mich objektiv mit so vielen Fragen auseinandergesetzt hatte, aber mich gar nie so richtig gefragt hatte, was eigentlich der Sinn des Daseins ist – vor allem nicht, was er für *mich* ist.

Ich schrieb dennoch etwas auf – warum mir dieses Verb in den Sinn kam, weiß ich nicht, manchmal fällt einem plötzlich etwas ein, und man denkt erst später so richtig darüber nach warum:

»To be creative«, schrieb ich intuitiv auf ein Post-it.

Ich überlegte mir, dass damit wohl gar nicht unbedingt Kunst gemeint sein muss, sondern einfach die Tatsache, etwas zu schaffen, vielleicht auch: um die Ecke zu denken. Zu schreiben. Oder etwas auf dieser Welt zu gestalten. Später in einer Vorlesung fiel mir noch ein Aspekt auf – als ich mich in einer Philosophieveranstaltung mit Jean-Paul Sartre beschäftigte: »We create ourselves«, notierte ich mir als Zusammenfassung. Gerade in einer Zeit, in der nach Nietzsche Gott schon lange als tot galt und der Individualismus gewissermaßen als sakrale Bürde.

Ich hatte damals in Dublin wenig Lust auf die gemeinschaftlichen Zusammentreffen für ausländische Studierende, ich hing manchmal mit einem amerikanischen Gaststudenten rum und war ansonsten ziemlich viel allein, manchmal saß ich abends in einem Pub, habe irgendwas für meine Philosophie-Seminare gelesen und Whiskey getrunken.

»Irland ist ein guter Ort, wenn man die Einsamkeit sucht«, habe ich einmal aufgeschrieben.

Oft ging ich, wenn ich nicht in der Bibliothek saß, auf einem Pier auf und ab, in Dún Laoghaire, einem Dorf am Meer, in dessen Nähe ich bei einem irischen Rentnerehepaar und deren Tochter wohnte. Die beiden saßen einige Male morgens plötzlich in Schwarz (und sehr chic gemacht) in der Küche, und wenn ich fragte, was sie vorhatten, entgegneten sie, dass sie auf eine Beerdigung gehen würden. »Sie gehen auf jede Beerdigung in ganz Irland«, hatte ihre Tochter das Ganze mal scherzhaft kommentiert. Und ich musste an den Film *Harold and Maude* denken, den ich als Teenagerin sehr mochte.

»I just walked the pier«, sagte der Mann immer wieder, wenn ich fragte, was er so machte.

Und ich mochte den Pier auch.

Von dort konnte man auf den berühmten »James Joyce Tower« schauen, wo die erste Szene von *Ulysses* spielt.

Und noch lieber mochte ich den Ort, als ich später einmal in einer Ausstellung auf dem Campus las, dass Samuel Beckett auf dem Pier scheinbar kreative Eingebungen gehabt haben soll.

Auch das berühmte Sartre-Zitat, dass der Mensch »zur Freiheit verurteilt« sei, passte zu meiner inneren Erschütterung, mich nicht richtig mit dem Sinn des Lebens befasst zu haben – und auch zu meiner Stimmung in dieser Zeit. Ich war überfordert und hatte eigentlich alle Möglichkeiten, aber es war gerade das, was mich überforderte. Ich fragte mich, ob dieses Gefühl nun an meiner »Krankheit« lag, und sah darin sowohl ein Phänomen als auch ein »Luxusproblem« meiner Generation – einer Generation im Zeitalter der Individualisierung, einer Generation, die, so scheint es, alle Freiheiten hat, die für sie zur Herausforderung werden.

Die großen Fragen fühlen

In Dublin habe ich mich, da das ein Schwerpunkt an dem philosophischen Institut dort war, mit Phänomenologie beschäftigt und eine Veranstaltung besucht, die dazu für Philosophie- und Psychologiestudierende angeboten wurde. Mir waren solche fächerübergreifenden Veranstaltungen von meiner Uni in Deutschland nicht bekannt. Die Phänomenologie hilft »psychische Krankheiten« aus einer Erfahrungsperspektive zu beschreiben, wobei es vor allem um Veränderungen auf der Ebene des »Leibes« geht, die sich in der *Verrückung* oft zum Beispiel darin zeigen kann, dass man das Gefühl hat, schwerelos aus dem Körper herauszutreten, und um eine veränderte Wahrnehmung von Zeit und Raum, kurzum, wie Heidegger es sagen würde: ein verändertes Gefühl des »In-der-Welt-seins«, geht. Die Phänomenologie versucht das Vortheoretische zu erfassen – das bloße Erleben, noch bevor etwas durch eine Theorie oder Kategorie, auch nicht durch die des Alltags, erklärt oder einsortiert wird. Ich fand es interessant, mich auf diese Weise mit den Phänomenen, die ich erlebt hatte, auseinanderzusetzen. Aber richtig etwas damit anfangen und die Dinge einordnen konnte ich dadurch trotzdem nicht. Es ging ja in der Phänomenologie gerade darum, sich von Einordnungen zu lösen.

In der Veranstaltung ging es um das Gefühl während einer Depression aus philosophisch-psychologischer Perspektive. Wir beschäftigten uns neben Texten von Karl Jaspers mit Matthew Ratcliffe, der die Depression aus einer phänomenologischen Perspektive als ein Gefühl der »Schuld« und »Hoffnungslosigkeit« beschreibt.

Damals war ich gerade dabei, mein Medikament zu reduzieren, und hatte die Dosis mittlerweile halbiert, nachdem meine Ärztin mir gesagt hatte, dass ich es nun langsam absetzen könne. Kurz nach meinem Auslandssemester setzte ich es dann ganz ab, ein Arzt sagte mir, ich würde bei der geringen Dosis sowieso nichts mehr davon spüren.

Ich erinnere mich gut daran, wie mich in Dublin völlig unvermittelt die leibliche Erfahrung der Sinnlosigkeit des Lebens, nach langer Zeit, völlig überrollte, als sei die Auseinandersetzung mit den großen Fragen durch die Medikamente sozusagen einfach aufgeschoben worden und nun ausgebrochen.

Nicht nur viele Manien und Psychosen sind meines Erachtens als Erleben der kantischen Fragen zu beschreiben, sondern auch viele Depressionen. Die erfahrene Hoffnungs- bzw. Sinnlosigkeit in der Depression findet sich auch in der Existenzialphilosophie, die die Frage nach dem Suizid philosophisch behandelt. In seinem Buch *Der Mythos des Sisyphos* fragt Albert Camus: »Verlangt das Absurde den Tod?« Den Selbstmord nennt er dabei das einzige »wirklich ernste philosophische Problem«.

Es ist ja so, dass die *verrückte* Erfahrung, so völlig den Bezug zur geteilten Alltagswelt zu verlieren, eine zutiefst dekonstruktivistische Kraft haben kann – eben gerade, weil sich die Kategorien des Alltags und unsere gewohnte Realität währenddessen so radikal auf den Kopf stellen.

Verrückungen zeigen uns damit auf sehr eindrucksvolle und verstörende Weise, dass die Realität gesellschaftlich konstruiert ist. Im besten Sinne könnte man sagen, dass diese Zustände zu einem produktiven, kritischen »Outside-the-box-Denken« führen, im schlechtesten Sinne, dass sie langfristig die Orientierung nehmen, einfach durch die Tatsache, dass man so vieles umdeutet und hinterfragt.

Es fiel mir schwer, die Erfahrung der *Verrückung* in mein Leben zu integrieren. Jegliche Orientierung, die ich zuvor hatte, war während dieser Erfahrung abhandengekommen – und die symbolhafte Neuorientierung, die ich in diesen Zuständen suchte, galt hinterher als »krank«. Und so kann einem diese Erfahrung selbst die Sinnlosigkeit der Welt vor Augen führen – sozusagen als Kulturschock *par excellence*. Sie zeigt: Alles um uns herum, alles Kulturelle, alle Kategorien und Begriffe sind »gemacht« und könnten auch völlig anders sein! Aber wie ist es denn nun richtig?

Und dann setzte ich mich zu allem Überdruss in Irland auch noch mit Existenzialphilosophie auseinander. Einer Philosophie, die nicht nur in unsere individualisierte Welt, sondern wahrscheinlich auch in die Adoleszenz passt.

Wenigstens schrieb ich wieder mehr Tagebuch, was ich seit meinen Klinikaufenthalten selten gemacht hatte, und setzte mich dort ziemlich viel mit mir selbst auseinander. Und nahm nicht nur Gefühle, sondern auch die Reize um mich herum plötzlich stärker wahr.

Am Anfang war das völlig überfordernd.

Ich merkte, dass ich mir über so vieles, was mich persönlich betrifft, obgleich ich an der Uni so viel nachgedacht hatte, überhaupt keine Gedanken gemacht habe.

Und ich empfand diese Erkenntnis als erschütternd.

Und: Ich hatte urplötzlich Suizidgedanken.

Das war schlimm, es erschien mir, vor der *Sinnlosigkeit*, die über mich hineingebrochen war, aber völlig passend. Als authentisches Gefühl.

Ich bin extrem froh, dass ich damals nicht von einer der vielen Klippen gesprungen bin, auch weil ich mein Leben heute so liebe. Aber ich muss sagen, die Gefühle, die diese Gedanken damals hervorgebracht haben, fühlten sich irgendwie »wirklicher« an als diese völlig leere Abgestumpftheit, die ich davor unter der dauerhaften Einnahme der Tabletten empfand.

Meine Ärztin hatte einfach nur gesagt, ich solle sie sehr langsam absetzen, was ich ja auch gemacht habe, schon ein halbes Jahr zuvor hatte ich damit angefangen. Ich kann mich nicht daran erinnern, dass wir uns über mögliche Absetz-Erscheinungen unterhalten oder darüber geredet hätten, was ich unternehmen sollte, wenn es mir in der Folge plötzlich irgendwie schlecht geht. Wir sprachen weder über »Frühwarnzeichen« noch von bedarfsorientierter Medikation.

Das Absetzen hatte auch positive Effekte und ich war sehr froh, als ich die Tabletten später schließlich ganz los war – und die Suizidgedanken ebenso. Ich hatte das Gefühl, eine lange Zeit verlorene Beziehung zu mir selbst aufzubauen und mich nicht nur permanent von mir abzulenken. Ich setzte mich in Dublin wieder mit den Dingen, die mir wichtig waren, auseinander. Ich hatte während der ganzen Zeit meine Entschlossenheit, meinen Ideenreichtum und vielleicht auch die Kraft zu träumen verloren.

Lithium oder: Wer bin ich?

In der Universität beschäftigte ich mich auf einer abstrakten, wissenschaftlichen Ebene viel mit Identität. Nicht in Bezug auf »psychisch Kranke« bzw. *Verrückte*, sondern in anderen Kontexten.

Der Empirist und Metaphysikkritiker David Hume schreibt, dass die Annahme der Existenz eines dauerhaft identischen und einfachen Ichs fallengelassen werden müsse. »Jede wirkliche Vorstellung muß durch einen Eindruck veranlaßt sein«, schreibt er, andernfalls entspreche ihr nichts in der Realität. »Wenn ein Eindruck die Vorstellung des Ich veranlaßte, so müßte dieser Eindruck unser ganzes Leben lang unverändert derselbe bleiben.« Wir haben jedoch nur ganz vielfältige Bewusstseinszustände (»Perzeptionen«), die nicht konstant sind, wir sind also ein »Bündel oder ein Zusammen verschiedener Perzeptionen«. Darum kann es auch kein dauerhaftes »Ich« geben.

Und dennoch suchen wir es. Selbstfindung. Die ist in unserer heutigen Zeit mit ihren vorausgegangenen Individualisierungs- und Enttraditionalisierungsprozessen extrem populär.

~

In der Oberstufe und genauso in Indien hatte ich mich mit dem »Selbst« beschäftigt. Im Gepäck hatte ich damals das Buch *Authentisch leben* von Erich Fromm. Dennoch kannte ich dieses Gefühl der Leere nicht. Früher hatte ich ein starkes Urvertrauen empfunden und ich dachte zu wissen, was richtig ist.

Nach meiner *Verrückung* scheute ich jede Auseinandersetzung mit mir selbst, verplante all meine Zeit mit Arbeit und Beschäftigung. Jedes Mal, wenn ich nichts zu tun hatte, habe ich eine innere Leere gespürt und war verzweifelt, weil ich das Gefühl hatte, völlig von mir selbst entfremdet zu sein.

Zugleich wusste ich nicht: Kommt das von meinem Trauma, über das, wenn ich mich richtig erinnere, auch meine Therapeutin so gut wie nicht mit mir gesprochen hatte? Liegt das an den Medikamenten? Sind das Depressionen? Sind die Erfahrungen in der Psychiatrie schuld – oder ist das der Schock nach dem Erlebnis des *Verrücktseins*?

Die Medizinerin und Philosophin Andrea Moldzio beschäftigt sich aus einer phänomenologischen Perspektive mit dem Gefühl der Leiblichkeit während der *Verrückung* und verknüpft sie mit der Frage nach der Identität: »Die Frage nach der Grenze zwischen eigenem und fremdem Leib ist für den Philosophen eine theoretisch-abstrakte Herausforderung, für den schizophrenen Menschen hingegen eine praktisch-existentielle Notwendigkeit«, schreibt sie. Man könnte sagen, dass während der *Verrückung* auch das Subjekt bzw. das »Ich« als metaphysisches Postulat in Frage gestellt wird.

Identität

Heute weiß ich, dass mich das Thema Identität damals so interessiert hat, weil Identitätskonflikte auch für viele *Verrückte* eine große Rolle spielen. »Du immer mit deinen Identitätsproblemen«, hat damals jemand aus meinem privaten Umfeld abschätzig zu mir gesagt.

Es ist nicht nur schwierig, die manischen und depressiven Phasen zusammenzubringen, sondern auch die Phasen, in denen ich dauerhaft Medikamente nahm. Ich hatte das Gefühl, dass mich das Medikament, das ich davor genommen hatte, irgendwie stumpf und gleichgültig machte. Genauso führe ich meine zweite *verrückte* Phase, die nach der Depression zwischendurch sehr schnell auf die erste folgte, unter anderem auf ein Antidepressivum zurück, das mir ein Arzt verschrieben hatte, nachdem ein anderer mir geraten hatte, das Antipsychotikum abzusetzen.

Weinmann schreibt: »Wir leben immer noch in Zeiten einer vermessenen Psychiatrie: Uns reichen wenige Gewissheiten, um tief greifende Eingriffe in Gehirn und Psyche zu rechtfertigen und als ›state-of-the-art‹ darzustellen.« Und er schreibt auch: »Sie [die Medikamente] sind keine Heilung, helfen nur manchmal und lassen langfristig oft im Dunkeln, ob sie mehr geschadet oder geholfen haben.«

Wenn es um Medikamente geht, sollte man eigentlich einen Arzt fragen, »bei Risiken und Nebenwirkungen fragen Sie Ihren Arzt oder Apotheker«, hieß es in der alten Version immer, und ich habe mitbekommen, dass »Professionelle« sehr skeptisch reagieren, wenn *Verrückte* aus ihrer Erlebnisperspektive etwas über Medikamente – oder manchmal auch überhaupt über das *Verrücktsein* – erzählen. Ich habe später in Gesprächen die Erfahrung gemacht, dass Betroffene völlig unterschiedliche Meinungen und Erfahrungen zu ein und demselben Medikament haben können, die je nach Organismus scheinbar sehr verschiedene Wirkungen haben. Es gibt viele Betroffene, die haben für sich ein Medikament gefunden, das ihnen im Alltag extrem hilft und wofür sie sehr dankbar sind. Ich habe Jahre gebraucht, bis ich für mich den richtigen Weg gefunden habe – auch weil ich dabei nicht schon früher die nötige Unterstützung fand.

Kay Redfield Jamison schreibt in ihrem Buch *Meine ruhelose Seele*, wie froh sie darüber ist, dass es Lithium gibt: »Ich habe mich oft gefragt, ob ich, wenn ich die Wahl hätte, es mir aussuchen würde, manisch-depressiv zu sein. Wenn ich nicht die Möglichkeit hätte, Lithium zu nehmen, oder wenn ich nicht darauf ansprechen würde, wäre die Antwort ein einfaches Nein.« Weiter schreibt sie: »Doch Lithium wirkt bei mir, und deshalb kann ich mir die Frage erlauben. So befremdlich es klingen mag – ich glaube, ich würde mich dafür entscheiden.«

Ich saß neulich mit einem Freund in einer Jazz-Bar in Berlin, als ich ihn spontan bat, mir kurz ein paar Fragen für mein Buch zu beantworten. Ich wollte wissen, wie er mich wahrgenommen hat, als ich dauerhaft Tabletten nahm.

Er muss überlegen, auch weil wir uns in der Zeit nicht viel

gesehen haben. Dann sagt er, dass ich wie gedämpft war. »Es war, als wärst du nicht richtig da.« Ich hätte nicht lebensfroh gewirkt. »Das Gegenteil von aufgeweckt, so wie du sonst überhaupt nicht bist ... ängstlich.«

Ich hatte erst ein Antipsychotikum bekommen, weil ich so müde war, dann sollte ich es absetzen, ich bekam ein Antidepressivum, wurde kurz darauf wieder *verrückt* und bekam in der Klinik Lithium. Wir wissen beide nicht mehr genau, wann er mich erlebt hat, die Zustände, die mein Kumpel beschreibt, passen vor allem zu dem Antipsychotikum, ein bisschen auch zu Lithium. »Vielleicht war das das Antidepressivum«, sagt er. Und erzählt, dass er auch mal Antidepressiva genommen habe. »Da habe ich mich auch so gefühlt.« Seine Gefühle hat er nicht mehr zuordnen können. »Ich wusste nicht, ob ich das war oder das Antidepressivum.« Ob er sich auch ängstlich gefühlt habe, frage ich. Er bejaht und sagt, er konnte sich selbst nicht mehr vertrauen. »Ich hatte Angst, dass ich die falsche Entscheidung treffe, weil ich gemerkt habe, dass ich so verändert bin.« Eigentlich, sagt er ungläubig, sollten die Tabletten ja das Gegenteil bewirken. »Ich war wie eine Synthese aus mir selbst und der Technologie.« Weil ihm das Angst machte, habe er die Tabletten wieder abgesetzt. »Du fragst dich dann: Wer bin ich überhaupt?«

Meine Studienzeit war eine unentschiedene Zeit, ich fühlte mich oft völlig ideenlos. Ich wusste nicht mehr, was mir außer dem Studieren und einer Liebe noch wichtig war, ich habe mich zwar im Studium objektiv mit den Themen beschäftigt, die mich interessierten, hatte aber keine Kraft, mich mit mir selbst auseinanderzusetzen, was – wie ich später vermutete – vielleicht auch dem Lithium geschuldet war, diesem seltsamen weißen Salz, nach dem Curt Cobain ein Lied benannt hat: »Broke our mirrors. Sunday morning is everyday, for all I care. And I'm not scared. Light my candles in a daze 'Cause I've found God«, singt er in »Lithium«.

Die Kulturwissenschaftlerin Peet Thesing schreibt über Psychopharmaka: Ihre Wirkung lasse sich »nicht trennen von Wirkungen auf das Selbst. Es wird nicht nur Hirnchemie verändert, sondern auch ein Verständnis von sich, von Ursache und Wirkung, von Charakter, Widerständigkeit und Veränderung.«

Ich war während meiner Studienzeit dennoch total aktiv, ich konnte gar nicht anders. Ich machte meinen Bachelorabschluss in vier anstatt sechs Semestern und absolvierte später noch zwei Masterstudiengänge (einen in Kulturwissenschaft, einen in Philosophie), ich arbeitete in einer linken Buchhandlung, war Tutorin und schrieb erste Artikel als Journalistin. Ich war immer am Arbeiten. Immer. Ich hatte schon früher total viel gemacht. Aber diesmal war es nicht so, dass ich einfach viel machen wollte, ich konnte gar nicht mehr anders. Es war wie eine Flucht vor einer inneren Leere.

Manche Ärzt:innen sagen, Tabletten sollen *Verrückte* »therapierbar« machen, weil man sich, sobald die Tabletten wirken, wieder vernünftig mit ihnen unterhalten könne, und ich erinnere mich an meine tiefenpsychologische Therapie, vor allem daran, dass ich extrem still war. Dass wir nebeneinandersaßen und auf die gegenüberliegende Wand starrten und uns anschwiegen.

Lithium wird bei der Diagnose »bipolare Störung« häufig verschrieben. Das Medikament soll »die Spitzen rausnehmen«, habe ich mir von »Professionellen« oft sagen lassen. Der Effekt, den ich spürte, war der, dass sich alles stumpf anfühlte.

Die Ärztin, bei der ich in Marburg war, riet mir von Lithium, auf das sie mich in der Klinik bei meinem zweiten Aufenthalt »eingestellt« hatten, von Anfang an ab, weil sie sagte, es könnte meine Organe schädigen, vor allem die Nieren, wie es häufig heißt. Aber ich fand Lithium immer noch besser als dieses völlig schläfrig machende Medikament, das ich davor genommen und dabei außerdem zehn Kilo zugenommen hatte.

In der Klinik wurde mir gesagt, ich müsste auf jeden Fall für ein paar Jahre ein Medikament nehmen, und da ich von Lithium wesentlich weniger Nebenwirkungen spürte, entschied ich mich dafür. Ich hatte das erste damals auf Rat eines Arztes abgesetzt, anschließend auf Rat eines anderen Arztes ein Antidepressivum genommen, wodurch ich wieder nicht schlafen konnte, leichtsinnig wurde, nochmal manisch. Später machte ich die Erfahrung, dass wirklich jeder Arzt etwas anderes sagt. Manche sagen, man solle ein Medikament nach einer *Verrückung* vier oder fünf Jahre nehmen, die andern sagen, ein halbes Jahr, andere: immer. Und dann gibt es Ärzt:innen, die sagen, dass man die Dosierung an den Alltag anpassen und Frühwarnzeichen, etwa Schlafmangel, wahrnehmen kann – was ich damals nicht wusste.

Ich habe immer das gemacht, was mir die Ärzt:innen gesagt hatten. Aber ich hatte damals keine Lust, schon wieder ein neues Medikament auszuprobieren, weshalb ich, so lange, wie die Ärztin es für notwendig hielt, das Lithium weiternahm. Wenigstens, dachte ich, kann ich studieren und schlafe nicht bei den Vorlesungen ein.

Ich erinnere mich, wie ich bei der Ärztin jedoch anmerkte, dass ich mich durch das Lithium so unkreativ fühle – das war, außer der Tatsache, dass ich, wie viele andere auch, unter dem Lithium eine Schilddrüsenunterfunktion entwickelte, eigentlich die einzige wirkliche »Nebenwirkung«, dachte ich damals. Ich war total unsicher, als ich sie darauf ansprach, ich sagte, dass ich gar kein Tagebuch mehr schreiben würde. Sie hat mich belächelt und meinte, natürlich läge das nicht an dem Medikament. Ich weiß noch, wie ich mich dafür schämte, dass ich sie das überhaupt gefragt habe. Meine Wahrnehmung, dachte ich, wie so oft, seit ich in der Klinik war und eine Diagnose hatte, muss falsch sein. Erst heute verstehe ich, wie wichtig es ist, auf sich selbst zu hören.

Später las ich von anderen *Verrückten*, die schrieben oder sonst kreativ waren, dass sich ihr Schreiben durch Medikamente verändert oder die Kreativität unter Neuroleptika nachlässt. Auch Weinmann schreibt darüber: »Antipsychotika wirken, indem sie Einfallsreichtum, Kreativität, Fantasie und Vorstellungskraft verringern und dämpfen sowie die Arbeit des (in der Psychose zu stark mit Bedeutung aufgeladenen) Denkens derart hemmen, dass auch Wahnvorstellungen nachlassen, indem immer weniger Vorstellungen und Hypothesen über die Welt und über Beziehungen entstehen.«

Burton schreibt darüber, dass es vor allem Menschen, »die ihrer Kreativität einen hohen Wert beimessen oder beruflich darauf angewiesen sind«, widerstrebt, Lithium zu nehmen. »Sie befürchten, das Lithium könne ihre Schaffenskraft dämpfen und sie lethargisch oder ruhelos machen oder einfach ›ruhigstellen‹.«

Mich machte es, als ich das Jahre später las, nicht nur traurig darüber, dass die Ärztin mir nicht glaubte, sondern auch, dass ich mir selbst nicht glaubte.

~

Für die Recherche zu diesem Buch treffe ich einen pensionierten Arzt, dem ich in einem Psychoseseminar begegnet bin. Er heißt Theiß Urbahn, ist achtzig Jahre alt und hat eine Akutstation nach dem Konzept der Soteria in Gütersloh geleitet. Weil ich seine kritischen Beiträge während des Psychoseseminars mochte, besuche ich ihn für ein Interview.

Ich frage Urbahn auch nach seiner Meinung zu Lithium und erzähle, dass ich »wesensverändert« war. »Ich habe mich so unkreativ gefühlt und war viel weniger selbstreflektiert.« Er sagt, dass das Lithium das nicht bewirken könne, es sei denn, es sei falsch dosiert. Wir sitzen hinter seinem Haus in einem kleinen Rosengarten. Ein winziger Springbrunnen plätschert. Ich erzähle, dass ich gelesen habe, Lithium behindere die Kreativität.

Er überlegt, sagt dann, vielleicht könne ich doch Recht haben. »Es gibt Dichter und Schriftsteller, die konnten nur arbeiten, wenn sie einen entsprechenden Alkoholspiegel hatten.« Das sei im Grunde der gleiche Mechanismus. »Jede Dogmatisierung oder jede Festlegung von bestimmten Therapiemethoden ist immer kritisch.« Ich frage, ob Lithium auch dafür sorgen kann, dass man sich weniger mit sich selbst auseinandersetzt.

»Das ja. Eine gewisse Gleichgültigkeit entsteht.« Das sei eine unerwünschte Nebenwirkung. »Medikamente funktionieren eben nicht so spezifisch in einer ganz bestimmten Gehirnregion, sondern die überschwemmen das ganze Gehirn.«

Etwas, was das Lithium zu bewirken scheint, weshalb auch meine Mutter im Nachhinein sagt: »Dann war es doch gut, dass du es genommen hast!«, ist die Tatsache, dass bei diesem Medikament davon ausgegangen wird, dass die Einnahme Suizidgedanken unterdrücken kann. Während es bei manchen anderen Neuroleptika sogar eine Nebenwirkung sein soll, dass diese Suizidgedanken überhaupt erst hervorrufen.

Der Zauber der Kategorien

Es scheint so, als hätten soziale Kategorien wie »psychisch krank« eine Kraft, vielleicht auch so etwas wie eine »zauberhafte« Wirkung. Claude Lévi-Strauss schreibt über die psychopathologischen Wirkmechanismen von Hexerei bei »Todesfällen durch Beschwörung oder Verhexung« und bezieht sich dabei auf Walter Bradford Cannon. »Ein Individuum, das sich bewußt wird, Objekt einer Verhexung zu sein, ist aufgrund der feierlichsten

Traditionen seiner Gruppe zutiefst überzeugt, daß es verdammt ist; Verwandte und Freunde teilen diese Gewißheit.«

Er beschreibt, dass sich die Gemeinschaft von dem »Verhexten« daraufhin zurückzieht und dieser sich in Isolation begibt. »Durch alle Verhaltensweisen legt die Gesellschaft dem unglücklichen Opfer den Tod nahe, das dem, was es für sein unvermeidliches Los hält, gar nicht mehr entgehen möchte.« Das Individuum wird von nun an »von allen Funktionen und Betätigungen, durch die das Individuum sich seiner selbst bewußt wird«, ausgeschlossen. »Die physische Existenz setzt der Auflösung der sozialen Persönlichkeit keinen Widerstand mehr entgegen.« Cannon habe gezeigt, »daß die Angst wie die Wut von einer besonders intensiven Tätigkeit des sympathischen Nervensystems begleitet wird«.

Normalerweise sei dies nützlich. »Wenn aber das Individuum über keine instinktive oder angelernte Antwort auf eine außerordentliche Situation, oder was es für eine solche hält, verfügt«, schreibt Lévi-Strauss, »erweitert sich die Tätigkeit des Sympathicus und gerät in Unordnung.« Es könne in kürzester Zeit das Blutvolumen verringern und so organische Schäden hervorrufen. Dies würde sich durch das Zurückweisen von Essen und Trinken beschleunigen, durch die Entwässerung werde der Sympathicus, ein Teil des vegetativen Nervensystems, stimuliert und die Verringerung des Blutvolumens schreite durch »die zunehmende Durchlässigkeit der Kapillargefäße« fort.

Lévi-Strauss schreibt, dass die Hypothesen durch Untersuchungen bestätigt wurden. Demnach würden manche magischen Praktiken tatsächlich wirken.

Voraussetzung dafür sei jedoch der Glaube an die Wirksamkeit: Nicht nur der Zauberer muss an die Wirksamkeit glauben, sondern auch der Kranke, den der Zauberer pflegt, außerdem braucht es »das Vertrauen und die Forderungen der öffentlichen

Meinung, die ständig eine Art Gravitationsfeld bilden, in dem die Beziehungen zwischen dem Zauberer und denen, die er verzaubert, liegen und sich definieren lassen.«

~

Ob man Menschen »stabilisiert«, indem man ihnen Medikamente gibt, die eine Auseinandersetzung mit den eigenen Erfahrungen womöglich auch behindern, oder indem man ihnen eine lebenslange Diagnose verpasst, zu der man nichts erklärt, außer dass sie von »Professionellen« stammen muss, welche alle etwas anderes erzählen – all das halte ich heute für mehr als fraglich.

Dass eine »Krankheitseinsicht«, auch wenn schon das Wort selbst nicht unproblematisch ist, für Betroffene extrem positive Auswirkungen haben kann – vor allem dann, wenn es darum gehen soll, *verrückte* Zustände zu verhindern, um einem »normalen« Alltag nachzugehen, und auch zu der Frage, was uns *Verrückte* abseits der Erfahrung von Krisen sonst eint, dazu werde ich später noch kommen.

Natürlich ist nicht alles Hokuspokus und es gibt zwischen den magischen Praktiken eines Schamanen und einem Psychiater immense Unterschiede – nicht nur die, dass der Psychiater neben Worten auch mit Tabletten ins Gehirn eingreift.

Aber nach der erneuten Lektüre von Lévi-Strauss frage ich mich, welche »magische« Macht die Kategorie »psychisch krank« in unserer Gesellschaft hat. Und inwiefern es zu Hoffnungslosigkeit führt, wenn mancher Arzt sagt, dass psychische Erkrankungen auf genetischen Dispositionen beruhen oder dass die Zustände, die einige Menschen als positiv empfinden können, einfach nur krank sind.

Burton schreibt: »Bei Menschen mit psychischen Störungen kann das ›Stigma‹ einen Teufelskreis der Distanzierung und Diskriminierung auslösen, was nicht nur den Genesungsprozess behindert, sondern auch Angst, Depression, Alkohol- und Drogenmissbrauch, soziale Isolierung, Arbeitslosigkeit, Obdachlosigkeit und häufige Klinikeinweisungen zur Folge haben kann.« Und er erklärt: »Viele Menschen mit psychischen Störungen berichten, dass sie stärker unter dem Stigma leiden, das sie zu spüren bekommen, als unter ihren Symptomen.«

Der Begriff »Stigma« soll an dieser Stelle wie im eigentlichen Wortsinn einen Makel deutlich machen, allerdings einen, der in einem gesellschaftlichen Kontext entsteht, und kein »Defizit«, das in der Person selbst begründet liegt. In neueren Debatten wird der Begriff »Stigma« kritisiert, weil er gesellschaftliche Gegebenheiten ausblendet und das Problem in die Person verlagert. Doch ich glaube, dass der Begriff »Stigma« im Kontext von Psychiatriekritik zugleich zum Ausdruck bringen kann, dass eine Person durch einen Psychiatrieaufenthalt als »krank« markiert und damit überhaupt erst durch ein vermeintliches »Defizit« gekennzeichnet ist.

~

Nicht nur Antipsychotika können, wie manche Ärzt:innen betonen, für depressive Stimmungen sorgen. Ich denke, dass die Hoffnungslosigkeit nach einer Manie auch dadurch entstehen kann, dass manche »Träume«, die man währenddessen hatte, zerplatzen. Der Arzt Asmus Finzen beschreibt das »Leiden am Stigma«, das *Verrückte* erleben, als »zweite Krankheit«: »Es beschädigt das Selbstwertgefühl, es macht hoffnungslos und resignativ.«

Ebenso hinterlassen die entwürdigenden Psychiatrie-Erfahrungen bei vielen *Verrückten* Spuren. Ich spreche hier nicht von offenen, sondern von reglementierten geschlossenen oder sogenannten »halboffenen« Stationen, man nennt sie »Akutstation«. Es gibt Betroffene, die diese Erfahrungen weniger traumatisch wahrnehmen als andere. Gleichsam habe ich später häufig Betroffene kennengelernt, die ihre Psychiatrieaufenthalte als traumatisch beschreiben. Sehr drastisch bringt es Charlotte Pankalla in ihrem Vorwort zu der deutschen Übersetzung der Texte von Bonnie Burstow auf den Punkt. »Die Psychiatrie hätte mir fast das Leben genommen«, schreibt sie. »Sie stürzte mich in einen Abgrund, aus dem ich glaubte, nie mehr auftauchen zu können. Die Psychiatrie hat mich gebrochen.«

Ich dachte beim Lesen: *I feel you*.

Und tatsächlich ist die Suizidrate nach der Entlassung aus der Psychiatrie besonders hoch. Burton erklärt: Das Suizidrisiko sei größer, »wenn der Betroffene jung und männlich ist, sich in einer frühen Phase der Krankheit befindet, gute Einsicht in die Störung zeigt, aus einer Familie mit hohem sozioökonomischen Status kommt, eine hohe Intelligenz hat, hohe Erwartungen aufweist, unverheiratet ist, wenig oder keine soziale Unterstützung hat und kürzlich aus dem Krankenhaus entlassen wurde«. Phyllis Chesler schreibt in ihrem Buch *Frauen – das verrückte Geschlecht*: »›Mutig‹ töten Männer sich selbst oder andere – *real*. Frauen *versuchen*, weit öfter als Männer, sich zu töten, aber es mißlingt ihnen meistens.«

Und Asmus Finzen schreibt auf seiner Website: »Der Suizid psychiatrischer Patienten ist, um es drastisch zu formulieren, nicht Ausgeburt ihres Wahns, sondern Reaktion auf eine Lebenssituation, die sie als unerträglich erleben. Gewiss wird dieses Erleben von der Krankheit mitgeprägt. Aber nur ausnahmsweise wird die Krankheitssymptomatik selbst zum unmittelbaren Auslöser des Suizides.«

Ich hatte selbst an keiner anderen Stelle in meiner »Krankheitsgeschichte« so drängende Suizidgedanken wie nach meinem ersten Aufenthalt in der Psychiatrie – begleitet von den starken Tabletten, die mich damals so müde machten, dass ich kaum aufstehen konnte, und den Diskriminierungserfahrungen in meinem Umfeld. Asmus Finzen schreibt: »Sehr viel spricht dafür, dass die zweite Krankheit – das Stigma – im Zusammenhang mit der Frage nach dem Sinn des eigenen Lebens von ebenso großem Gewicht wie die Krankheitserfahrung selbst ist.« Dafür spricht auch die Tatsache, dass Suizide innerhalb von diskriminierten gesellschaftlichen Gruppen insgesamt verbreiteter sind als in der sogenannten Mehrheitsgesellschaft – wie etwa unter trans Personen. Dass eine Person sich das Leben nimmt, weil sie einfach »psychisch krank« sei, ist eine Verkürzung, die man auch in Medienberichten liest. Mich empört so etwas jedes Mal.

Die Vernunft sei männlich

Vernunft wird gemeinhin mit etwas Planvollem, Stringentem, gleichförmig Strukturiertem, Organisiertem assoziiert. Mit Rationalität. »Rationalität beschreibt ein vernunftgeleitetes Denken, es ist an Zwecken und Zielen ausgerichtet«, steht zur Beschreibung des Wortes »Rationalität« bei Wikipedia. Das Adjektiv rational – als Gegenstück zur Irrationalität, die nach Anton Hügli und Poul Lübcke die »Übereinstimmung mit den Prinzipien vernünftigen Denkens und Handeln« bzw. »das, was in der Vernunft, nicht in der Erfahrung oder Offenbarung gründet« – wird in unserer Gesellschaft mit Männlichkeit verbunden. Später fragte ich mich häufig, welche Rolle für mein Selbsterleben damals nicht nur die Kraft der Kategorie »krank«, sondern auch die der Kategorie »weiblich« spielte. Letztere spürte ich während meines Philosophiestudiums deutlich, doch ich denke, dass die Kategorie »Verrückte« einen verstärkenden Effekt hatte. Am Anfang traute ich mich, anders als in der Kulturwissenschaft, kaum, etwas zu sagen. Irgendwann merkte ich, dass ich ja gute und sehr gute Noten habe, also mich auch in der Philosophie zu Wort melden kann. Und bei einem Seminar über John Rawls' Gerechtigkeitstheorien musste ich reden, weil wir nur eine Hand voll Studierende waren, und ich die einzige Frau. Wir lasen fast ausschließlich Texte von *weißen* Männern.

In dem Buch *Untenrum frei* schreibt die Feministin Margarete Stokowski, dass sie sich in ihrem Studium ähnlich fühlte. »Die Jungs um mich herum sprechen mit einer Selbstverständlichkeit von sich als Philosophen, als hätte Platon persönlich sie getauft, und ich frage mich, warum das Wort ›Philosophin‹ für mich so komisch klingt«, schreibt sie. Die Tatsache, dass ihr die Philosophie im Unterschied zu den Sozialwissenschaften so männlich erscheint, führt sie unter anderem darauf zurück, dass es so wenige Frauen als Philosophie-Professorinnen gibt – und so einen niedrigen Frauenanteil unter den Studierenden. Ich erinnere mich daran, dass die Diskussionen mit einer gewissen Brutalität einhergingen. »Den werden wir grillen«, hieß es manchmal, wenn jemand für einen Vortrag eingeladen wurde. Ich musste wieder daran denken, als ich einmal die Aristotelikerin Dorothea Frede für ein Porträt traf und sie von »knockdown arguments« sprach, die das Gegenüber erschlagen sollen. »Männer mögen diese Art von geistigen Boxkämpfen.«

~

Die Vorstellung, dass die Vernunft männlich sei – und by the way *weiß* –, zieht sich durch die gesamte europäische Kulturgeschichte. Seit der Aufklärung und insbesondere in der Philosophie Kants steht sie für die Befreiung des Menschen aus seiner Unmündigkeit. Peet Thesing schreibt in ihrem Buch *Feministische Psychiatriekritik*: »Vernunft wird verstanden als Fähigkeit, den eigenen Verstand zu benutzen, aus Beobachtungen Schlüsse zu ziehen und universelle Erkenntnisse über die Wirklichkeit zu erlangen.« Und sie fügt hinzu: »Ein ganz zentraler Punkt bei der Entstehung der modernen Vernunft ist die Abgrenzung zur Unvernunft: zum

Wahnsinn. Unvernunft wird als eine Art ›zurückgebliebene‹ Entwicklungsstufe betrachtet, womit auch der Ausschluss von Frauen aus der Wissenschaft begründet wurde, da diese sich nicht wie Männer der Vernunft bedienen könnten. Gleichzeitig war diese Abgrenzung zur Unvernunft auch geprägt von rassistischen Logiken: Die Abwertung des ›Wilden‹, ›Primitiven‹, ›Verrückten‹ war Teil der Legitimation kolonialer Ausbeutung.«

Beschädigte Identität

»Krank« oder »verrückt«, das hieß für mich, nach dem, was ich in der Psychiatrie gelernt hatte: dass man seiner Freiheit beraubt werden kann, dass einem alle Rechte genommen werden können, dass man nicht studieren könne, dass man selbst in jenen Gesprächsrunden, in denen man sich über seine Gefühle austauscht, bevormundet wird, dass man nie wieder »gesund« wird. Einige Betroffene teilen diese Sicht – weil sie sie so von »Professionellen« vermittelt bekommen. Der Arzt Asmus Finzen schreibt: »Nach Erving Goffman beschädigt das ›Stigma‹ die Identität der Betroffenen. Das gilt für das ›Stigma‹ psychische Krankheit in besonderer Weise.« Er schreibt darüber, dass Betroffene die gesellschaftlichen Vorurteile vor der eigenen »Erkrankung« selber hatten und nun auf sich übertragen – und das zur Hoffnungslosigkeit führt. »Es ist die Diagnose einer ›verrufenen‹ Krankheit, die nur schwer zu verstehen ist, dafür aber ein ganzes Bündel von vagen Vorstellungen und Vorurteilen aktualisiert [...]. Dazu kommt der Unheilbarkeitsmythos, der verhindert, dass man die Veränderungen des Kranken als vorübergehend betrachtet.«

~

Ich war total darauf fokussiert, mir möglichst zu beweisen, nicht »krank« zu sein. Und egal, wie viele gute Noten ich hatte, egal, was ich alles »geschafft« habe, bei der nächsten Prüfungsleistung, bei allem, was ich mir vornahm, jedes Mal hatte ich die Worte der Ärztin im Ohr, jedes Mal dachte ich: »Ich kann das nicht, nein, ich schaff das nicht.«

Ich hätte kapitulieren können, aber entschied mich für das Gegenteil, hätte mir die Ärztin damals nicht gesagt, dass ich ein Studium nicht schaffen würde, hätte ich vielleicht nicht so überengagiert meinen Bachelorabschluss gemacht. Ich dachte, ich müsse die zwei durch meine *Verrückungen* und die Psychiatrieaufenthalte verlorenen Semester wiedergutmachen. Sowieso hatte ich immer das Gefühl, um meine Erfahrungen auszugleichen, alles doppelt so gut machen zu müssen wie die anderen. Eine Freundin aus der Schule sagte letztens zu mir, dass sie überhaupt nicht verstanden hat, warum ich damals mein Studium so durchgezogen habe, wo doch so ein Karrierismus überhaupt nicht zu mir passe. Als ich ihr von der Ärztin erzählte, verstand sie es sofort.

Emilia Roig schreibt, dass sie ihren »beruflichen und akademischen ›Erfolg‹ dem durch Rassismus erzeugten Minderwertigkeitskomplex« ihrer Großeltern und Mutter zu verdanken habe. »Sie strebten nicht nur nach mehr Weißsein, sondern auch nach mehr Bildung. Im Grunde nach mehr Wert.«

Abwertung von *Verrückten* und Rassismus gegenüber Schwarzen Menschen sind zwei völlig unterschiedliche Diskriminierungsformen, aber die Idee, durch Bildung an »Wert« zu gewinnen, findet sich sicherlich bei vielen Menschen, die strukturell diskriminiert werden.

Andrea Schöne beschreibt in ihrem Buch *Behinderung und Ableismus* etwas Ähnliches, nämlich den Versuch, »stigmatisierende Symbole«, in dem Fall der Rollstuhl, den die Dominanzgesellschaft nutzt, um behinderte Menschen darzustellen, durch ihr »Verhalten wettzumachen«.

Es gibt verschiedene Strategien, eine »beschädigte Identität«, wie Goffman die Auswirkungen durch ein »Stigma« nennt, zu bewältigen: eine besteht darin, das »Stigma« zu verstecken. Mein Umgang mit meinem mir unterstellten »Defizit« damals bestand auch darin, Situationen zu vermeiden, in denen Menschen mich auf meine Erfahrungen ansprechen könnten, und mich stattdessen in eine Paarbeziehung zurückzuziehen.

Und: ein Tattoo zu verstecken, das ich mir, während ich *verrückt* war, habe stechen lassen. Weil ich mich damals so viel mit dem freien Willen, Determinismus und dem »Schicksal« – auch in Bezug auf die Liebe – befasst habe, hatte ich mir »Amor fati«, ein Zitat von Nietzsche, von einem nicht so richtig talentierten Hobby-Tätowierer unterhalb des Handgelenkes tätowieren lassen.

Später schämte ich mich dafür. Es wurde zu einer Art Brandmal. Jemand sagte mal, es sähe aus wie ein »Knast-Tattoo«. Jemand anderes sagte, es sähe – wegen des Datums, das darunter steht – aus wie ein »KZ-Tattoo«. Ich habe es, als ich später wieder in Berlin wohnte, »Exzess-Tattoo« genannt – das passte zu der manischen *Verrückung*, die, wie ich fand, auch etwas Exzesshaftes hatte, und es fragte dann auch niemand mehr weiter. Sowieso fragt einen in Berlin selten jemand nach der Bedeutung eines Tattoos. Ich hatte dort mitbekommen, dass einige sich unter Drogen auf Partys Tattoos stechen lassen, Exzess-Tattoos waren also *normal*.

Während meines Studiums in Marburg versteckte ich es die ganze Zeit mit einem Armband. Ich wollte nicht darauf angesprochen werden. Mir ist Ehrlichkeit total wichtig, und wenn mich jemand gefragt hätte, was dieses Tattoo bedeutet, hätte ich mit der Geschichte meiner *Verrückung* rausrücken müssen. Außerdem fand ich Nietzsche bei vernünftigem Bewusstsein schrecklich, frauenfeindlich und herrschsüchtig. Ich konnte mit diesem »Amor fati«, was mir auf dem Arm stand, nicht mehr viel anfangen.

»Jetzt habe ich Nietzsche verstanden (Hilfe!)«, hatte ich, als ich *verrückt* war, aufgeschrieben. Wegen Nietzsche-Zitaten wie diesem, das ich an meine Wand hängte: »Man muss noch Chaos in sich haben, um einen tanzenden Stern gebären zu können.« Ich erinnere mich, wie ich damals mit zwanzig während meiner ersten *Verrückung* in dem Haus von meinem Großvater gesessen habe, den *Zarathustra* las und Rotwein getrunken habe. Derselbe Satz findet sich bei Neel Burton, der den Aphorismus mit der Tatsache in Verbindung bringt, dass Kreativität scheinbar durch dieselben Gene begünstigt wird, »die für eine Schizophrenie prädisponiert, als auch durch Gene, die für eine bipolare Störung prädisponieren«. Warum ich diesen Satz damals plötzlich verstanden habe? Umgangssprachlich und in Anlehnung an Rudolf Carnap, der Nietzsches Aphorismen als Ausdruck eines Lebensgefühls beschreibt, kann man sagen: Ich habe den Satz *gefühlt*.

5

HADAMAR

Von der Vergangenheit, die niemand entschädigen will

Vergessen, was heißt vergessen. Gedenken, was heißt gedenken – heißt vergessen wiederholen? Und wann heißt gedenken, zu vergessen, was ist?

~

Ich erinnere mich daran, wie ich in dem hessischen Dorf, in dem ich aufwuchs, einmal zu meinem Geschwister sagte: »Es ist hier eigentlich so schön – und gleichzeitig so schrecklich, weil es hier irgendwie so aussieht, wie die Nazis ›Heimat‹ gemalt hätten.« Wir lachten verlegen.

Daran denke ich, als ich für meine Recherche in Hadamar stehe, einem kleinen, idyllischen Städtchen mit etwa 12 000 Einwohner:innen in Hessen, nahe Limburg, wo während der Zeit des Nationalsozialismus rund 15 000 Menschen mit Behinderung, psychiatrischen Diagnosen bzw. abweichendem Fühlen und Verhalten getötet worden sind. Es ist ein Ort, der trotz der Gedenkstätte, an die heute Schulklassen kommen, ziemlich vergessen scheint – und seine Geschichte verdrängt. Obwohl ich selbst aus Hessen komme, hatte ich lange gar nicht davon gehört und auch andere Hess:innen, die ich frage, kennen diesen Ort nicht. Auf dem Weg dorthin, an dem Haltestellenhäuschen in Idstein im Taunus, sah ich beim Vorbeifahren vom Zug aus ein mit schwarzer Farbe gemaltes Hakenkreuz. Braune Schilder, die vom Bahnhof Hadamar zu der ehemaligen Tötungsanstalt führen, tragen in Weiß die Aufschrift »Gedenkstätte«.

Ich schaue mir außer dem Gelände der Gedenkstätte und dem Friedhof in dem Ort Hadamar nichts an. Schließlich sieht es hier gefühlt genauso aus wie in den vielen anderen Dörfern oder kleinen Städten in Hessen, die ich in meiner Kindheit und Jugend tausendmal gesehen habe. Und genau das ist es, was das Ankommen nebst dem gesichteten Hakenkreuz für mich, als eine, die damals vielleicht auch sterilisiert worden oder umgekommen wäre, so schwer erträglich macht.

Schwerer noch zu ertragen, oder sagen wir zu begreifen, finde ich all das, als ich sehe, dass direkt hinter der ehemaligen Tötungsanstalt heute eine neugebaute psychiatrische Klinik steht. Wenn die Patient:innen die Klinik während ihrer Ausgangszeiten verlassen und auf dem Gelände der Gedenkstätte herumlaufen, werden sie vielleicht zu einer Wiese kommen, um sich von dem manchmal sehr stressigen und belastenden Klinikalltag zu erholen. Auf dieser Wiese hinter der ehemaligen Tötungsanstalt wurden 1942 bis 1945 im Zuge der »dezentralen Euthanasie« die Leichen von ermordeten Patient:innen vergraben – eine Tafel weist darauf hin, dass sie von den lebenden Patient:innen dorthin getragen wurden.

»Mensch achte den Menschen«, steht auf einer Stele.

~

»Auf diesem Areal existiert seit 1906 eine psychiatrische Einrichtung. Nach der NS-Zeit ist der Psychiatriebetrieb quasi sofort weitergeführt worden«, erklärt mir später Jan Erik Schulte, der heute die Gedenkstätte Hadamar leitet. »Seit Ende der 80er Jahre gibt es die Gedenkstätte, das Gebäude wurde gleichzeitig in dem anderen Flügel von der Klinik weitergenutzt.« Erst in »jüngster Zeit« sei die Klinik ausgezogen, der

Internationale Bund nutzt das Gebäude noch für eine Wohngruppe.

Die »Kranken« und die Gedenkstätte beide auf dem Gelände der ehemaligen Tötungsanstalt unterzubringen, folgte pragmatischen Erwägungen. Sinnbildlich zeigt es, dass – auch wenn hilfreiche Medikamente dazukamen und die Menschen nicht mehr systematisch ermordet wurden – an das medizinische Verständnis vor dem Nationalsozialismus angeknüpft wurde, als wäre zwischendrin überhaupt nichts gewesen. Und symbolisch steht diese Tatsache für die heutige Erinnerungskultur der NS-Psychiatrie insgesamt, in der zwar immer mehr an früher, aber immer noch viel zu wenig an heute gedacht wird.

Ich frage mich, ob für »Euthanasie«-Gedenkorte, die oft in den Kliniken selbst untergebracht sind, gilt, was Max Czollek in seinem Buch *Versöhnungstheater* über Erinnerungsorte schreibt: »Erinnerungsorte markieren nicht nur die Stellen, an denen etwas geschehen ist. Sondern sie entlasten ihre Umgebung auch von dieser Erinnerung. Ein Effekt, den man mit einem englischen Begriff vielleicht als *containment*, also als Eindämmung oder Einhegung bezeichnen könnte.« Und er schreibt: Eine der Besonderheiten der deutschen Erinnerungskultur bestehe »darin, auf der symbolischen Ebene etwas zu behaupten, was dann auf faktischer Ebene keine Entsprechung hat«. Ähnlich, denke ich, suggerieren auch Erinnerungsorte in Kliniken, dass diese sich mit ihrer Geschichte befassen, sie verurteilen und ihre Lehren für die Gegenwart gezogen haben. Wenn die Patient:innen dort zu Ausgangszeiten zwischen den Besucher:innen umherlaufen und sich die Schilder durchlesen, ist das jedoch sicherlich nicht förderlich für ihr ohnehin strapaziertes Seelenleben.

Das Wort »Euthanasie« (übersetzt »guter Tod«), das heute manchmal noch als Bezeichnung für »Sterbehilfe« verwendet wird, ist als Ausdruck für die nationalsozialistischen Morde eine Frechheit und beschreibt den brutalsten Paternalismus, den die Psychiatriegeschichte je zum Vorschein gebracht hat. Es bezeichnet die Idee, Menschen aus einem von anderen als lebensunwert erachteten Leben zu »erlösen«, wobei das »Problem« für die psychische Konstitution aus Sicht der Nationalsozialist:innen nicht in dem Leben, dem Umfeld, der Gesellschaft, dem Versagen der psychiatrischen Hilfe, sondern in der Biologie des Menschen zu liegen scheint, genauer: dessen »Gene«. Man hat Menschen damals mithin auf die nur denkbar absolute Weise bevormundet, in dem man die Verbrechen damit begründete, dass der Tod gut für sie sei. Es handelt sich dabei außerdem um eine beispiellos vernichtende, medizinisch begründete Tilgung menschlicher Gefühlsregungen und von der Norm abweichendem Verhalten – und schlechterdings von Individualität. Gleichsam ging es dabei um ökonomische Interessen und darum, Menschen zu töten, die aufgrund ihrer Diagnose aus einem rassischen Verständnis heraus als »minderwertig« wahrgenommen wurden, und mit ihnen sogenannte »Ballastexistenzen« loszuwerden. Getötet wurden vor allem die, die nicht arbeiten konnten: »Die grundlegenden Kriterien wie ›Erblichkeit‹, ›Unheilbarkeit‹, ›Arbeitsunfähigkeit‹ und ›Asozialität‹ verbanden rassenhygienische und wirtschaftliche Aspekte«, schreiben die Historiker Jörg Osterloh und Jan Erik Schulte. Wer in Hadamar zum Zeitpunkt der »Euthanasie«-Morde als Patient:in ankam, ist meist am selben Tag gestorben. Die Patient:innen kamen nach der Ankunft in einen Entkleidungsraum. »Hier wurde den Menschen die Aufnahme in eine neue Anstalt vorgetäuscht«, steht auf einer Informationstafel am Eingang der Gedenkstätte Hadamar.

Die Menschen wurden nach ihrer Ankunft mit den sogenannten »Grauen Bussen« in einer als Dusche getarnten Gaskammer im Keller im Rahmen der sogenannten »T4-Aktion« mit Kohlenmonoxidgas ermordet. Eine steile enge Treppe führt zu den muffigen Räumen hinab. »Vorsicht! Schlecht beleuchtete Stufen! Niedrige Deckenhöhe!«, steht heute auf einem Warnschild an ihrem Fuße.

Durch die Fenster in dem Keller der ehemaligen Tötungsanstalt fällt Licht. Dort unten hört man die Vögel. Die Tatsache, dass auch eine Schulklasse ankommen und durch den Raum ein junges Stimmengewusel dringen wird, ein Stöhnen, ein Raunen, ein Fragen, ein Lachen, macht diesen Ort mit seinen pragmatisch beschrifteten Schildern und all seiner Tristesse auch zu einem Hoffnungsort. Ich freue mich, dass an einer Stelle mitgebrachte Blumen liegen, die scheinbar von einer Besuchergruppe stammen. Daneben: bemalte Steine, darunter einer mit einer deutschen und einer israelischen Flagge und zwei ineinander verschränkten Händen darauf.

Mit der sogenannten »Euthanasie«, schreibt der Journalist Ernst Klee, haben die nationalsozialistischen Morde begonnen. Sie soll den Morden an anderen Opfergruppen vorausgegangen sein. Klee, der in den 1980er Jahren erstmals umfangreich zu den »Euthanasie«-Verbrechen recherchiert hat, schreibt: »Der Mord an Kranken und Behinderten, schönfärberisch ›Euthanasie‹ genannt, ist das nationalsozialistische Verbrechen, aus dem sich die nachfolgenden Gräueltaten entwickeln: Hier werden erstmals Gaskammern eingesetzt. Die ersten Gaswagen. Hier beginnt der Holocaust: die Ermordung sämtlicher Juden, die in Anstalten leben.« Und weiter: »Die Massentötung von KZ-Häftlingen findet zuerst in den Gaskammern der Euthanasieanstalten statt. Euthanasietäter führen die Vernichtungslager Belzec, Sobibor und Treblinka.« Wie der Holocaust, also die Vernichtung von Jüdinnen und Juden, und die »Euthanasie« genau zusammenhängen, ist jedoch umstritten – und in der Forschung von ihrer Kontinuität her nicht eindeutig.

Jüdische Ärzt:innen wurden 1933 im Rahmen des »Gesetzes zur Wiederherstellung des Berufsbeamtentums« entlassen. Und die Jüdinnen und Juden in den Anstalten wurden umgebracht, weil sie jüdisch waren. Jürgen Habermas etwa betont, dass das ein Spezifikum des Holocausts war, was ihn von anderen Genoziden wie den Kolonialverbrechen unterscheidet: »Die einen sind im Zuge des Projekts der rücksichtslosen ›Gewinnung von Lebensraum‹ als Angehörige der dort ansässigen slawischen, d. h. ›minderwertigen Rasse‹ unterdrückt, ausgebeutet und eben auch getötet worden, während die deportierten Juden aus dem einzigen Grund, weil sie Juden waren, ermordet worden sind.« Und so ist es zum Erkennen verschiedener Diskriminierungsformen wichtig, Verbrechen auseinanderzuhalten, auch wenn sich Verschränkungen zeigen, die doch gerade eine Solidarität evozieren könnten. Ich war geschockt, als ich im Kontext der sogenannten radikalen Antipsychiatrie-Bewegung von Shoah-relativierenden Gleichsetzungen und Vermengungen las. Ähnlich entsetzt war ich über relativierende Bezeichnungen, die teilweise von radikalen Psychiatriekritiker:innen verwendet werden, wie etwa die Bezeichnung »Konzentrationslager« für heutige Psychiatrien.

Tiergartenstraße 4

Für ganz Europa wird die Zahl der Menschen, die im Rahmen der sogenannten »Euthanasie« zu Tode kamen, auf 200 000 bis 300 000 geschätzt. Die Tötungsanstalt Hadamar war eine von sechs, in denen sie in Deutschland durchgeführt wurde. Organisiert wurde sie von der Hauptstadt aus. Neben den Morden in als Duschen getarnten Gaskammern in den Anstalten gab es die sogenannten »Gaswagen«, in denen die Menschen umgebracht worden sind – wie etwa Ilsze Lekschas, die »wegen religiöser Wahnvorstellungen« behandelt wurde, ihre Lebensgeschichte wird an dem »Gedenkort T4« in der Tiergartenstraße in Berlin vorgestellt.

Während der Recherche radele ich an einem anderen Tag mit dem Fahrrad vom Prenzlauer Berg zu einem weiteren historischen Gedenkort. Auf den Alexanderplatz fahre ich zu, später an dem Holocaust-Denkmal mit seinen dunklen Blöcken vorbei – bis zur Philharmonie, wo unweit daneben in der Tiergartenstraße 4 eine blaue Wand steht, die an die »T4«-Verbrechen erinnert. Die Tiergartenstraße 4, wo die grausamen Morde an Patient:innen damals geplant wurden, gab ihnen ihren Namen.

Dahinter stand ein Verwaltungsapparat. Die Patient:innen waren Nummern. Ein Formular regelte ihr Leben – bzw. Ableben. Ein blaues Minus hieß weiterleben, ein rotes Plus hieß Mord. Wenn sich der Gutachter nicht entscheiden konnte, wurde ein Fragezeichen eingetragen. Klee schreibt darüber, dass die Urteile dann an den Obergutachter gingen: »Der Obergutachter verwendet die gleichen Zeichen wie die Gutachter. Er kann allerdings kein ›?‹ verwenden, kann in Einzelfällen allerdings ›zurückgestellt‹ hinschreiben und im Zweifel, etwa bei Alterserkrankungen, beim medizinischen Laien Brack ein endgültiges Urteil einholen. Entschieden wird immer, ohne den Todeskandidaten gesehen zu haben.«

»Desinfiziert« oder »erledigt« hieß hinterher: ermordet. So wird es an dem Gedenkort Besucher:innen erklärt. Bei jüdischen Patient:innen wurde nicht lange überlegt, »Rasse: Jude«, hieß: bald schon tot. »Ist der Kranke ermordet, kennzeichnet der Registrator ›den Aktenumschlag der einschlägigen Akte mit einem Krukenkreuz [sic!].‹ Ein gleicher Eintrag erfolgt auf der Karteikarte«, schreibt Klee. Und: »Die Krankenmorde werden von der Justiz von nun an beobachtend ignoriert, das heißt: gedeckt.«

Nachdem die »Euthanasie« aufgrund von Protest, der von

dem katholischen Bischof Clemens August von Galen ausgelöst wurde, offiziell 1941 eingestellt worden ist, wurden Patient:innen im Rahmen der sogenannten »dezentralen Euthanasie« mit Medikamenten oder durch Nahrungsentzug ermordet. Ärzte und Pflegekräfte, die zuvor in den Tötungsanstalten der »Euthanasie« beschäftigt waren, mordeten in Konzentrationslagern weiter. Im Rahmen der »Aktion Reinhardt« waren fast hundert Ärztinnen, Pfleger und andere ehemalige T4-Täter nach dem offiziellen Ende der »Euthanasie«-Morde an den Tötungen von 1,6 Millionen Jüdinnen und Juden und 50 000 Rom:nja in Polen beteiligt.

Ärzte und Ärztinnen gehörten »zu einem höheren Prozentsatz als irgendeine andere Berufsgruppe der NSDAP (45 %) und/oder der SA und SS an«, schreiben Peter Weingart, Jürgen Kroll und Kurt Bayertz in ihrem Buch *Rasse, Blut und Gene. Geschichte der Eugenik und Rassenhygiene in Deutschland*. Auch auf einer Tafel in der Gedenkstätte Hadamar heißt es: »Fast 50 % der deutschen Ärzteschaft waren seit 1933 der NSDAP beigetreten. Diese pro-nationalsozialistische Haltung entsprach einer rassenhygienisch ausgerichteten Grundeinstellung vieler Psychiater.« Viele Ärzt:innen und auch das Pflegepersonal waren von ihrer »Behandlung« überzeugt: »Sie sagen *behandeln*, wenn sie morden«, schreibt Ernst Klee. Er zeigt, dass es Angehörige von Ermordeten gab, die protestierten. Zugleich gab es jedoch auch Angehörige, die die »Euthanasie« für richtig hielten, Klee schreibt sogar von einem Fall, in dem sich ein Angehöriger beschwert, warum sein Familienmitglied nicht getötet und damit »erlöst« wird.

Land der Täter

Dass ich damals wahrscheinlich auch zu denen gehört hätte, die wegen ihrer Diagnose »Schizophrenie« oder »manisch-depressivem Irrsein« zwangssterilisiert wurden, wurde mir zum ersten

Mal richtig bewusst, als ich 2018, fünf Jahre zuvor, die Nazi-Psychiatrie-Überlebende und Bildhauerin Dorothea Buck traf, die von den Nationalsozialist:innen zwangssterilisiert worden ist. Es ist ja so, dass von Deutschland immer als »Land der Täter« gesprochen wird, bzw. der Täter:innen und ihrer Nachkommen – etwa dann, wenn es darum geht, die Emotionalität der Deutschen bei dem Thema zu erklären, die, wie es so oft heißt, auf die Schuld der eigenen Großeltern zurückzuführen sei. Das ist sicherlich der eine Grund für diese Emotionalität – der andere ist die Tatsache, dass viele vielleicht selbst zu einer der, teils wenig beachteten, Opfergruppen gehört hätten oder Angehörige haben, die verfolgt worden wären oder tatsächlich verfolgt worden sind. Hitler ging es aus einer rassenbiologischen Ideologie heraus darum, Menschen aus dem »deutschen Volkskörper« zu entfernen, was hieß, diejenigen in dem »Volk« zu nivellieren bzw. durch die »Rassenhygiene« genetisches Material und damit ganze Minderheiten auszulöschen, die in seinen Augen nicht dazugehören sollten.

~

Dass ich selbst auch schon mal *verrückt* war, hatte ich Dorothea Buck anfangs nicht erzählt. Es hat sich am Ende des Interviews, das ich als Journalistin mit ihr geführt habe, aber doch irgendwie ergeben … Ich höre mir fünf Jahre später die Audioaufnahme von damals an. Und ich freue mich, dass ich auch das Ende unseres Gesprächs noch aufgenommen habe. Sie spricht davon, dass Psychosen verdrängt werden, aber eigentlich verstanden werden müssten, und fragt dann plötzlich:

»Sie haben das, glaube ich, verstanden, aber Ihre Kollegen in Berlin, wie sollen die verstehen, was eine Psychose ist?« Ich sage, man müsse es wohl selbst erleben. Sie sagt: »Ja, das ist das Beste. Aber Sie haben es ja nicht erlebt.« Auf ihrer Fensterbank stehen

Engelsfiguren. In dem Zimmer ihres Pflegeheims werden wir von Stille umhüllt. Durch die Terrassentür dringt das Rauschen des Windes, das sich durch die Blätter im Innenhof zieht.

Ich sage: »Ich habe es auch erlebt.« Und füge hinzu, dass ich nicht öffentlich darüber sprechen würde. »Haben Sie eine richtige Psychose erlebt?«, fragt sie. Ich erzähle ihr von meinen *Verrückungen*, auch von dem Trauma zuvor, der Zeit in Indien. Plötzlich kehrt sich die Interviewsituation um, ich sprudele einfach los. Als ich fertig bin, sagt sie: »Ich freue mich, dass Sie diese Erfahrung gemacht haben!« Ich sage ihr, dass viele von meinen Freund:innen das gar nicht wissen. »Dann sind wir Freundinnen!«, sagt sie. »Dann sagen wir auch du zueinander! Alle *Verrückten* sagen du!« In vielen gruppentherapeutischen Settings ist es üblich, dass *Verrückte* sich untereinander duzen, während der Therapeut oder die Therapeutin gesiezt werden soll.

Dorothea Buck war mir mit ihrer Geschichte in vielen Dingen nah. Da ist einmal die tiefe Beziehung zu einem Mann, die sie am Anfang ihrer Psychose erlebt – aber auch danach: »Trotzdem spürte ich immer noch eine starke Beziehung zu ihm und war überzeugt, daß er mir aus der tiefen Verunsicherung heraushelfen könnte.« Sie schreibt von einem »überwältigenden« Erlebnis, einem Spaziergang im Watt, darüber, wie sie einem aufsteigenden Morgenstern folgte und das als Gottes Führung verstand. »Aber selbst wenn es wahr wäre, daß ich der Führung Gottes gefolgt war, so wäre ich trotzdem nun als ›minderwertige Geisteskranke‹ abgestempelt«, schreibt sie. Auch ihre Beschreibung der Psychose als »Zentralerleben« und als religiöse Erfahrung und das symbolische Erleben erinnern mich an meine eigenen *Verrückungen*. Sie spricht von »Viereinigkeit« und knüpft dabei an C. G. Jungs Vorstellung von Quaternität an: »Die ›Viereinigkeit‹ blieb ein zentrales Thema meiner Psychosen – als die Einheit von Geist und Natur, Gott und Welt.«

Um zu einer »Heilung« zu kommen, ist es in ihren Augen wichtig für Betroffene, den Sinn von Psychosen zu verstehen – und damit die Bedeutung des in der Psychose bildhaften Erlebens. Es sei entscheidend, »ob der psychotische Mensch sich dem Erlebnis [...] vertrauensvoll überläßt; zerstörerisch wirkt dieses Erlebnis wohl nur für den, der in Angst und Panik gerät. Darum ist es für den Patienten so verhängnisvoll, wenn seine Erfahrungen für krankhaft und sinnlos erklärt werden, so daß sie seinen Wert als Mensch in Frage stellen«, schreibt sie.

Mit anderen Menschen konnte sie nicht darüber sprechen. »Mutter erkannte, wie dringend ich ein Gespräch brauchte. Aber sie konnte mit mir über diese Dinge nicht reden. Denn der Chefarzt hatte ihr ja gesagt, meine Psychose habe mit vorausgegangenen seelischen Erschütterungen nichts zu tun und wäre unabhängig davon auf jeden Fall aufgebrochen.« Ihre Mutter habe sich bei der Deutung auf die ärztliche Autorität verlassen.

Dorothea Buck verglich die Psychose mit einem Traum: »Ebenso wenig wie der Traum Anzeichen einer Geisteskrankheit ist, kann es die psychotische Vorstellung sein, sagte ich mir. Unsere Krankheit kann nur darin liegen, daß wir unser Psychoseerleben mit der Wirklichkeit verwechseln, was wir beim Traum nur tun, solange wir ihn träumen«, schreibt sie. In ihrem Psychose-Verständnis knüpft sie erneut an C. G. Jung an – einen Vertreter der Psychoanalyse und damit einer psychologischen Schule, die im Nationalsozialismus verhasst war.

Wie Jung verstand Buck Psychosen als Aufbruch des Unbewussten. Jung schreibt: »Wenn Menschen ihren Halt an den konkreten Werten des Lebens verlieren, werden die unbewußten Inhalte überwältigend real. Vom psychologischen Standpunkt aus gesehen ist die Psychose ein geistiger Zustand, bei dem vorbewußte Elemente den Platz der Realität einnehmen.«

~

Als ich die inzwischen verstorbene, damals schon über Hundertjährige traf, lebte ich in Berlin, arbeitete als freie Journalistin und machte mir Gedanken über meine Masterarbeit in Philosophie, die ich schließlich über personale Autonomie schrieb. Außerdem suchte ich meinen Platz in der Großstadt. Ich hatte meine Tabletten schon vor einiger Zeit abgesetzt und mir ging es besser, aber ich hatte dennoch nicht das Gefühl, über eine Integrität zu verfügen, meine *Verrückungen*, diese so prägenden Erfahrungen, hatte ich schlicht verdrängt. Ein paar Monate bevor ich Dorothea Buck traf, lauschte ich einem Gespräch in der Kantine einer Redaktion. Ein Redakteur hatte damals abschätzig über einen freien Kollegen gesprochen und erzählt, dass dieser ein Burnout gehabt hätte. Wer anfällig für so etwas wäre, solle kein Journalist werden, hatte er gesagt. Was sie wohl gesagt hätten, wenn sie wüssten, was ich erlebt habe?

Später bewarb ich mich bei einer anderen Zeitung um ein Volontariat, ich war bis in die letzte Runde gekommen. Der Redakteur, der das Bewerbungsgespräch mit mir geführt hatte, rief mich später an und sagte, dass die Wahl auf eine andere Bewerberin gefallen sei, warum, könne er gar nicht sagen, denn meine Texte seien sehr gut, am Schreiben läge es nicht. Er sagte, irgendwie sei die andere Bewerberin im Gespräch selbstbewusster aufgetreten.

Nachdem ich die Absage für das Volontariat bekommen hatte, bin ich an der Spree am U-Bahnhof Friedrichstraße auf und ab gelaufen, ich hatte das Wasser gesucht, während ich lief und lief und die Wut aus meinem Körper bringen wollte. Ich hätte nicht so schüchtern sein dürfen, machte ich mir Vorwürfe. Ob er wohl so selbstbewusst wäre, hätte er diese erniedrigenden Erfahrungen in der Psychiatrie, die Diskriminierung und Unterdrückung erlebt, fragte ich mich und erinnerte mich, dass ich früher einmal selbstbewusster war. Und mir kam das ungerecht vor.

Seit ich in Dublin war, liebte und suchte ich immer wieder das Wasser. Ich erinnere mich nicht nur an einsame Spaziergänge in Dún Laoghaire auf dem Pier, sondern auch daran, wie ich auf dem Gelände des College auf das Gewässer des Campus blickte und alle möglichen Federtiere beobachtete, stolze Schwäne und dicke Möwen, manchmal sah ich, wie die Vögel kopfüber ewig lange den Kopf ins Wasser hielten, wie Strauße den Kopf in den Sand. Und ich saß dort zwischen vielen Vorlesungen, in denen es etwa um Skeptizismus ging, jene Denkrichtung, die den Dingen so tief auf den Grund geht, dass sie Wirklichkeit, Wahrheit und die Frage nach dem Wissen können überhaupt hinterfragt, und es kam mir entspannend vor, den Schwänen zuzusehen.

Abschließende Antworten auf die Rätsel des Menschseins hatte ich in der Philosophie nicht gefunden, vielmehr waren immer mehr Fragen aufgetaucht, und der Kopf im Wasser versinnbildlichte, fand ich, eine Kapitulation. Eine chemische Verbindung aus Wasserstoff und Sauerstoff im flüssigen Aggregatzustand ist das Wasser in der Biologie. Der Philosoph Heraklit hat das Wasser im Fluss mit dem Sein verglichen. In den großen Religionen steht es für Reinigung. In der Tiefenpsychologie steht es für das Unbewusste.

~

»Es gab wenig in meinem Leben, das mir so wichtig war wie meine Psychose-Erfahrung der inneren Führung und des engeren Zusammenhanges mit dem Ganzen«, schreibt Dorothea Buck in ihrer Biografie und erklärt, dass sie ihre Psychose symbolisch als Wiedergeburt verstanden habe. Ich will auf keinen Fall heute nochmal *verrückt* werden, aber für mich waren meine *Verrückungen* sicherlich die einschlägigsten Erfahrungen meines Lebens, ich glaube, kaum etwas anderes hat mich so sehr geprägt. Und ich kann es schwer erklären, denn es ist ein *Erleben*, aber ich glaube, dass ich mir selbst und auch den Antworten nie so nahegekommen bin.

Zeitweise habe ich Dorothea Bucks Biografie in meinem Bücherregal versteckt. »Psychose als Selbstfindung«? Das klingt doch für andere sehr seltsam, dachte ich. Sowieso sollte das Buch lieber niemand sehen, sonst könnte man ja auf die Idee kommen, dass ich auch eine Psychose erlebt habe, wenn ich mich dafür interessiere. Psychosen, lernen wir *Verrückten* in der Psychiatrie auch heute noch (teils aus einer erzieherischen, pädagogischen Haltung), seien einfach krank!

Buck schreibt von einer anderen Patientin, bei welcher das Symbol der Schlange eine große Rolle spielte: »Die sich häutende Schlange ist ein Symbol der Erneuerung.« Und über ihre eigene Psychose: »Bei mir drückte sich dieser symbolische Tod vor der Wiedergeburt nicht als entweichende Schlange, sondern als Versinken im Wattenschlick aus.«

Ich erinnere mich daran, dass ich während meiner eigenen *Verrückung* einmal mein mit Tinte beschriebenes Tagebuch in der Badewanne aufweichte, sodass die Tinte durch das Wasser floss, als würde ich das Geschriebene wegwaschen – für mich hatte das damals etwas Rituelles –, vielleicht ging es dabei auch um eine Art Erneuerung – den Wunsch, etwas neu zu ordnen. Ich muss wieder daran denken, als ich Interviews von der Schriftsteller:in Kim de l'Horizon lese. De l'Horizon beschäftigt sich mit Hexerei und Ritualen: »Zuletzt war ich bei abnehmendem Halbmond baden. Um mich zu reinigen und Dinge loszuwerden«, sagt de l'Horizon in einem Interview: »Diese Sachen habe ich vorgängig auf einen Zettel geschrieben. Und den Zettel nach dem Baden dem Wasser übergeben und die Erde gebeten, diese Dinge von mir zu nehmen.« In einem anderen Interview erklärt de l'Horizon: »Ich versuche, mich durch die Hexerei bewusst zu verorten und mich mit den Dingen um mich herum zu vernetzen. Gewissermaßen ein bisschen zu spinnen.« Und: »Die feministische Hexerei, in der ich mich verorte, versucht stattdessen auf die gegebenen Verhältnisse zu reagieren, etwa auf Hierarchien oder Gewalt, und sie aufzulösen. Das ist das Hexische. Ich will einen Raum herstellen, in dem wir verstehen lernen, dass alles eins ist.«

Im Studium musste ich auch an die *Verrückung* denken, als wir in einem ethnologischen Seminar über den liminalen Charakter von Übergangsritualen sprachen. Der Ethnologe Victor Turner schreibt in seinem Buch *Vom Ritual zum Theater* über »Rituale der Lebenskrisen« und beschäftigt sich mit Ritualen als Konfliktbewältigung. Fast alle kulturellen Riten, schreibt er, seien Übergangsriten – die er in Anlehnung an Arnold van Gennep, der Rituale als Bewältigung von Grenzsituationen verstand, in eine Ablösungs-, Schwellen- und Integrationsphase unterteilt. Turner konzentriert sich vor allem auf die Schwellenphase, die er als »liminal« beschreibt. »Alle Eigenschaften, die Kategorien und Gruppen in der strukturierten Sozialordnung unterscheiden, sind hier symbolisch vorübergehend außer Kraft gesetzt.« Der Initiant sei in dieser Phase »weder das, was er einmal gewesen ist, noch das, was er einmal sein wird«. Während dieser Phase würden die »Elemente der Kultur auf vielfältige, oft groteske Weise neu kombiniert«. Er schreibt, dass »mystische Bezüge« dabei typisch seien. Der Initiant begibt sich in eine »übernatürliche Sphäre«, die zugleich Chaos bedeutet und ihn in Angst versetzen kann. Dabei sei er angehalten, »über die bisher als selbstverständlich erachteten kulturellen Erfahrungen nachzudenken – und zwar sehr genau nachzudenken«. Laut Turner sind Symbole nicht nur mit sozialen, sondern auch mit psychologischen Prozessen verbunden: Sie können zu menschlichem Handeln »›anleiten‹ und in situationsbedingt variierenden Kombinationen die Richtung dieses Handelns bestimmen, indem sie Ziele und Mittel mit Gefühlen und Wünschen anreichern«.

Zwangssterilisationen und Entartete Kunst

Dorothea Buck wurde in der Bodelschwinghschen Anstalt Bethel zwangssterilisiert – einer diakonischen Einrichtung. »Private – zum Beispiel kirchliche Einrichtungen – können gegen ihren Willen nicht zum Sterilisieren gezwungen werden«, schreibt Ernst Klee. »Evangelische Häuser sterilisieren aus Überzeugung.« Sie hat die Sterilisierung als tiefe Entwertung empfunden, sie durfte keinen sozialen Beruf ausüben, weshalb sie ihren Traumberuf nicht nachkommen konnte und keine Kindergärtnerin geworden ist. Und diejenigen, die sterilisiert worden waren, durften nicht heiraten. »Unverheiratet mit einem Mann zusammenzuleben, wäre damals undenkbar gewesen. Von einer Zwangssterilisierten, die nach 1945 geheiratet hatte, hörte ich später, daß sie sich bei einem Ehestreit vorhalten lassen mußte, daß sie sterilisiert war. Die ausschließlich negative Wertung der Psychose durch die Psychiatrie liefert uns dem Überlegenheitsgefühl der ›Normalen‹ aus.«

Die Zwangssterilisationen von *Verrückten* waren Teil der »Rassenhygiene«. Sie gingen den »Euthanasie«-Morden voraus. Bereits am 1. Januar 1934 trat das »Gesetz zur Verhütung erbkranken Nachwuchses« in Kraft, das unter anderem für Menschen mit Schizophrenie und »manisch-depressivem Irrsein« gelten sollte. »Der regierungsamtliche Kommentar beruft sich auf Hitlers *Mein Kampf*: ›Wer körperlich und geistig nicht gesund und würdig ist, darf sein Leid nicht im Körper seiner Kinder verewigen. Der Staat muß dafür Sorge tragen, daß nur, wer gesund ist, Kinder zeugen darf.‹« Das Gesetz wurde mit der »Reinigung des Volkskörpers« von »Minderwertigen« begründet. »Man habe aber auch die wirtschaftliche Seite zu sehen: Für Geistesschwache, Hilfsschüler, Geisteskranke und Asoziale müßten Millionen aufgewendet werden.« Hinzu kam das »Gesetz zum Schutz der Erbgesundheit des deutschen Volkes« vom 18. 10. 1935 – das sogenannte »Erbgesundheitsgesetz«. Ernst Klee schreibt: »Wer sterilisiert ist, ist menschlich ruiniert.«

~

»Der höchste Anteil an Sterilisationen erfolgte wegen ›Schwachsinn‹ (1934: 52,9%, 1935: 60%), gefolgt von der ›Schizophrenie‹ (1934: 24,4%, rückläufig). Beide Diagnosen waren jedoch umfassende und unscharfe Sammelkategorien, die eine Vielzahl an Erscheinungsformen umfaßte«, schreiben Peter Weingart, Jürgen Kroll und Kurt Bayertz. »Im wesentlichen enthielten sie Beschreibungen der ›Abweichung vom Normalen‹ und waren mit sozialen Werturteilen angereichert, deren historische und gesellschaftliche Relativität selbst in der Fachgemeinschaft der Psychiater nicht geleugnet wurde.«

Ärzt:innen sterilisierten damals unter anderem auch Menschen, bei denen man »manisch-depressives Irrsein« (zirkuläres Irrsein) oder »schwere Alkoholsucht« feststellte, ebenso wie Menschen mit verschiedenen körperlichen Behinderungen wie »erbliche Taubheit«. Weingart, Kroll und Bayertz schreiben, dass sich die Nationalsozialist:innen damals sehr »um ›Wissenschaftlichkeit‹« bemüht hätten. Die »öffentliche Akzeptanz« war »ein kritischer Punkt bei der Durchführung«, helfen sollten streng umrissene Diagnosen, die vage Formulierungen in dem Entwurf von 1932 ablösten.

Zugleich waren wirtschaftliche Kriterien entscheidend. »Obwohl in der Wissenschaft erhebliche Zweifel an der Erblichkeit dieser Krankheiten bestanden, wurden von 1934 bis 1945 etwa 400000 Menschen aufgrund dieses Gesetzes sterilisiert«, heißt es auf einer Tafel in der Dauerausstellung der Gedenkstätte Hadamar.

Wie *Verrücktheit* nun mit den Genen zusammenhängt, darüber war man sich im Nationalsozialismus überhaupt nicht im Klaren. »Daß es sich um Erbkrankheiten handelt, wird per Gesetz behauptet«, schreibt Ernst Klee. »In der Praxis ist der ›Nachweis der Erblichkeit der Schizophrenie im Einzelfall nicht gefordert‹. Sogar die ›ersten und leichtesten Symptome‹ müssen ›unbedingt schleunigst‹ zur Sterilisation führen. Bei Manisch-Depressiven gilt jeder diagnostisch geklärte Fall als erblich.«

Ich habe mich gefreut, als der Psychiater Theiß Urbahn während unseres Gesprächs sagte:

»Meine Erklärung ist nach all dem, was ich erlebt habe, nämlich die: Der Mensch, der mit einer besonderen Empfindsamkeit begabt auf die Welt kommt, mit einer besonderen Sensibilität, ist natürlich auch besonders verletzbar, also vulnerabel. Diese besondere Verletzlichkeit kann durch überfordernde, emotionale Erlebnisse dann zu einer starken Reaktion führen. Diese bewirkt dann zum Beispiel eine Umdeutung, eine Veränderung, einen Wahn. Und das wird auch in Ihrem Fall zutreffen. Ich finde das eigentlich eine sehr schöne menschliche Eigenschaft, besonders sensibel zu sein, aber wie gesagt, man zahlt eben oft einen hohen Preis dafür.«

~

1944 kamen auch »psychisch kranke Soldaten und SS-Angehörige« nach Hadamar und wurden dort ermordet, heißt es auf einer der Zeittafeln. Ernst Klee schreibt über die SS-Leute, die »beim Massenmord – auch beim Krankenmord durchdrehten. Sie werden aus der SS entlassen, zu Geisteskranken erklärt, der Psychiatrie überstellt und danach wie alle anderen Kranken liquidiert.«

Als »krank« gelten mithin diejenigen, die das Morden psychisch nicht aushielten, nicht diejenigen, die eifrig weitermordeten. Es scheint doch vielmehr so zu sein, als verfügten diejenigen, die das nicht aushielten, doch vielleicht noch über etwas menschliche Sensibilität oder sagen wir emotionale Intelligenz oder irgendwie ein Gefühl von Moral. Im Sinne der nationalsozialistischen Ideologie galten sie, sobald ihre Sensibilität sichtbar wurde, auch als erbkrank und sollten »erlöst« werden – durch den Tod.

Die Nationalsozialist:innen hielten feinfühlige, sensible Personen für störende »Defektmenschen« und betrachteten ihre Sterilisation bzw. ihren Tod als rationale Konsequenz. Adolf Hitler wird in der Ausstellung in Hadamar mit seinem Verweis auf die »Vernunft« zitiert, mit der er die Sterilisation von *Verrückten* begründete: »Die Forderung, daß defekten Menschen die Zeugung anderer ebenso defekter Nachkommen unmöglich gemacht wird, ist eine Forderung klarster Vernunft und bedeutet in ihrer planmäßigen Durchführung die humanste Tat der Menschheit. Sie wird Millionen von Unglücklichen unverdiente Leiden ersparen, in der Folge aber zu einer steigenden Gesundheit überhaupt führen. [...] Der vorübergehende Schmerz eines Jahrhunderts kann und wird Jahrtausende vom Leid erlösen«, schreibt Hitler in *Mein Kampf*.

»Vernunft ist das Organ der Kalkulation, des Plans, gegen Ziele ist sie neutral, ihr Element ist die Koordination«, schreiben Adorno und Horkheimer in der *Dialektik der Aufklärung*. »Bei Kant nicht anders als bei Leibniz und Descartes besteht die Rationalität darin, ›daß man sowohl im Aufsteigen zu höheren Gattungen, als im Herabsteigen zu niederen Arten den systematischen Zusammenhang vollende‹«. Und weiter: »Die Vernunft ist ›ein Vermögen ... das Besondere aus dem Allgemeinen abzuleiten.‹ Die Homogenität des Allgemeinen und Besonderen wird nach Kant durch den ›Schematismus des reinen Verstandes‹ garantiert.«

Theorien von Kant und anderen Philosophen der Aufklärung haben in ihren Schriften eine rassistische Hierarchisierung mitgeprägt: »Die Menschheit ist in ihrer größten Vollkommenheit in der Rasse der Weißen«, schrieb Kant. »Die gelben Indianer [sic!] haben schon ein geringeres Talent. Die N[-Wort] sind weit tiefer, und am tiefsten steht ein Teil der amerikanischen Völkerschaften.« Schon die Ableitung des Besonderen aus dem Allgemeinen, was unserem vernünftigen Denken inhärent ist, ist jedenfalls auch jenes Denken, was dazu führt, einzelne Menschen aufgrund vom Fühlen und Verhalten in einzelnen Situationen und von (scheinbar biologischen) Merkmalen in Kategorien zu sortieren. Es ist das als Vernunft verstandene Denken, was diese Kategorien bildet, und es ist das »vernünftige« Denken, das planvolle, kalkulierende Denken der Nationalsozialist:innen, was die Menschen in den Tod trieb.

~

Nicht nur das Denken, auch Kunst, die den Nationalsozialist:innen zu intuitiv, spontan, frei und eigensinnig war, haben diese als »krank« und »entartet« verstanden. Darunter nicht nur die Kunst von Expressionistinnen, Surrealisten, Dadaistinnen und Konstruktivisten, sondern auch die Kunst von *Verrückten*. Die Sammlung Prinzhorn in Heidelberg wurde von dem Psychiater Hans Prinzhorn (1886-1933) zusammengestellt und vereint Werke von Psychiatriepatient:innen, die diese in ihren psychischen Ausnahmesituationen während Klinikaufenthalten angefertigt hatten.

»Künstler und Kulturkritiker kehrten sich gegen Kälte, Zwänge und Vernunftdiktat und suchten eine Intensität von Kunst bei

Kindern und Wilden [sic!] – Impulse, die mit dem Ersten Weltkrieg die späten Expressionisten erneut bewegten und auch auf Prinzhorn wirkten. Angesichts formaler Analogien mit Werken etwa von Alfred Kubin, Vincent van Gogh, James Ensor oder Emil Nolde, (er)fand er die ›Uranfänge der Kunst‹ bei den Anstaltsinsassen.«

Die Idee, Kunst gar als »diagnostische[n] Beweis« für *Verrückungen* zu betrachten, gab es – wie viele andere während des Nationalsozialismus umgesetzte Ideen – schon früher. Emil Kraepelin (1856-1926), der die Psychiatrie und ihre diagnostischen Kategorien in Deutschland und international bis heute prägt, »sammelte Ausdrucksstörungen bei Psychosen, dokumentierte sie in Lehrbüchern, wie das Nutzlose eines unkonventionell verzierten Taschentuches von Jane Grier (1856-1902), und suchte 1896 mit Patientenzeichnungen das ›Entartete‹ im Symbolismus nachzuweisen. Jahrzehnte vor der Wanderausstellung *Entartete ›Kunst‹* (1937-1941) vermischte er Irrenkunst mit Reproduktionen von moderner Kunst zur studentischen Übung in Diagnostik.«

Psychiater wie Carl Schneider knüpften in der NS-Zeit daran an: »Im Zerstören der ›krankhaften‹ Kunst modellierte der Klinikleiter an seiner Patientin sein kleinbürgerliches Bild von seelischer Gesundheit: der ›treue, fleissige, disziplinierte, anständige [...] Mensch‹«. In *Auf der Spur des Morgensterns* heißt es über die damalige Klinik: »›Vernünftig werden‹ – das konnte nur heißen, unmenschlich zu werden; was man uns hier als Vernunft vorlebte, wollte ich mir auf keinen Fall zu eigen machen.«

~

Als ich mich mit Dorothea Buck beschäftigte, kam mir nicht nur Emil Kraepelin, der im Übrigen seinerzeit aus einer antisemitischen Haltung heraus auch eine »innere Kolonisation« von Juden und Jüdinnen forderte, sondern auch der Name Werner

Villinger zum ersten Mal unter. Dieser wurde 1946 nach Kriegsende Direktor der universitären Nervenklinik Marburg. Nachdem man ihn »entnazifiziert« hatte, wurde er Dekan der Medizinischen Fakultät sowie Präsident der Gesellschaft Deutscher Neurologie und Psychiater. 1955 bis 1956 war er Rektor der Universität Marburg.

Werner Villinger leitete die Bodelschwinghsche Heilanstalt in Bethel, in der Dorothea Buck sterilisiert worden ist. Von den Zwangssterilisationen war er überzeugt. Ernst Klee schreibt: »Werner Villinger, selbst Richter am Erbgesundheitsobergericht Hamm, hatte bis September 1936 insgesamt 2854 Pfleglinge als erbkrank zur Anzeige gebracht. Lehnt das Erbgesundheitsgericht eine Sterilisation ab, legt Bethel Beschwerde ein. Villinger läßt – gesetzeswidrig – sogar Ausländer sterilisieren.« 1941 wurde er T4-Gutachter.

Villinger gehörte 1961 zu den »›führenden Fachleuten der Psychiatrie‹«, die der Deutsche Bundestag mit anderen Sachverständigen herangezogen hat, um den Ausschuss für Wiedergutmachung zu beraten. Es gab insgesamt sieben Sachverständige, drei davon waren ehemalige NS-Täter. »Es gelang ihnen offenbar, der nachträglichen Rechtfertigung der nationalsozialistischen Sterilisationspolitik den Anschein wissenschaftlicher Autorität zu verleihen«, schreibt die Politikwissenschaftlerin Katrin Braun. »Der Wiedergutmachungsausschuss jedenfalls schloss sich ihrer Auffassung an und lehnte ein Recht auf Entschädigung für die Zwangssterilisierten ab. Somit wurde die politische Entscheidung, die Zwangssterilisationen im Nationalsozialismus nicht für entschädigungswürdiges Unrecht zu erklären, ausgerechnet mit Verweis auf die wissenschaftliche Autorität und Expertise der damals beteiligten Medizinverbrecher legitimiert.«

Erst 1988 stellte der Deutsche Bundestag fest, »dass die in dem Gesetz zur Verhütung erbkranken Nachwuchses vom 14. Juli 1933 vorgesehenen und auf der Grundlage dieses Gesetzes während der Zeit von 1933 bis 1945 durchgeführten Zwangssterilisierungen nationalsozialistisches Unrecht sind.« Zehn Jahre später wurden die Urteile nach dem Sterilisationsgesetz aufgehoben, das »Gesetz zu Verhütung erbkranken Nachwuchses« wurde vom Deutschen Bundestag erst 2007 geächtet. »Es gibt keine Stellungnahme des Bundestages oder einer Bundesregierung, die erklärt, dass man es ausdrücklich bereuen würde, Medizinverbrecher als Sachverständige bestellt zu haben. Im Gegenteil, noch im Jahr 2008 berief sich das Bundesfinanzministerium in seiner Ablehnung eines gesetzlichen Rechts auf Entschädigung für die Zwangssterilisationen auf diese Anhörung: Sämtliche Gesichtspunkte der Wiedergutmachungsgesetzgebung, so meint das Ministerium, seien damals vom Wiedergutmachungsausschuss ›nach Anhörung führender Fachleute der Psychiatrie sorgfältig geprüft worden‹.«

Unterdrückte Gefühle

»Wir leben in keiner liberalen Gesellschaft«, schrieb ich in dieser Zeit, 2018, in mein Tagebuch. »Wieso wird man für seine Psyche, seine Gefühle so bestraft. Man verleugnet sich in jeder Regung. Dabei ist Berlin ein so freier Ort. Ich müsste es hier nicht, oder?«

Dorothea Buck schreibt in ihrer Biografie darüber, wie sie an einer Fachschule während einer Projektwoche Anfang der 1980er Jahre eine Arbeitsgruppe zum Thema »Diskriminierte Minderheit – Psychisch Kranke« angeboten hat. Und sie verweist auf einen Artikel aus der *Zeit* von 1979, in dem es heißt: »›Keine Minderheit wird so schändlich behandelt wie die psychisch Kranken [...] Die rechtliche, besser: die rechtlose Situation vieler psychisch Kranker und geistig Behinderter bedarf sofort einer Überprüfung‹.«

Heute ist das Thema Psychiatriekritik in Medien kaum präsent.

~

Die in meinen Augen eindrucksvollste Skulptur der Bildhauerin Dorothea Buck ist eine ihrer frühsten und trägt den Titel »Schmerz«. Sie stammt aus dem Jahr 1938. Es ist das Bildnis einer am ganzen Körper verkrampften Frau, die den Kopf in den Nacken legt und nach oben schaut. Gen Himmel? Man weiß es nicht. Und ihre Augen, so scheint es, sind zu. Ihre Gesichtszüge wirken eigentlich zart, Augen, Mund und Nase klar. Wäre das Verkrampfte nicht, könnte man sicherlich sagen, die junge Frau sei schön. Der Hals wirkt kurz, denn ihre Schultern hat sie zu den Ohren hochgezogen, ihr langes Haar hängt von dem nach hinten geneigten Kopf über die Schultern hinab. Die Hände hat sie, sie kniet, zu Fäusten geballt auf den Knien liegen. Ihr Körper ist gerade aufgerichtet, als würde sie einen Soldaten nachahmen, der strammsteht. Die ausgestreckten Arme, eng am Körper angeschmiegt, presst sie sich seitlich an die Rippen, als ob sie sich gewaltsam selbst beengt. Ihr Mund ist geschlossen, die Lippen hat sie aufeinandergepresst, das Gesicht der Figur aus Schamotteton wirkt aufgrund ihres Ausdrucks versteinert. Man könnte trotz des Starrsinns sagen: tot.

Die Frau stützt sich auf die Fäuste, als würde sie ohne diese zusammenfallen. Es sind die geballten Fäuste, die sie überhaupt erst aufrecht halten. Sie stützt sich auf ihnen ab, als würde sie ohne sie zusammensacken, mit dem Kopf nach vorne kippen, gleich der Gebärde einer bittenden Nonne oder einer bettelnden Sünderin, die sich verbeugt. Dorothea Buck selbst schreibt über ihre Skulptur, dass es eine Frau sei, die sich »im Schmerz aufbäumt«. Die Skulptur steht in Hamburg im Museum für Medizingeschichte. Auf der Website steht über Künstlerin und Werk: »Sie verarbeitete die Erfahrung ihrer Zwangssterilisation.« Ich sah die beschriebene Skulptur zum ersten Mal auf einer Schwarz-Weiß-Fotografie, als ich meine Ausgabe ihrer Biografie vor unserem Interview vor einigen Jahren durchblätterte. Sofort sah ich mich in dem dargestellten Schmerz. Ich sah auf den gepressten Lippen die Verletzungen, die die Erfahrungen in der Psychiatrie, die Ablehnung der anderen und die Brandmarkung und Kasteiung als »krank« und »verrückt« auch in mir hinterlassen hat, ich erkannte das Verkrampfen, das In-sich-Zusammengezogene, das Verdrängende, ja, auch die Einsamkeit, das Nicht-sagen-Können, das Nicht-ausdrücken-Können, obgleich ein Drang zum Sprechen immer da war. Ich sah darin die Wut. Ich sah in dieser Figur die Diskriminierung und Unterdrückung, die ich selbst erlebte, ahnte sie in dem verkrampften Gesicht und in den strammen Körper eingeschrieben.

Dorothea Buck schreibt, dass der Anblick der Frau sie, nachdem sie mit ihrem Werk fertig war, betroffen machte – wegen des »starken Ausdrucks dieser Figur, er war mir unangenehm«. In dem Schamotteton hat sie ihren Schmerz geformt, ohne das, wie sie schreibt, eigentlich beabsichtigt zu haben. »Diesen Schmerz«, schreibt sie, »mußte ich verbergen, und jetzt, wo ich ihn so unmittelbar vor mir sah, mochte ich mich nicht einmal zu ihm bekennen.«

~

»Zu jedem Moment gibt es neben dem, was als normal gilt […] all das, worüber die Gesellschaft Schweigen bewahrt und so all jene, die diese Dinge empfinden, sie aber nicht benennen können, zu Einsamkeit und Unglück verdammt«, schreibt die französische Schriftstellerin Annie Ernaux. Für das *Verrücktsein* – oder -gewesensein – scheint das vielleicht sogar in besonderem Maße zu gelten. Es ist in westlich geprägten Gesellschaften, definiert von der psychiatrischen Hegemonie, schließlich der Inbegriff des »Nicht-Normalen«. Und das Quälende, das Schlimme an der *Verrückung* war neben den Reaktionen anderer und den Erfahrungen in der Psychiatrie für mich im Nachhinein vor allem das Schweigen.

Wenn man über die eigenen Erfahrungen als *Verrückte* schreibt, ist es leichter, an Kritik gegenüber dem Krankheitsverständnis der Psychiatrie zu sparen. Denn wer beginnt, sich als Patient:in gegen die Psychiatrie aufzubäumen, kann man sagen, gilt erst recht als »krank«, als »verrückt«, noch heute. Meine ebenfalls betroffene Freundin K. sagte zu mir, ich solle gut aufpassen, was ich in diesem Buch schreibe, und mich mit meiner Kritik an der Psychiatrie zurückhalten, weil man mich sonst sicher für akut manisch halten wird. »Krankheitsuneinsichtig« zu sein, gilt als »Krankheitssymptom«. Ich habe deshalb lange überlegt, ob ich darüber schreiben soll: Am dringlichsten, so interpretiere ich meine letzte *Verrückung* heute, stellte ich mir die Frage, was aus der NS-Zeit übriggeblieben ist, als ich vor vier Jahren noch einmal *verrückt* wurde und in eine Klinik gekommen bin. Es war, als würde ich sie, verbunden mit der Frage: »Was soll ich tun?«, als einen ziemlich realen Alptraum *erleben*.

6

WIEDER IN DER PSYCHIATRIE

Über die Schwierigkeit des historischen Vergleichs

Das, was war, wirkt fort, selbst dann – oder erst recht –, wenn wir versuchen, es stillschweigend zu übergehen. Kann man, sollte man, darf man, muss man fragen, was aus der NS-Zeit in der heutigen Psychiatrie übriggeblieben ist?

~

Als mein Vater mich damals in der Klinik besuchte, sagte er ganz erfreut, dass man mit mir immer so »interessante Sachen!« erlebe. Mein Vater ist eine ehrlich-entschiedene Frohnatur. Und einer, der, während meine Mutter sich oft viele Sorgen macht, lieber sagt: »No risk, no fun.«

Mit seiner Aussage, dass alles so »interessant« sei, war ich nicht ganz einverstanden, weil ich bei dieser letzten *Verrückung* unerträgliche, fast apokalyptische Ängste erlebt habe. Aber ich finde, unsere Verwandten, die sich sonst auch für uns als Mensch interessieren, dürfen für unser *Verrücktsein* ruhig ein Interesse aufbringen, vielleicht sollten sie es sogar. Wenn sie dem etwas Positives abgewinnen, ist das schön, und mein Vater hatte immer ein Faible für Fantast:innen – und für Religion. Das backsteinerne Gebäude der Psychiatrie hat Erinnerungen an meine Schule geweckt. Die langen, weißen Gänge, das Rot der Fassade, die abgerundeten Fenster, der kalte Geruch, wenn man hineingeht. Als ich mit meinem Vater darüber spreche, sagt er: »Also, ehrlich gesagt hat mich das Gebäude sofort total an die Nazi-Zeit erinnert.« Es hatte tatsächlich etwas Antiquiertes, auch weil in alten

Lettern »Psychiatrische u. Nervenklinik« über dem Eingang stand. Eben ein deutsches Gebäude mit langer Geschichte.

Weil die Straße auf dem Klinikgelände Bonhoefferweg hieß, sagte mein protestantischer Vater so etwas Ähnliches wie »Ach schön, Dietrich Bonhoeffer!«, als er mich dort besuchte. Er war begeistert, weil er dachte, dass die Straße auf dem Klinikgelände nach dem Theologen und Widerstandskämpfer Dietrich Bonhoeffer benannt worden sei. Aber ich hatte zu dem Zeitpunkt schon herausgefunden, dass das falsch ist. Vielmehr ist dieser Weg nach dessen Vater Karl Bonhoeffer benannt.

In einer Ausstellung im Eingangsbereich der Klinik, durch die man geht, um nach der verstrichenen »Ausgangszeit« zur Akutstation zu gelangen, hieß es: »Als Sachverständiger und Gutachter gehörte Karl Bonhoeffer (1868-1948) dem Berliner Erbgesundheitsobergericht an, das nach dem ›Gesetz zur Verhütung erbkranken Nachwuchses‹ von 1933 Urteile zur Zwangssterilisation ›Erbkranker‹ fällte.«

Gegen die Straßenbenennung auf dem Klinikgelände gab es 2018 Proteste. Mitglieder der Studierendengruppe »Kritische Mediziner*innen« haben die Schilder mit den Aufschriften »Sauerbruchweg« und »Bonhoefferweg« überklebt, eine Umbenennung gefordert. In einem Artikel des *Tagesspiegel*, den ich später lese, heißt es: »Ferdinand Sauerbruch, einer der bekanntesten Chirurgen seiner Zeit, unterstützte das NS-Regime durch öffentliche Auftritte und beteiligte sich mit einem eigenen Schreiben am weltweit verbreiteten Bekenntnis deutscher Hochschulprofessoren zu Adolf Hitler und dem Nationalsozialismus.« Und zu Bonhoeffer steht dort, dass er zwischen 1934 und 1941 68 Gutachten erstellt habe, »von denen knapp die Hälfte die Empfehlung ›Sterilisation‹ enthielten«.

Nochmal verrückt

Meine letzte *Verrückung*, die ich nach vielen Jahren erlebt hatte, begann mit Veränderungen in meinem Umfeld, Stress, der Auseinandersetzung mit Beziehungen und unbeantworteten Lebensfragen – Gedanken, für die in meinem Alltag kein Platz war. »Nudelsorgen« nennt meine Freundin A. es, wenn Gedanken sich im Kopf winden, sich in sich selbst verdrehen – ohne irgendwo hinzuführen. In dieser Zeit wurden außerdem viele Weihnachtsfeiern und andere Feste begangen. Ich verspürte soziale Verpflichtungen und wollte, obgleich ich mehrere Nächte hintereinander so gut wie keinen Schlaf fand, überall dabei sein. Und ich habe, weil so viele Gelegenheiten hintereinanderkamen, an mehreren Abenden Alkohol getrunken und – was ich damals manchmal gemacht habe – Cannabis geraucht.

Ich war vor dieser letzten *Verrückung* schon mal in einer Umbruchsituation, hatte Stress und war belastet, weil damals eine Person in meinem Umfeld starb. Damals konnte ich ebenfalls nicht schlafen, weil ich so viel nachdachte. Weil ich fürchtete, *verrückt* zu werden, hatte ich mich krankgemeldet, war bei einer psychiatrischen Ambulanz, habe ein paar Tage Tabletten genommen, mit denen ich wieder schlafen konnte, und eine *Verrückung* erfolgreich abgewendet.

»Wahrscheinlich ist aber gerade die Unterdrückung von Gefühlen eine entscheidende Voraussetzung für die Entstehung von Psychosen; zumindest wird die Psychose dadurch begünstigt«, schreibt Dorothea Buck. »Die Entwertung als ›Geisteskranke‹ verstärkt den Gefühlsstau und macht damit immer wieder neue Schübe notwendig. Die Psychiatrie müßte diesen Gefühlsstau lösen helfen; stattdessen fördert sie ihn durch ihre unterdrückenden Maßnahmen.« Vielleicht habe ich mich damals, wenn ich ehrlich bin, auch ein bisschen nach dem süßen Wahnsinn gesehnt. Manche Therapeut:innen bezeichnen Psychosen als »Lösungsversuche«, und so, denke ich, war auch diese meine *Verrückung* ein Lösungsversuch in einer Zeit, in der alles zu viel schien. Der christliche Seelsorger Ronald Mundhenk schreibt in seinem Buch *Lebt Gott in der Psychiatrie?*: »Nicht selten sehnen sich Patient/innen später zurück nach diesem ekstatischen Erleben, trotz aller Zwiespältigkeit, die sich schon früh damit verbindet.«

~

Ich spreche während der Recherche mit dem Steinmetz Thomas Bolte, der auch Psychoseerfahrener ist und den ich in der Werkstatt des Leipziger Vereins Durchblick e.V. treffe. Thomas Bolte erzählt, dass er dreißig Psychosen erlebt hat. Ich sage ihm ein bisschen ehrfurchtsvoll, dass er damit vielleicht der »psychoseerfahrenste Mensch« ist, den ich bisher getroffen habe.

Er ist dreißig Mal auf- und abgetaucht und könnte auf Basis seiner Erfahrungen wohl fast eine repräsentative, quantitative Studie verfassen, denke ich – revidiere diesen Gedanken dann wieder. Denn meiner Erfahrung nach äußert sich das, was unter »Psychose« verstanden wird, bei jedem Menschen völlig verschieden. Meine eigenen *Verrückungen* waren so unterschiedlich, dass ich es seltsam finde, sie überhaupt in einer Diagnose zusammenzufassen und mit einem einzigen Begriff zu versehen. »Psychose ist ein Suppentopfbegriff«, sagte die Ärztin Margret Osterfeld während unseres Gesprächs damals.

Thomas Bolte sitzt im Keller des »Durchblick« und sortiert gerade den Werktisch, als ich mit ihm spreche. Er benennt trotz der Unterschiedlichkeit seiner Psychosen verschiedene Abläufe, wie er seine *Verrückungen* erlebt habe: »Zu Beginn, vor der Psychose kommt eine geniale Phase – und dann kippt das ab, in die Krankheit hinein«, sagt er. Die oft konstruktiven »Lösungen« aus der »genialen Phase« sollte man dringend aufschreiben, »man hat dann Einfälle in drei Minuten, für die man sonst Tage braucht«. Manchmal, sagt er, betreffen die Einfälle Lösungen für persönliche Probleme. »Wenn man dann aber in der Klinik ist und hochdosierte Medikamente bekommt, kann man nichts mehr lösen und hat oft auch kein Interesse mehr daran.« Er empfiehlt darum, die Ideen während der *Verrückung* mit einem Tonbandgerät aufzunehmen. Er erzählt, dass seine erste Psychose eine »Weltuntergangspsychose« war, »da waren zu DDR-Zeiten Bomber unterwegs, die sind mit Überschall übers Land geflogen, als Warnung: Seid schön artig und dann kam ein unangenehmer Knall.« Als ich ihn frage, ob er auch schöne Psychosen erlebt hat, sagt er: »So eine Psychose hat etwas Schönes. Das Höllische vergisst man. Den Rausch finden manche erstrebenswert.«

~

Die Schriftstellerin Virginia Woolf schrieb in einem Brief an eine Freundin: »Und dann heiratete ich, und dann explodierte mein Verstand in einem Reigen aus Feuerwerkskörpern. Als Erfahrung ist Wahnsinn großartig, das kann ich Dir versichern, und nichts worüber man die Nase rümpfen sollte; und in seiner Lava finde ich noch die meisten der Dinge, über die ich schreibe. Er schleudert alles Geformte, Endgültige, mit Macht aus einem heraus, nicht nur in kleinen Rinnsalen, wie die Normalität es tut. Und die sechs Monate [...], die ich im Bett lag, lehrten mich eine Menge über das, was man das eigene Ich nennt.« Insgesamt kreiste meine *Verrückung*, um es mit den kantischen Fragen auszudrücken, um die Frage: »Was soll ich tun?!«

Ängste

Einen »süßen Wahnsinn« hatte ich bei jenem Mal jedoch nicht gefunden und ich will heute nicht nochmal *verrückt* werden.

Nachdem mein privates Umfeld überfordert auf mein *verrücktes* Gerede reagiert hatte, bekam ich schreckliche Schuldgefühle und Ängste, die immer schlimmer wurden. Ich realisierte, dass ein Psychiatrieaufenthalt auf mich zukommen würde, und wurde immer *verrückter*, plötzlich hatte ich schreckliche Angst vor der Polizei, weil ich wusste, dass sie *Verrückte* in die Psychiatrie bringen können. Überdies hatte ich Angst vor Nazis – wahrscheinlich, weil ich mich zuvor mit rechtsextremen Strukturen in der Polizei beschäftigt hatte. Die Angst vor der Psychiatrie, die sich mit der Angst vor der Polizei und der Angst vor Nazis abwechselten, wurde zu meinem Verfolgungswahn. In den *Verrückungen* fließt oft alles Mögliche durcheinander, unbewusste Inhalte können sich schließlich um sehr verschiedene Themen drehen. Und: Wir leben in einer Zeit, in der in Deutschland wieder eine Partei mit rechtsextremen Politiker:innen im Bundestag sitzt. Ich saß bei meinem Geschwister und schrieb alle möglichen Einfälle in ein Notizbuch, ich bin heute froh, so viel aufgeschrieben zu haben.

Wenn ich an meine *Verrückungen* zurückdenke, hatten sie immer irgendwie auch mit gesellschaftlichen Rollenkonflikten zu tun – und auch ich kann heute einiges aus diesem *verrückten* Gekritzel über mich oder Beziehungen zu anderen lernen. »Oftmals sind es die Schizophrenen, die in schonungsloser Offenheit ein Stückchen Wahrheit ans Licht bringen, mit unverblümter Prägnanz Unausgesprochenes aussprechen oder allgemeinmenschliche Phantasien ungehemmt wahr machen«, schreibt Andrea Moldzio. Ähnliches gilt für manche Manien.

Der Psychiater Stefan Weinmann kritisiert in seinem Buch *Die Vermessung der Psychiatrie* eine »Isolation des beobachteten Symptoms vom sozialen Kontext«, wenn es darum geht, *verrückte* Zustände auf physikalische Tatsachen zu reduzieren. Er schreibt: »Paranoia, Beeinträchtigungserleben, Depressivität, Manie und

Ängste existieren nur *in Bezug auf andere Menschen*. Alle Wahninhalte von Menschen mit Psychosen haben mit der Stellung des Wahnkranken in einem sozialen Kontext zu tun.«

In Untersuchungen eines Hamburger Projekts zum subjektiven Sinn von Psychosen (»SuSi«) stellten 86 Prozent der Befragten ihre Psychose »in einen Zusammenhang mit der eigenen Person und Biografie«, schreibt Sabrina Koschinsky und erklärt, dass zugleich mehrfache Nennungen möglich waren und 36 Prozent »nicht biografische Aspekte« nannten. »Letztere bezogen sich nahezu ausschließlich auf biologische Ursachenfaktoren, worunter die im medizinischen Modell besonders hervorgehobenen Faktoren Neurotransmission und Genetik am seltensten genannt wurden [...]. Stattdessen wurde häufig auf einen Substanzmittelmissbrauch verwiesen, aber auch auf Schlafstörungen und andere somatische Faktoren.« Bei den persönlich-biografischen Faktoren seien vor allem soziale Faktoren wie Partnerschaftsprobleme, Konflikte in der Familie oder soziale Isolation benannt worden.

Als ich *verrückt* war, spürte ich verbunden mit meinen Ängsten einen enormen Drang, über die nationalsozialistische Psychiatrie und ihre Kontinuitäten zu sprechen. Ich empfand es als innere Notwendigkeit und als moralische Pflicht. Ich dachte während meiner Psychose, ich sei dafür »bestimmt«, es sei meine »Mission«. Die Idee, eine Mission zu haben, mit der man in der Welt etwas ändern will, eine »Bestimmung« oder eine »Vision«, oft von einer besseren Welt, vielleicht auch einem besseren »Ich«, das die Kraft hat, etwas zu verändern, eine Berufung, die Suche nach einer gesellschaftlichen Rolle mit Bedeutung ist häufig Teil von Psychosen oder Manien. Gleichsam scheint ein drückendes, diffuses oder explizites Schuldgefühl in einem ethisch-moralischen Sinne bzw. die Idee, für die Welt verantwortlich zu sein, für viele Psychosen charakteristisch.

In dem Aufsatz »Ich bin nicht ohne Grund ver-rückt« schreibt die Genesungsbegleiterin Gwen Schulz darüber, dass sie in der Psychose alle Dinge um sie herum etwas angehen: »Ich bin extrem verunsichert und beziehe Dinge auf mich oder denke, ich habe Schuld und Verantwortung, ich muss helfen zu ändern. Nicht weil ich mich wichtig finde, sondern weil ich Mühe habe zu unterscheiden. Ich verliere meine Kontur, ich schwimme.« Die Idee, Verantwortung zu haben, kann Menschen nicht nur beflügeln, sondern auch eine Bürde sein.

Ich habe später immer wieder *Verrückte* getroffen mit psychotischen, teilweise sehr ulkigen oder auch herzzerreißenden, oft politischen oder messianischen Weltverbesserungsgedanken. Vielleicht entstehen sie auch, weil Menschen in *verrückten* Zuständen oft bewusst oder unbewusst bemerken, wie sie die Wirklichkeit in ihrer Psychose stärker als sonst nicht gemeinschaftlich, sondern selbst kreieren – wie ein Kunstwerk, das allein hat schon etwas »Göttliches«. Psychiater:innen sprechen oft von »Größenideen«, wenn Menschen sich in diesen Zuständen für etwas Größeres berufen oder einer großen Persönlichkeit gleich fühlen. Wir fragen: »Wovon träumst du?«, wenn wir Menschen nach Wünschen und Utopien fragen. Und vielleicht hat diese fantasievolle Kraft ein Potential zum Erschaffen eines mehr oder weniger realistischen Möglichkeitsraumes. »Was Menschen in Phasen einer psychischen Erkrankung, auch in Psychosen erleben«, beschreiben Thomas Bock und andere auch als »allen Menschen gemeinsame *Möglichkeiten*«.

Eine verrückte *Mission*

An einer Wand in Dorothea Bucks Zimmer in dem Pflegeheim, in dem ich sie ungefähr ein Jahr vor meiner letzten *Verrückung* besuchte, hing ein Plakat mit einem Zitat: »Der Kopf ist rund, damit das Denken die Richtung wechseln kann.« Darunter ein Gruß: »Danke, dass Sie die Psychiatrie und auch mich verändert haben.« Buck war für viele, viele Menschen ein Vorbild zur Bewältigung von Krisen und hat die Betroffenenbewegung in Deutschland stark geprägt. Für viele war sie mit ihrer Sicht, der Psychose einen subjektiven Sinn abzugewinnen, ein Idol. Dorothea Buck hatte mich ermutigt, so wie sie auch ein autobiografisches Buch über die *verrückten* Erfahrungen zu schreiben. Ich höre mir das aufgenommene Gespräch, jetzt, wo ich tatsächlich dieses Buch schreibe, nochmal an. Sie sagte: »Du könntest in meine Fußstapfen treten. Das könntest du gut machen.« Ich entgegnete ihr, dass von meinen Erfahrungen lieber niemand wissen soll, sowieso wollte ich Journalistin sein und mich nicht unbedingt weiter mit der Psychiatrie beschäftigen. Ich sagte dann aber noch zu ihr: »Vielleicht schreibe ich irgendwann auch mal unter Pseudonym.« Buck hatte ihre Biografie zunächst unter Pseudonym veröffentlicht. Nicht lange vor der *Verrückung* hatte ich gesehen, dass Dorothea Buck gestorben war.

~

In der Wohngemeinschaft meines Geschwisters, zu dem ich mich damals in meiner *Verrückung* begeben habe, saß ich auf dem Sofa und stellte mir vor, vor einem Publikum über den Nationalsozialismus und die Missstände in der Psychiatrie zu sprechen. Ich war mir nie ganz sicher, ob es in der Wohnung eine Kamera gab und ich dabei gefilmt würde, ein bisschen wünschte ich es mir vielleicht, um meinen Gedanken, meinem Protest Gehör zu verschaffen. Wie bei meiner vorangegangenen *Verrückung* bestand auch diese vor allem darin, dass ich Antworten auf meine Fragen in den Dingen um mich herum suchte und meine Gedanken ungeordnet einfach aus mir herausflossen. »Wahnphänomene werden von Psychiatern definiert als feste Überzeugungen, die der Logik oder der Überzeugung nicht zugänglich sind und die nicht zum kulturellen oder religiösen Hintergrund der betroffenen Person gehören. Obwohl die Wahnvorstellungen selbst nicht immer bizarr sind, sondern auch Situationen beinhalten können, die im Bereich des Möglichen liegen (z. B. verfolgt, infiziert oder betrogen zu werden), ist der Prozess, über den die Betroffenen zu diesen Vorstellungen gelangen, nicht plausibel«, schreibt Burton. Ich habe die Erfahrung gemacht, dass Betroffene vieles im Nachhinein doch erklären können.

Wahnsinn und Vernunft sind, wie Foucault das immer wieder betont, verbunden. Adorno und Horkheimer schreiben, dass jeder Mythos eigentlich schon Aufklärung ist: »Der Mythos wollte berichten, nennen, den Ursprung sagen: damit aber darstellen, festhalten, erklären.« Und auch das mythologische Erleben in *verrückten* Zuständen versucht etwas zu erklären. Thomas Bock und Kolleg:innen schreiben: »Wahnvorstellungen können als ein Erklärungsversuch von Halluzinationen, Stimmenhören kann als Kompromiss zwischen Einsamkeit und sozialer Überforderung, sozialer Rückzug kann als Schutzmechanismus sichtbar werden.« Neben subjektiven Erklärungen geht es häufig auch darum, auf *verrückte* Weise das plötzlich veränderte Welterleben oder In-der-Welt-Sein zu verstehen.

Ich habe nie Stimmen gehört, aber ich denke auch, der Gedanke, in einem Film oder Theaterstück gelandet zu sein, ebenso wie die Idee, überwacht zu werden, was ich beides aus meinen *Verrückungen* kenne, können Versuche sein, die Zustände auf *verrückte* Weise zu erklären. Schließlich ist man in diesen Zuständen umgeben von einem Überfluss an Deutungszusammenhängen, alles deutet plötzlich auf die Fragen im Kopf hin: in meinem Fall etwa ein Gedicht, das in der Wohnung meines Geschwisters hing. Man fragt sich: Wenn alles so gut zusammenpasst, muss das doch jemand arrangiert haben und über alles Bescheid wissen? Wer hat das Gedicht aufgehängt, wo kommt das her? Und wer in der *Verrückung* alles einfach ausspricht, ohne noch einen Gedanken für sich zu haben, hat tatsächlich wenig Privatsphäre mehr, ein Gefühl, das Menschen Trost spenden kann, wenn sie sich in diesem grenzenlosen Gefühl in den Händen eines beschützenden Gottes wiegen – oder aber es verängstigt sie.

Man könnte sagen, dass wir in der *Verrückung* oft auf eine sehr fantastische Art träumen – wobei »Traum« wie im Alltagsverständnis auch vielleicht nicht nur die Symbolik, die neukombinierten Bilder und den Eigensinn beschreibt, sondern auch eine Hoffnung, eine Sehnsucht, vielleicht ein Ziel.

Hilfe

In meiner *Verrückung* war ich mit den vielen Gedanken, mit den Ängsten, alldem völlig überfordert. »Ich hab Angst, ich glaub ich bin ganz, ganz schlimm krank«, schrieb ich neben anderen wirren Gedanken in ein Notizbuch, das ich in meinem Rucksack mit zu meinem Geschwister genommen hatte, ich dachte, dass ich dort vielleicht besser schlafen könnte. »Ich bin wirklich nicht so gut im alltäglichen Leben«, schrieb ich auf. Ich hielt die anderen während meiner *Verrückung* massiv von ihren Dingen ab, alle machten sich Sorgen und ich wollte wegen meiner Angst nicht allein sein. Mein Geschwister und ich machten einen Plan: Wir beschlossen, zu einer Klinik zu gehen.

Wir hatten, auch weil ich zuvor so negative Erfahrungen in der Psychiatrie gemacht hatte, gesagt, wir schauen uns die Klinik nur mal an. Aber als wir dort ankamen, war ziemlich schnell klar, dass ich zwar freiwillig gekommen war, aber wenn ich gewollt hätte, nicht mehr hätte gehen dürfen. Ich war kurzerhand nochmal wegen Selbstgefährdung eingesperrt. Eine Ärztin, die später meinen Bericht las, sagte, sie könne darin für Selbstgefährdung gar keinen Anhaltspunkt erkennen, und erklärte, dass die Zwangsunterbringung vielleicht gar nicht gerechtfertigt gewesen sei. »Nach stationärer Aufnahme stand die Pat. dem stationären Verbleib sehr ambivalent gegenüber, sodass bei nicht auszuschließender Eigengefährdung durch Fehlhandlungen und Desorganisation eine Unterbringung nach dem Berliner PsychKG auf unserer Station erfolgte. Die Patientin konnte sich im stationären Verlauf auf eine antipsychotische Medikation mit Olanzapin bis 10 mg einlassen, worunter die psychotische Symptomatik zügig rückläufig war«, stand in dem Bericht.

Weil ich auf der Station, auf die ich gebracht wurde, in der ersten Nacht solche Angst hatte vor einigen anderen *Verrückten*, die sich seltsam verhielten, und einigen streng wirkenden Pfleger:innen, wollte ich dort nicht schlafen und habe mich, obgleich ich von dem Medikament, das man mir gegeben hatte, müde wurde, aus Angst erfolgreich diese und weitere Nächte mit Automatenkaffee wach gehalten, von dem ich später hörte, dass er scheinbar gar kein Koffein enthielt. Ich hatte vor allem vor einem Pfleger Angst, von dem ich wusste, dass er Zugang zu meinem Zimmer hatte, und ich traute mich daher nicht, einzuschlafen. Einige Patient:innen schienen sich an der Art der »Behandlung« und dem Zwang in der Klinik massiv zu stören, eine Frau lief immer wieder mechanisch den langen Gang der Station entlang, stampfte und sagte laut: »Mit Mühe, Diebstahl und Gewalt haben sie mich aus dem Leben gedrängt, mit Mühe, Diebstahl und Gewalt, mit Mühe, Diebstahl und Gewalt.« Ich fragte mich, warum hier alle so stampfen, ein älterer Mann stampfte genauso stark beim Gehen, ich dachte, man wolle, dass wir auf der Station marschieren. Später erklärte er mir, dass er ein Problem mit seinem Fuß hat. Beides wurde während meiner Zeit dort zum Hintergrundbeat.

Anstatt mich dort auszuruhen, war ich in den ersten Tagen

gedanklich permanent damit beschäftigt, wie ich von diesem seltsamen Ort wieder wegkommen könnte, ich lief eine Zeit lang meiner Zimmernachbarin hinterher, weil ich vermutete, dass sie einen Fluchtplan hätte. Kurzum: Bevor die Tabletten, von denen ich teils wegen der Ängste, die ich dort als Reaktion auf andere *Verrückte* entwickelte, wirkten und ich mir wie ein gefühlloser Roboter vorkam, wurde ich in der Klinik *verrückter*. Ich hatte Todesängste und fürchtete, vergewaltigt zu werden. Vergewaltigungs- und Todesängste oder Weltuntergangsfantasien sind verbreitet in Psychosen, und auch panische Angst vor der Psychiatrie ist etwas, was ich von anderen *Verrückten* immer wieder gehört habe – Ängste, die ebenfalls durch die Ohnmachtserfahrung in der Psychiatrie evoziert werden.

Als ich zu müde wurde, um mich wach zu halten, schlief ich im Gemeinschaftsraum, weil ich dachte, wenn mir jemand etwas tut, würde man es vielleicht mitbekommen. Es müssen mittlerweile ungefähr eineinhalb Wochen fast ohne Schlaf vergangen sein. Während ich bei meinem Geschwister noch verstanden hatte, dass ich »krank« war, wusste ich mittlerweile nicht mehr, wo ich war, und fragte mich, ob draußen gerade die Welt unterging.

Und ich hatte weiterhin Angst vor Nazis, fragte mich: Sind diejenigen Pfleger:innen vielleicht Nazis, die besonders streng aussehen und auf arrogante Weise mit mir sprechen, von oben herab und laut und mit lang-ge-zo-ge-nen Wörtern, als könnte ich nicht hören und sei ein kleines Kind? Andere fand ich empathisch und nett und dachte, das müssen die Guten sein. Ich hatte außerdem wieder eine manische Sprachverwirrung und dachte, dass die Begriffe »Nazis« und »Narzissten« ja denselben Wortstamm haben, man die Nazis also vielleicht daran erkennen könnte, dass sie Narzisst:innen sind.

Zum Glück bin ich in der Klinik nicht auf einen Patienten von Theiß Urbahn getroffen, von dem er später während unseres Gesprächs bei der Recherche erzählte: »Ich habe mal einen Patienten gehabt, der wurde zwangseingewiesen, auch mit psychotischem Erleben. Und als er die Station betrat, sagte er, ›die hätten alle vergast werden müssen‹. War ein Rechtsradikaler, ne? Und da konnte ich nicht anders, rief, ›Ihnen wäre das wahrscheinlich dann auch passiert‹. Und er sagte: ›Na und?‹ Da wusste ich nicht mehr weiter, da war ich völlig ratlos.«

Wenigstens hat Theiß Urbahn den Patienten »ernst genommen« und versucht, mit ihm zu sprechen! Ich erinnere mich nicht daran, dass jemand versucht hat, mir außer mit Tabletten meine Angst zu nehmen und sich irgendwie in den ersten Tagen außer zur Symptomaufnahme mit mir über meine Gedanken zu unterhalten.

~

Dorothea Buck kritisiert in ihrer Autobiografie, dass die Psychiater:innen in der Klinik nicht mit den Patient:innen sprachen.

Es ist nicht so, dass man gar nicht mit uns gesprochen hätte – aber was heißt miteinander sprechen, wenn es kaum um den Menschen mit dessen Gefühlen und Gedanken geht?

Bei einem vorherigen Klinikaufenthalt hatte ich meine *verrückten* Notizen einer Ärztin gegeben, weil ich wollte, dass sie sie mit mir bespricht, aber sie gab sie mir ungelesen wieder zurück. Ich versuchte es diesmal also gar nicht, sondern begann, mir meine Gedanken selbst zu erklären. Ich schrieb in meinem Notizbuch wirre Fragen auf wie: »Was heißt öffentliche Gewalt?«, oder Sätze wie: »Ich lerne hier Theater spielen« – wohl, weil ich später dachte, wenn man sich in der Psychiatrie besonders gut benimmt und nicht widerspricht, darf man früher wieder nach Hause gehen.

»Ich habe Angst vor der Polizei, weil in Deutschland eine rechte Partei regiert«, steht in meinem Notizbuch, auf das ich in der Psychose vorne drauf »Lektüreschlüssel« schrieb – aus der Überzeugung, dass man die Psychose interpretieren muss, um sie zu verstehen: wie ein Kunstwerk oder ein Gedicht, und ich in dem Buch irgendwie meine Interpretation festhalten wollte. Dass die AfD an der Regierung war, war nicht ganz richtig, sie saß im Bundestag. Und ich schrieb unter anderem von einem »Historikerstreit«, der sich »an einer/m psychisch Kranken entlädt«.

Denken macht frei

Als ich nicht mehr ganz so *verrückt* war und die Station für erste Spaziergänge zunächst in Begleitung, später allein verlassen durfte, fiel mein Blick vor dem Eingang der Klinik auf eine Büste von Wilhelm Griesinger mit der Aufschrift »Die großen Gedanken kommen aus dem Herzen« und »Denken macht frei«. Mich hat der Spruch augenscheinlich an den nationalsozialistischen Ausspruch »Arbeit macht frei« erinnert, der während der NS-Zeit unter anderem am Tor des Konzentrationslagers Auschwitz prangte. Auf der Website der Klinik wird der Satz ebenfalls zitiert und erklärt, dass er auf Griesinger selbst zurückgeführt wird (inzwischen ist die Schrift auf dem Sockel abgekratzt). Der Spruch »Denken macht frei« werde als »Ausdruck seines naturwissenschaftlichen und antimetaphysischen Standpunkts interpretiert«. In meinem Notizbuch lese ich, wohl frei nach Camus: »ARBEIT macht nicht frei, außer man ist ein Sisyphos.«

Wir Patient:innen haben damals im Raucherraum über alles geredet. Während die einen mit Glaubensfragen befasst waren, schmiedeten andere einen Lebensplan, fragten sich, wer sie sind oder waren. Während Kant sie in einem kategorischen Sinne gedacht hat, stellt man sich die kantischen Fragen, wenn man *ver-*

rückt ist, oft im wörtlichen Sinne: »Was soll ICH tun?«, als Frage nach dem eigenen guten Leben. Und die Frage »was ist der Mensch« wird zugleich zu der Suche nach dem eigenen Selbst. Die Philosophin Martha Nussbaum weist darauf hin, dass ein gutes Leben auch heiße, »fähig zu sein, das eigene Leben und nicht das von jemand anderem zu leben«. *Verrückte* Gedanken schwanken meinen Erfahrungen nach oft zwischen dem Drang, allgemeine Antworten und persönliche Antworten auf die großen Fragen zu finden.

»Vielleicht ist die Psychose ein Umweg zum Selbst durch die äußerste Entfremdung hindurch. Eine Einbahnstraße manchmal, manchmal auch eine Straße, die zum Gipfel führt«, schreibt Arnhild Köpcke in einem Beitrag in dem Buch *Der Sinn meiner Psychose. Zwanzig Frauen und Männer berichten*. »Und mit dem Wahn einhergehen kann eine große Schaffenskraft. Dieses Aufbrechen in einer Wahnperiode = Schaffensperiode, sich umgeben mit einem Kaleidoskop bunter Bilder, fließen lassen die Texte aus der Feder, musizieren.«

Ich denke, man kann die *Verrückung* auch als Philosophie im Kaleidoskop der eigenen Seele verstehen.

Therapiesitzungen gab es in den ersten Tagen keine – später, als meine *Verrückung* nachließ, ging es in verhaltenstherapeutischen Sitzungen darum, den eigenen Alltag zu meistern, Frühwarnzeichen zu erkennen, einen »Notfallplan« zu machen, für den Fall, dass die Psychose wiederkommen könnte. Während ich, als ich *verrückt* war, tausend Ideen für Veränderungen und Projekte hatte, wollte ich schließlich meinen alten Lebensplan einfach weiterverfolgen, Hauptsache, einen Alltag schaffen, unter den mir verabreichten Tabletten, die so müde machten, dass es mir schwerfiel morgens aufzustehen.

Auch meine Auseinandersetzung mit der NS-Psychiatrie führte ich nicht weiter – ebenso wenig wie das Verständnis von einem Sinn der Psychose, ich dachte nach meinem Aufenthalt, es helfe mir, einfach weiterzumachen wie bisher. Alles andere hätte mich viel zu sehr überfordert.

Ich hatte während meiner *Verrückung* gedacht, dass mein Ehering »magische Kräfte« hätte und alles besser würde, wenn ich ihn auszöge. Interessanterweise war ich so davon überzeugt, dass meine *Verrückung* zwischenzeitlich, nachdem ich den Ring abgelegt hatte, tatsächlich besser wurde. Anschließend fragte ich mich, welche »bösen Mächte« mich dazu bewogen haben, meine Eltern sind zusammen, seit sie sechzehn sind, und ich dachte, eine Scheidung wäre völlig unmöglich und verwerflich.

Ich schämte mich hinterher für alles, ich war völlig *verrückt* geworden!

Dabei hatten einige Dinge darauf hingewiesen, dass meine Gedanken zwar *verrückt* waren, aber dennoch nicht ganz von ungefähr kamen – etwa eine Ausstellung im Eingangsbereich der Klinik, die sich mit der Geschichte der Klinik in der NS-Zeit und im Kolonialismus beschäftigt. »Der Blick zurück soll auch dazu anregen, über gegenwärtige Gefährdungen der modernen Medizin nachzudenken«, stand in der Ausstellung. Für die Recherche spreche ich mit einer Freundin, die Psychologie studiert hat. Sie kritisiert, dass man sich in den Veranstaltungen an der Universität zwar mit der Geschichte des Faches beschäftigt habe, jedoch wenig kritisch und nicht mit ihren Kontinuitäten.

»Das ausgehende 19. Jahrhundert mit seiner vorzugsweise materialistischen Geistesströmung hat, wie überall, so auch in der medizinischen und im besonderen in der psychiatrischen Theoriebildung seine Spuren hinterlassen. Jene – durch den Weltkrieg abgeschlossene – Epoche glaubte an den Satz: ›Geisteskrankheiten sind Gehirnkrankheiten.‹ Ja noch mehr, man durfte sogar ungestraft Neurosen als Stoffwechseltoxikationen oder als Störungen der internen Sekretion auffassen«, schreibt C.G. Jung.

Ein wichtiger Vertreter dieser Richtung war auch der bereits erwähnte Psychiater Emil Kraepelin. Die Ära nach Wilhelm Griesinger, schreibt Brückner in seinem Buch *Kurze Geschichte der Psychiatrie*, stehe »für einen naturwissenschaftlichen Schub, der im frühen 20. Jahrhundert vom Emil Kraepelin weitergetragen wurde, ergänzt von geistes- und sozialwissenschaftlichen Ansätzen des Verstehens (Karl Jaspers, Sigmund Freud, Adolf Meyer)«. Den »Maniker« verglich Griesinger mit einem »Tiger oder [...] Löwen«. Der Vergleich wird in dem *Praxishandbuch bipolare Störungen* heute in einer geschichtlichen Darstellung kommentarlos zitiert.

~

»Was ist heute noch übriggeblieben?«, fragte ich damals auch Dorothea Buck. »Übriggeblieben?«, fragt sie. Ich setze an: »Von den schlimmen Sachen, die Sie damals ...« Sie spricht von dem bayrischen Ministerpräsidenten Markus Söder, der ein neues Gesetz verabschieden wollte, das unter anderem vorsah, in einer Unterbringungsdatei Daten von Menschen zu speichern, die in Kliniken wegen Eigen- oder Fremdgefährdung zwangsuntergebracht worden waren. Er nahm seine Pläne zurück, als es Proteste gab und sich die Opposition gegen sein Gesetz stellte. »Psychisch Kranke« sollten nicht wie Straftäter:innen behandelt werden.

Kategorisierungen und Vergleiche

Die nationalsozialistischen Kliniken und Tötungsanstalten sind das schlimmste Kapitel der deutschen Psychiatriegeschichte. Das »schwierigste Kapitel der neueren deutschen Geschichte«, schreibt Brückner in seinem Lehrbuch. »Einerseits war die deutsche Psychiatrie im späten Kaiserreich und in der Weimarer Republik eine wissenschaftlich angesehene Profession mit internationaler Ausstrahlung, aber nach 1933 war sie in die tödliche Bevölkerungspolitik der Nationalsozialisten gegenüber psychiatrischen Patienten und Menschen mit Behinderung verwickelt.« Wobei »verwickelt«, wenn man sich anschaut, wie Psychiater bereits vor der Zeit des Nationalsozialismus gesprochen haben, in meinen Augen ein sehr schwacher Ausdruck ist – und an dieser Stelle zu sagen ist, dass manch ein »Professioneller« das, was Nationalsozialist:innen letztlich umsetzten, schon früher wollte.

Heiner Fangerau und Thorsten Noack schreiben: »Als erste deutsche rassenhygienische Schrift gilt das preisgekrönte Werk des Gynäkologen Wilhelm Schallmayer (1857-1919) mit dem Titel *Über die drohende körperliche Entartung der Kulturmenschheit und die Verstaatlichung des ärztlichen Standes* aus dem Jahr 1891, in der Schallmayer vor allem die durch Zivilisation ausgeschaltete ›Fortpflanzungsauslese‹ und die darauf folgende ›Entartung‹ durch Erbkrankheiten thematisierte (›Deszendenztheorie‹).« Sie erklären, dass es »in allen politischen Lagern« eugenische Ideen gab. »Auch Kommunisten, Sozialisten, Katholiken und Liberale vertraten rassenhygienische Konzepte.« Ein Psychiater und ein Jurist, Alfred Hocke und Karl Binding, haben bereits 1920 einen Text mit dem Titel »Die Freigabe der Vernichtung unwerten Lebens« veröffentlicht. Schon damals ging es darum, »unheilbar Kranke« durch den Tod zu »erlösen«, und um *Verrückte* als »Ballastexistenzen«. Sie schreiben: »Aber wir werden vielleicht eines Tages zu der Auffassung heranreifen, daß die Beseitigung der geistig völlig Toten kein Verbrechen, keine unmoralische Handlung, keine gefühlsmäßige Rohheit, sondern einen erlaubten nützlichen Akt darstellt.« Diesen »nützlichen Akt« ermöglichte dann Adolf Hitler.

Die eugenischen Lehren, die zu den Zwangssterilisationen führten, waren auch in anderen Ländern, wie in den USA, England oder in Skandinavien, verbreitet: »Nazi-Deutschland sterilisierte nicht als erstes oder einziges Land Menschen, die als ›abnormal‹ galten. Vor der Machtübernahme Hitlers waren die Vereinigten Staaten weltweit führend, was die Verordnungen von Zwangssterilisierungen anging. Dennoch ging kein Land je weiter als Nazi-Deutschland«, steht auf Englisch im United States Holocaust Memorial Museum in Washington, D.C., auf einer Tafel zum Thema »The ›Science‹ of Race«, auf welcher erklärt wird, dass der Rassismus die gesamte deutsche Kultur durchdrungen hat, in der Schule, in der Anthropologie, der Soziologie, der Medizin und der Biologie. »›Überlegene‹ Rassen sollten zur Fortpflanzung angehalten, die Vermehrung ›niederer‹ Rassen verhindert werden.«

~

Fast jede:r dritte Deutsche will einer Studie zufolge nicht mit einer Person mit der Diagnose »Schizophrenie« zusammenarbeiten, jede:r zweite würde eine Person mit Schizophrenie nicht einem Freund vorstellen. In einer Zusammenfassung der Studie auf der Seite »Neurologen und Psychiater im Netz« steht dazu: »Die Wissenschaftler führen die negative Entwicklung bei der Beurteilung der Schizophrenie auf die einseitige Betonung biologischer Prozesse bei der Darstellung dieser Krankheit zurück.« In dem Artikel wird der Arzt Georg Schomerus mit den Worten zitiert: »Wir konnten zeigen, dass durch ein rein biologisches Krankheitsverständnis eine vermeintliche Andersartigkeit der Betroffenen betont wird, und dadurch die Ablehnung steigt.« Und weiter: »Psychisch kranke Menschen dürfen nicht auf eine Fehlfunktion im Gehirn reduziert werden.«

»Sammeln, Systematisieren und Klassifizieren sind zentrale

Forschungspraktiken der Medizin«, las ich während meines letzten Psychiatrieaufenthaltes in der Ausstellung über den Nationalsozialismus und den Kolonialismus im Eingangsbereich der Klinik. »Durch Tausch, Kauf oder die Beteiligung an Forschungsreisen gelangen Schädel und Knochen in die Sammlung, anhand derer Rassenunterschiede nachgewiesen werden sollten.« Eine Gesellschaft, deren Vergangenheit »Rassenunterricht« kennt und anthropologische Forschung, die darauf abzielte, Menschen anhand ihrer Schädel in »Rassen« einzuteilen, müsste gegenüber einer Disziplin, die Menschen anhand vermeintlicher biologischer Merkmale ihr Leben lang in Kategorien fremdsortiert, zumindest eine kritische Haltung entwickeln. Geschockt war ich, als ich über Emil Kraepelins weltweiten Einfluss auf die heutige Psychiatrie las. »Von Emil Kraepelin stammen die Grundlagen des heutigen Systems der Klassifizierung psychischer Störungen«, heißt es bei Wikipedia. Und Dirk Arenz stellt ihn als »Ahnenherr« der »zweiten biologistischen Psychiatrie« vor. Auch die »Zweiteilung der Psychosen« in »schizophren« und »bipolar« geht auf Kraepelin zurück. Er prägte nicht nur die heutige Psychiatrie maßgeblich. Auch diejenigen, die im Nationalsozialismus mordeten, waren von ihm beeinflusst. Klee schreibt zum Beispiel über Hermann Pfannmüller, einen eifrigen Beteiligten der »Euthanasie« und Schüler Kraepelins: Er »leitet die 3000-Betten-Anstalt Eglfing-Haar und bearbeitet nebenbei in nur drei Wochen über 2000 Meldebögen«.

~

Von einem kapitalistischen Standpunkt aus betrachtet, war meine Behandlung in der Klinik sehr erfolgreich, zumindest wenn es darum geht, wieder zu »funktionieren«. Es gab viele gute Therapien, die dabei halfen: metakognitives Training, verhaltenstherapeutische Einzelsitzungen, Achtsamkeitstraining, außerdem mochte ich die Kunsttherapie und Ergotherapie. Und das war auch mein Ziel: Ich wollte vor allem meinen Alltag zurück und wieder arbeiten können und bin sehr froh und dankbar, dass ich so schnell wieder fit war, auch wenn ich dieses Verständnis von »gesund sein« rückblickend hinterfrage. Ich machte damals gerade ein Volontariat bei einer Menschenrechtsorganisation und wollte unbedingt eine bevorstehende Hospitanz bei einer großen deutschen Zeitung absolvieren.

In seinem Buch *Arbeit, Dienst, Führung. Der Nationalsozialismus und sein Erbe* fragt Nikolas Lelle danach, wie das nationalsozialistische Bild von deutscher Arbeit unsere Berufswelt bis heute prägt, und zeigt, wie es die Vernichtung und Menschenfeindlichkeit verschiedener Minderheiten gerechtfertigt hat. Das Bild der fleißigen, pünktlichen Deutschen ist eines, auf das man heute noch stößt, wenn man im Ausland ist. Lelle beginnt sein Buch mit dem Satz: »Die Vorstellung, dass die Deutschen besonders gut arbeiten, hält sich bis heute.« Weiter schreibt er: »Fluchtpunkt jeder Auseinandersetzung mit ›deutscher Arbeit‹ heute muss der Nationalsozialismus sein. Denn in ihm wurde der Topos ›deutsche Arbeit‹ am radikalsten entwickelt und am brutalsten umgesetzt.« Dieser entsteht, wie Lelle in seinem Buch zeigt, im 19. Jahrhundert. Und es ist eine Vorstellung, die Gruppen, die (vermeintlich) nicht entsprechend arbeiten oder arbeiten können, ausschließt.

Eine Idee, die wiederum noch viel weiter zurückreicht: »›Wer nicht arbeitet, soll auch nicht essen‹ ist die an Paulus angelehnte Parole, die zur Rechtfertigung solcher Morde herhalten konnte.« Auch diejenigen, die unter die Gruppe der »Asozialen« gefasst wurden (Alkoholiker:innen zum Beispiel), waren betroffen: »Mit der Kategorie ›Asozial‹ sollten diejenigen gekennzeichnet werden, die sich dem geregelten Leben der Arbeit angeblich entziehen.« Ebenso zeigt Lelle, wie dieses Bild und die damit verbundene abwertende Haltung bis hin zur Vernichtung auch andere Gruppen wie Jude:Jüdinnen und Sinti:zze und Roma:nja traf.

Ich musste daran denken, als ich über Klara Nowak las, die 1941 in der Berliner Charité zwangssterilisiert worden war. Sie schrieb dreißig Jahre später an den Petitionsausschuss des Bundestags, weil sie eine Wiedergutmachung wollte – in der Begründung, dass ihre Sterilisation unrechtmäßig gewesen sei, beruft sie sich unter anderem auf ihre Zeugnisse. Stefanie Westermann schreibt: »Der Rekurs auf die verletzte Würde und eine tiefe seelische Verwundung als Folge der Unterstellung eines geringen ›sozialen Wertes‹ taucht in zahlreichen Selbstzeugnissen von zwangssterilisierten Menschen in unterschiedlicher Deutlichkeit auf. In einigen Fällen wurden ausdrücklich der eigene ›gesellschaftliche Wert‹ und die erbrachten Leistungen betont, um die von außen unterstellte Minderwertigkeit erfolgreich zu widerlegen.«

~

»Die Einzigartigkeit eines historischen Ereignisses kann ja nur durch Vergleich bestimmt werden«, schreibt Natan Sznaider in seinem Buch *Fluchtpunkte der Erinnerung*. Darin geht es um das Verhältnis zwischen Holocaust und Kolonialismus – dem sogenannten »Historikerstreit 2.0«.

Natürlich lassen sich die Verbrechen von damals nicht mit heute gleichsetzen – wer das tut, relativiert die nationalsozialistischen Verbrechen. Heute gibt es keine systematischen Tötungen oder Zwangssterilisationen mehr. Aber die eigene Leistungsfähigkeit ist heute weiterhin stark mit Anerkennung und einem »Wert« für die Gesellschaft und damit einem Wert der einzelnen Person verbunden, viele sagen gar, dass Arbeit der Sinn des Lebens sei. Ich betone selbst immer wieder, was ich »leiste« oder geleistet habe, um zu zeigen, dass ich »gesund« bin.

Ich stelle mir die Frage, welche negativen Konsequenzen ein biologistisches Krankheitsverständnis und insbesondere die Gen-Forschung für *Verrückte* haben kann, als ich ein paar Jahre später von der Aktivistin Natalie Dedreux hörte. Dedreux hat das Downsyndrom und engagiert sich gegen die Übernahme des Bluttestes auf Trisomie 21 während der Schwangerschaft durch die Krankenkassen. »Ich habe Angst und Sorge, dass wir nicht existieren werden, und das ist auch traurig«, sagte sie, als ich mit ihr über den Bluttest sprach. Ihr Motto: »Mein Leben ist doch cool!« Dass diese Tests implizieren, dass bestimmte Menschengruppen nicht existieren sollen, hat mich an die nationalsozialistische Euthanasie und die Zwangssterilisationen erinnert – an die Vorstellungen angeblich »minderwertiger« Menschen und gesellschaftlichen »Ballasts«. Ich stellte mir bei der Auseinandersetzung mit Dedreux sofort die Frage, ob man ebenfalls versuchen würde, uns *Verrückte* abzutreiben, wenn man eine Veranlagung dafür ausmachen könnte. Und mich machte diese Vorstellung sehr ratlos und traurig – vor allem weil ich mit meinen *Verrückungen* auch so viele positive Erinnerungen verbinde.

~

In einem Teil meines erweiterten Bekanntenkreises verbreitete sich die Nachricht, dass ich in der Psychiatrie gewesen bin, wie ein Lauffeuer. Ich war schon mal »die, die in der Klapse war« und jetzt also wieder eine *Verrückte*. Während ich Freund:innen, die ich viele Jahre kenne und die von meiner »Erkrankung« nichts wussten, nun davon erzählte und sie total verständnisvoll reagierten, gab es andere in meinem Umfeld, die völlig geschockt schienen. Ich erinnere mich an eine Party, auf der eine Frau, mit der ich lange Zeit zuvor mal ein, zwei Sätze gewechselt hatte, plötzlich aus dem Nichts zu mir kam, mich umarmte und mir sagte: »Ich mag dich.« Ich fand diese Begegnung merkwürdig und konnte sie lange nicht einordnen. Später vermutete ich, dass das ein Ausdruck von »Mitleid« war.

Mir wurde dann erzählt, dass die Frau, die mich auf der Party umarmt hatte, Psychologin sei und die Annahme vertrete, dass man sich gut überlegen solle, ob man mit Menschen mit meiner Diagnose eine Beziehung führen wolle. Mir erschien das wie eine lebenslange Verurteilung. Eine Ablehnung aufgrund meiner vermeintlichen Biologie und Genetik.

Eine andere Freundin fragte in der Zeit besorgt: »Kannst du denn versprechen, dass es nicht nochmal wiederkommt?« Als ich ihr sagte, dass ich das Kiffen künftig sein lassen werde (ebenso wie Alkohol), und runterbetete, was ich in der Reha und in meiner Therapie gelernt hatte, um es zu verhindern, dass ich auf meinen Schlaf achten muss, dass ich jetzt weiß, welche Medikamente ich wann einnehmen kann usw., und als ich dann noch hinzufügte, dass kein Mensch so etwas versprechen kann, dass theoretisch jede:r eine psychische Krise erleben kann oder eine schwerwiegende körperliche Krankheit, dass solche Wahrscheinlichkeitsrechnungen aber doch auch kein Grund seien, mit Menschen pauschal keine Beziehung einzugehen, schaute sie mitleidig und stirnrunzelnd. Mir versetzte das einen tiefen Stich irgendwohin, ins Herz, in die Magengrube, in die Seele, wo auch immer sie sich befinden mag, und ich empfand das zutiefst entmenschlichend.

~

Neel Burton schreibt: »Eine der größten Herausforderungen für Menschen mit psychischen Störungen ist der Umgang mit negativen Stereotypen und Vorurteilen. Das Stigma, das Kainsmal, das psychisch Kranken anhaftet, entsteht aus Unwissenheit und aus der Furcht, die damit einhergeht, einer Furcht, die in den Medien nur allzu oft durch falsche Darstellungen von Menschen mit psychischen Störungen verstärkt wird.«

Ich finde es interessant, zu sehen, wie unterschiedlich Menschen auf meine eigene *Verrückung* oder die *Verrückungen* anderer reagiert haben. Neben Ablehnung, paternalistischem Helfer- oder »Rettungs«-Drang – auch über die »Krankheitsphasen« hinaus – Faszination, abschätziges Mitleid, Verständnis, verbale Aggression, Angst, das auch zu erleben, bis hin zu Neid, diese Zustände nicht zu kennen, ist mir alles begegnet. »Nietzsche war auch in der Psychiatrie«, wurde mir ein paar Mal gesagt. »Keiner ist so verrückt, dass er nicht einen noch Verrückteren fände, der ihn versteht«, wird ihm fälschlicherweise nachgesagt, geschrieben zu haben. Aber er schrieb: »Der Kranke ist ein Parasit der Gesellschaft. In einem gewissen Zustand ist es unanständig, noch länger zu leben.«

Ich erinnere mich daran, wie meine ebenfalls betroffene Freundin A. sagte, dass sie ihre »bipolare Störung« nie erwähnen will, weil ihr Gegenüber das bestimmt googelt und abwertende Informationen über diese »Störung« findet und dann Vorurteile über sie haben könnte, von denen viele überhaupt nicht zutreffen. Als ich später meinen Therapeuten und meine behandelnde Ärztin nach einem Buch über die Diskriminierung von Menschen mit »psychischen Störungen« fragte, fiel ihnen keines ein.

»Im letzten Teil des 20. Jahrhunderts kamen die bildgebenden Verfahren in der Hirnforschung, die genetischen Untersuchungen und pharmakologische Durchbrüche wie etwa das erste Antipsychotikum Chlorpromazin auf«, schreibt Neel Burton. »Dadurch kehrte sich die Entwicklung um: Das psychoanalytische Modell psychischer Störungen wurde weitgehend aufgegeben, und man kehrte zu einem eher biologischen Modell zurück, dem sogenannten Neo-Kraepelin'schen Modell. Heute erkennen die Psychiater an, dass psychische Störungen auf mehrere Faktoren zurückgehen.«

Weihnachten

Während ich in der Klinik war, feierte ich mit meinem Vater Weihnachten: mit einem Weihnachtsbaum, den ich auf ein DIN-A4-Blatt gemalt und so gefaltet hatte, dass er auf dem kleinen Tisch in meinem Zimmer stehen bleibt. Außerdem gab es Geschenke, und mein Vater hatte von irgendwo noch schnell Brot und Hummus mitgebracht. Eine Patientin hatte den Gemeinschaftsraum, wo auch ein Baum stand, mit Christbaumkugeln und anderem Schmuck dekoriert. Später am Abend gingen mein Vater und ich mit zwei anderen Patienten zu einem Gottesdienst, den die Berliner Stadtmission jedes Jahr an Heiligabend im Hauptbahnhof veranstaltet, mitten im Leben der Stadt. Dort stand ein Altar vor den Rolltreppen, die zu den Gleisen führen, und eine Gospelsängerin hat gesungen. Mein Vater sagte, dass es vielleicht sein schönstes Weihnachten gewesen sei, denn es war irgendwie, nun ja: speziell. »Nicht so langweilig wie sonst«, meinte er. Ich fand diesen Optimismus ganz angenehm, denn Weihnachten in der Psychiatrie klingt für andere eher nach einer Vollkatastrophe.

Ein Patient, der noch mit dabei war, war Christ und hatte immer eine Rosenkranzkette um. Der andere war Muslim, ich hatte ihn einfach gefragt, ob er mitkommen wolle. Ich hatte immer das Gefühl, auf ihn aufpassen zu müssen. Vielleicht weil er mal zu mir sagte, dass er denkt, ich sei seine große Schwester. Er war verwirrt, was seine Identität angeht, er wusste nicht, ob er Jesus oder Mohammed ist, hielt meinen Vater für Dieter Bohlen und mich abwechselnd für seine Schwester und die heilige Maria, manchmal war ich mir nicht sicher, ob er es wirklich nicht wusste oder ob er nur einen Scherz machte. Dass es vielleicht nicht »normal« ist, ihn als Muslim mit auf einen christlichen Gottesdienst zu nehmen, war mir gar nicht wirklich aufgefallen, vielleicht weil ich immer noch ein bisschen *verrückt* und desorientiert war, außerdem hatte mir ein anderer muslimischer Patient während des Aufenthaltes in der Klinik voller Begeisterung nahegelegt, mir den Chanukka-Leuchter am Brandenburger Tor anzuschauen, er war selbst dort gewesen und ich war später auch dort. Warum nicht?

~

Nach meinem Klinikaufenthalt sehnte ich mich nach dem Austausch mit anderen *Verrückten*, weil dort Stand und Status oft zweitrangig waren. Unsere gesellschaftlichen Rollen waren wie aufgehoben. Während ich sonst vor allem mit Menschen zusammen war, die ähnliche Berufe hatten, wählte ich die Menschen, mit denen ich in der Klinik Zeit verbrachte, nach anderen Parametern aus. Wenn ich heute einen wohnungslosen Menschen auf der Straße sehe, der augenscheinlich gerade *verrückt* ist, denke ich: einer von »uns«.

Während einer USA-Reise kam mir in Washington, D. C., ein Mann entgegen, der gerade akut *verrückt* war. Wir sind eine internationale Minderheit, denn uns Schon-mal-*verrückt*-Gewesene gibt es überall auf der ganzen Welt, dachte ich. »Who fucking care who you are?«, rief er laut, brabbelte noch irgendetwas leise und unverständlich vor sich hin, setzte sich an den Wegrand, dann wieder laut: »God!« Und ich musste an meine *Verrückungen* denken und dachte: *I feel you*.

7

ZUSAMMENFINDEN

Gruppenidentität und Normalität während der Reha

Kategorien können uns trennen und gefangen nehmen wie Kisten, die man uns überstülpt. Sie können uns teilnahmslos machen, indem sie eine Klarheit suggerieren, an der es nichts mehr zu rütteln gibt. Sie können aber auch etwas aktivieren, wenn sie uns Dinge erkennen lassen. Manchmal gleicht auch das einem Zauberspruch. Und wenn wir aufeinandertreffen, verbinden wir uns vielleicht.

~

Es kam ein Sommer mit vielen Mücken, eine Reha-Klinik im Wald. Es war ein schöner Ort und ich lernte dort echte Freund:innen kennen. Gemeinsam rückten wir die Bänke aus dem Schatten ins Licht. Wir saßen zwischen Bäumen und fühlten uns schon im Schweigen verbunden, denn wir wussten, dass allein aus dem Grund, dass wir uns an diesem Ort getroffen hatten, zwischen uns eine Nähe bestand. Manchmal verhakten sich unsere Gedanken in den Wipfeln zarter Bäume, die uns umgaben, schützend fast, und wir ließen sie gehen. Wir verhielten uns ein bisschen wie Kinder, obgleich wir nicht mehr manisch oder psychotisch waren, und ich habe mich oft gefragt, woran das lag. »Ja! ein göttlich Wesen ist das Kind, solang es nicht in die Chamäleonsfarbe der Menschen getaucht ist«, schreibt Hölderlin in *Hyperion*. »Werdet wie die Kinder und euch ist das Himmelreich«, hat mein Vater früher manchmal scherzhaft frei nach dem Matthäus-Evangelium rezipiert. Ein Freund, der Depressionen erlebt hat, hatte mir empfohlen eine Reha zu machen. Ich habe nach meinem Klinikaufenthalt relativ schnell wieder angefangen zu arbeiten, aber war erschöpft – sicherlich auch durch die Tabletten, die mich weiterhin müde und mein Denken langsam machten. Mein Gesicht war, wie bei einigen anderen in der Reha, durch die Tabletten aufgequollen, ich schrieb einmal, dass ich fände, es sähe aus wie »Toastbrot«.

In der Reha habe ich mit den anderen so lebendig gelacht wie selten. Selbst wenn die Wolken über uns manchmal grau waren. Einmal bin ich mit F. im Wald auf den Rädern in strömenden Regen geraten. Wir waren patschnass, aber lachten, fühlten uns gelöst, ein bisschen wie auf einer Klassenfahrt. Manchmal saßen wir am Feldrand und kicherten auf eine verbindende Weise über unsere *verrückten* Erfahrungen oder machten über *Verrückte* einen Scherz. Ich musste an eine jüdische Freundin denken, die manchmal Witze über Jüd:innen macht, die augenscheinlich antisemitisch wären, wenn andere sie machen würden. Schaute ich dann irritiert, sagte sie: »Ich bin jüdisch, ich darf das.« Wenn andere über bestimmte Menschengruppen Witze machen, schafft das eine ausgrenzende, unterdrückende Distanz, wenn diese untereinander welche machen, vice versa: Widerstand.

»Die Griechen, die offenbar viel für Anschauungshilfen übrighatten, schufen den Begriff Stigma als Verweis auf körperliche Zeichen, die dazu bestimmt waren, etwas Ungewöhnliches oder Schlechtes über den moralischen Zustand des Zeichenträgers zu offenbaren«, schreibt Erving Goffman. Während »uns« manche aufgrund des »Stigmas« von sich stießen, wurde die Tatsache als »krank«, »*verrückt*« markiert worden zu sein, zu einem verknüpfenden Band. Wir sind eine Community, dämmerte es mir. Menschen können in Gruppen, vor allem solchen, die sich als zu homogen verstehen, untergehen. In dieser unserer Gruppe hatte ich oft das Gefühl, ich selbst zu sein. Wenn mich jemand fragte, was die Reha für mich verändert hatte, würde ich vielleicht sogar »alles« antworten. Denn wir hatten uns. Wir verstanden uns bei vielen Dingen, ohne uns groß zu erklären. Ich frage K. zu ihren Erfahrungen und sie sagt: »Das ist ein unglaublich wichtiger Teil in meinem Leben gewesen und ab dem Zeitpunkt wurde alles besser. Weil ich mich besser kennengelernt und meine Identität einfach wiedergefunden habe.«

Normalitäten und Scham

Als ich die Aktivistin Natalie Dedreux traf, sagte sie, das Downsyndrom sei einfach »normal«! Ich musste an uns *Verrückte* denken: Ebenso wie schon immer Menschen mit Downsyndrom lebten, gab es zu allen Zeiten Menschen, die *verrückt* geworden sind, Dinge symbolisch deuteten, religiöse Vorstellungen hatten, die andere nicht teilten, oder meinten, »Botschaften« zu empfangen, einer Stimme des Herzens oder Gottes folgten, Halluzinationen und Eingebungen hatten oder Stimmen hörten. Ich erinnere mich, wie wir während einer Gruppentherapie in einem Stuhlkreis saßen und über unsere Erfahrungen sprachen. Obgleich sie alle ganz anders – völlig eigensinnig – waren, ähnelten sie sich teils auf verblüffende Weise und schienen vollkommen »normal!«.

Heute benutze ich den Begriff selten und ich finde es diskriminierend, wenn jemand sagt, »du musst akzeptieren, dass ›das‹ eine Krankheit ist«, und Menschen es selbst anders empfinden. Aber in der Reha fing ich vermehrt an, die Wochen der Psychosen und Manien als »krank« zu bezeichnen, weil mir das half, die übernächtigten *verrückten* Zustände, die verglichen mit meiner restlichen Lebenszeit eine kleine Zeitspanne in Anspruch nahmen, als »Ausnahmesituationen« begrifflich abzutrennen, ich dachte, so kann man diese Phasen anders zu bewerten lernen: als etwas anderes als die *Vernunft*. »Der herrschende Sprachgebrauch«, schreibt Max Horkheimer »weiß von Vernunft, vornehmlich [...], als einem Instrument. Er strebt immer mehr dahin, unter vernünftig das zu verstehen, dessen Nützlichkeit sich erweisen läßt.« Es geht um Mittel und Zweck, Klassifikation, »Induktion und Deduktion, gleichgültig, mit welchem besonderen Inhalt man es zu tun habe«. Der Wahnsinnige, dachte ich, denkt nicht instrumentell und planend, eher völlig intuitiv, weshalb der Alltag mit all seinen persönlichen Pflichten entgleist. Mir half die Bezeichnung auch, meine damaligen *verrückten* Gedanken wieder zu verdrängen. Schon als ich *verrückt* war, sah ich das als eine Lösung für mein wirres Denken an, das mich vollkommen überfordert hat: »Ich bin leider echt krank – vielleicht lässt sich so alles ein wenig besser verkraften«, schrieb ich damals auf. »Du redest ununterbrochen, bist ununterbrochen in Aktion, nimmst die Interessen der anderen nicht mehr wahr und hast ständig neue Ideen, bei denen die anderen mitmachen sollen«, sagt meine Mutter aus ihrer Sicht über mein übersprudelndes Gefühl während meiner zurückliegenden *Verrückungen*. »Du bist völlig in deiner eigenen Welt, mit deinen eigenen Dingen im Kopf verstrickt und abwesend, wenn die anderen etwas von dir wollen!« Später, in »vernünftigen« Zuständen, wurde ich manchmal gefragt, warum ich »so still« bin.

Das »Egoistische« an der *Verrückung* kommt auch daher, dass die Menschen um uns herum die Welt anders wahrnehmen als wir, denke ich während der Reha. Viele hatten die Welt durch einen mehr oder weniger symbolischen Bewusstseinsstrom betrachtet, waren im Unbewussten spazieren gegangen, viele, auch jene, die gar nicht religiös waren, hatten diesen Strudel als spirituell gedeutet. Während meiner manischen Dichterei in Nächten ohne Schlaf hatte ich einmal geschrieben: »Bloß doch kann der Mensch vermissen, was er selbst verstand zu wissen. So sucht er an des Lebens Tor, was er einst an ihm verlor. Das Ganze ist's woran ich glaub. Geboren wurd der Mensch bloß taub [sic!]. Ist's der Körper, der uns trennt, die Seele fängt, uns neu benennt.«

~

Die »Psychosegruppe« fand dreimal in der Woche statt. Wir *Verrückten* duzten uns wie üblich, der Therapeut wurde wie der Lehrer in der Schule gesiezt. Wir sprachen auch während der Gruppentherapie über unsere *verrückten* Erfahrungen, vor allem aber erzählten wir sie uns, wenn wir unter uns waren, auf einer Decke sitzend in der gleisenden Sommersonne am Rande eines Feldes, das sich überraschend auf einer Lichtung des uns umringenden Waldes auftat – oder in der Raucherecke. Manche *verrückten* Geschichten waren so komisch, dass wir aus dem Lachen nicht mehr herauskamen. Andere tragisch-komisch-schön. Wir erzählten uns die intimsten Geschichten, weil die anderen ähnliche kannten, denn uns *Verrückte* verband noch etwas: ein Tabu. Ein Tabu ist in der Ethnologie ein Verbot, vorrangig im Religiösen, etwa eine heilige Person zu berühren oder einen magischen Ort zu begehen. In der Soziologie ist es etwas, worüber in der Öffentlichkeit nicht gesprochen wird. In *Totem und Tabu* stellt der Psychoanalytiker Sigmund Freud Neurotiker:innen und Indigene aus einer sozialdarwinistischen Haltung heraus auf dieselbe »Entwicklungsstufe«.

Es scheint in *verrückten* Zuständen ein Gefühl »gestört« zu sein, das gewissermaßen als Kulturleistung gilt: die Scham. Damit man sich schämt, und auch zur Entwicklung einer sozialen Identität, ist immer ein (vorgestelltes) Gegenüber notwendig, mit Sartre gesprochen »der Blick des anderen«. In der Psychose werden diese Blicke für den *Verrückten* plötzlich schwächer oder stärker – oder sie werden zu einem anderen, größeren Blick: Arnhild Köpcke beschreibt es als eine »Verwiesenheit an göttliche Mächte«, die der »Psychosekranke« erfahre – und eine Angst vor Sünde und Gericht. »Ganz nackt, ohne modische Kleider stehen wir vor Gott und müssen uns verantworten. Vor Gott sind wir Menschen und als Menschen sind wir unvollkommen und dürfen es sein.«

Schon im biblischen Schöpfungsmythos begegnet sie uns: die Scham. Adam und Eva werden aus dem Paradies verstoßen, nachdem sie von dem Baum der Erkenntnis gegessen haben und von nun an nicht nur zwischen Gut und Böse entscheiden, also Kategorien bilden können, sie erkennen auch, dass sie nackt sind, und beginnen, sich zu schämen.

Scham kann auch als geistige Disposition verstanden werden – eine Disposition, die uns im Vorhinein dazu anhält, Normen einzuhalten. Der Soziologe Norbert Elias wirft einen evolutionistischen Blick auf die Schamentwicklung – er betrachtet aus einem eurozentristischen und rassistischen Verständnis dabei den Unterschied zwischen sogenannten zivilisierten Gesellschaften und »den Primitiven«. Er geht davon aus, dass mit dem Fortschreiten des Zivilisationsprozesses auch die Schamschwelle ansteigt. Das »andere«, das Abweichende von der eigenen Kultur galt als rückständig.

Verstrickungen

Die sozialdarwinistische Bewertung unterdrückter Minderheiten, die nicht in ein imaginiertes Raster passen, ist historisch verwoben – auch oder gerade in den unterschiedlichen Wissenschaften. Wie Kristallisationspunkte begegnen mir während meiner Recherche nicht nur Psychiater wie Emil Kraepelin, sondern auch das ehemalige Kaiser-Wilhelm-Institut für Anthropologie.

Auf dem Weg zu dem Gebäude in Berlin-Dahlem, wo sich heute das Otto-Suhr-Institut für Politikwissenschaft befindet, laufe ich an einem Plakat vorbei, auf dem »Mad Magic! The

Crazy Variety Show« steht. Über das 18. Jahrhundert schreibt der Medizinhistoriker Heiner Fangerau: »Auf Antrag von Angehörigen oder auf Veranlassung übergeordneter Stellen wurden Verwirrte oder Wahnsinnige zumeist in Arbeits- oder Zuchthäuser eingesperrt. [...] Gegen Eintrittsgeld besuchten aufgeklärte Bürger diese Institutionen, um sich an den Patienten wie an wilden Tieren zu belustigen oder sich vor ihnen zu gruseln.« Dass »Andersartigkeiten« als Belustigung vorgeführt werden, ist ein historisches Beispiel, welches sich bei verschiedenen Diskriminierungsformen findet. Heute findet man zur Belustigung keine Besichtigungen von »Irrenhäusern«, stattdessen nachgestellte *Verrückte* in Filmen oder aber »Mad Magic!«-Shows.

Als ich zu dem Gebäude laufe, in dem sich 1927 bis 1945 das »Kaiser-Wilhelm-Institut für Anthropologie, menschliche Erblehre und Eugenik« (KWI-A) befand, regnet es in Strömen, ich hatte von einer Ausstellung zu der Geschichte des Instituts gelesen, aber bin enttäuscht, als ich eine Studentin frage, die keine Ahnung hat, was ich meine. Eine Mitarbeiterin erzählt mir, dass die Ausstellung noch nicht fertig sei. Zumindest eröffnet sie bald.

»Es ist eine gute Frage, warum ausgerechnet diese Geschichte so lange braucht, bis sie erzählt wird«, sagt Manuela Bauche, als ich später mit ihr telefoniere. Die Historikerin ist gerade dabei, die Ausstellung umzusetzen. »Unter seinem Dach versuchten Wissenschaftler*innen nachzuweisen, dass Krankheiten und Verhalten erblich seien, ebenso wie Merkmale, anhand derer sie versuchten, die Idee menschlicher ›Rassen‹ zu stützen«, steht auf der Website des Projekts »Geschichte der Ihnestr. 22« zu dem ehemaligen Kaiser-Wilhelm-Institut. »Das KWI-A war zudem unmittelbar an eugenischen Maßnahmen des deutschen Staats beteiligt. So legitimierten Institutsmitarbeiter*innen – bereits in der Weimarer Republik – die Zwangssterilisierung von Personen. In der Ihnestr. 22 forschten Wissenschaftler*innen schließlich auch an den Körpern von Personen, die in nationalsozialistischen Vernichtungslagern und Heilanstalten ermordet wurden. Insbesondere Sinti*zze und Rom*nja, Jüdinnen*Juden, Schwarze Personen und behinderte Menschen fielen den Arbeiten des KWI-A zum Opfer.« In dem Institut wurden Schädel von Menschen u.a. aus Namibia vermessen. Bei Wikipedia lese ich, dass der Institutsdirektor Eugen Fischer »die Anthropologie von der ›Schädelmesserei‹ zu einer biologischen Vererbungswissenschaft weiterentwickeln« wollte. »Er etablierte ein Forschungsprogramm, das die Kombination von ›Rasse und Erbe‹ untersuchen sollte.« Als Schwerpunkt wird die »Zwillingsforschung« genannt, die die Erblichkeit von zahlreichen Krankheiten, aber auch von »Charakterzügen« wie krimineller Neigung belegen wollte. 1927 wurde die »Zwillingsforschung« von Otmar von Verschuer, dem Nachfolger Eugen Fischers, begründet.

Laut Bauche zeige das ehemalige Kaiser-Wilhelm-Institut, dass Wissenschaft und Politik verwoben seien und »Wissenschaft nicht vor ethischen Überschreitungen gefeit ist«. Mit der Ausstellung fragt sie: »Wie kann es sein, dass eine Wissenschaft, die auf der Höhe der Zeit war, sich mit solchen Verbrechen verbinden konnte, und was bedeutet das für heute?« Und sagt: »Das Spannende an dem Institut ist, dass, wenn man sich die Geschichte ansieht, Verschränkungen von Machtdimensionen und Diskriminierung zu sehen sind, die man sonst als getrennt ansieht.« Sie erzählt, dass man an dem Institut versucht hat, Behinderungen von Menschen »an der Hand abzulesen«. Menschen seien zu Forschungsobjekten geworden, das Institut sei ein Ort, »an dem man über Intersektionen nachdenken kann«. Und: »Was die Schicksale verbindet, ist eine Entmenschlichung.« Diese bringe Erfahrungen von Minderheiten zusammen, »die oft gegeneinander ausgespielt werden«.

~

In den Psychosegruppen während der Reha lernten wir das »Vulnerabilitäts-Stress-Modell« kennen, das ein Zusammenspiel von Verletzlichkeit und Stress als Ursache für Psychosen erklärt. Was während der ganzen Zeit erneut kaum als Thema auftauchte, waren die »Umweltfaktoren«, die Menschen *verrückt* machen: Gewalterfahrungen, Rollennormen, die Leistungsgesellschaft, Beziehungskonflikte, Zurückweisungen, existenzielle Fragen, verschiedene Diskriminierungsdimensionen, Lebenskrisen.

Manuela Bauche erzählt, dass am damaligen Kaiser-Wilhelm-Institut versucht wurde, im Blut von Menschen Marker für »rassische Zugehörigkeit« zu identifizieren. »Es galt immer die Utopie, man könnte für Dinge, die als bestimmte Merkmale verstanden werden, im menschlichen Körper solche Marker finden«, für zum Beispiel »minorisierte Positionen«, das, was als »minderwertiger verstanden wird als die Norm«. Ich frage sie, inwiefern das an heutige Gentests erinnert. Und sie sagt: »Die Frage ist, ob Erbgut oder das, was wir heute Gene nennen, entscheidend ist oder Umweltfaktoren. Damals hat man gesagt, die Gene spielen eine große Rolle, und das hat die Grundlage für eine spezifische Bevölkerungspolitik gelegt.« Es sei darum gegangen, soziale Probleme durch »biopolitische Eingriffe zu lösen«, etwa indem bestimmte Menschen keine Kinder bekommen sollten. Sie möchte dazu anregen, sich die Frage zu stellen, warum Genforschung heute für viele so faszinierend ist und ob »die Hoffnung, Menschen durch Testungen auf einfache Weise zuordnen zu können«, heute noch in unserer Vorstellung existiert.

~

Zu viert hatten wir *Verrückten* uns an einem Wochenende in der Reha Schwimmwesten angezogen und in ein Boot gesetzt. Manchmal kamen wir ins Wanken, wir waren für das Kanu eigentlich zu schwer. »Wir spielten ein Spiel, das so schön war, dass ich diesen Tag zu einem der schönsten meines Lebens zählte«, schrieb ich in mein Tagebuch. »Schon die Stimmung, der freundschaftliche Zusammenhalt und der liebevolle Umgang waren einfach schön. Ich habe mich so frei gefühlt wie lange nicht, so akzeptiert und angenommen.« Der Soziologe Axel Honneth schreibt in seinem Buch *Kampf um Anerkennung* über den »unauflöslichen Zusammenhang, der zwischen der Unversehrbarkeit und Integrität menschlicher Wesen und der Zustimmung durch andere besteht« und der sich bereits in unserem Sprachgebrauch ausdrücke. Und die Philosophin Miranda Fricker schreibt: »Es gibt mindestens eine Art von sozialer Macht, die nicht nur praktische, sondern auch *gedankliche* soziale Koordinierung erfordert, also ein Zusammenwirken geteilter Vorstellungen. Einige Fälle von Machtausübung setzen voraus, dass die Beteiligten die gleichen begrifflichen Vorstellungen hinsichtlich sozialer Identität haben. Damit sind Begriffe gemeint, die in der allgemeinen gesellschaftlichen Vorstellungskraft lebendig sind und die beispielsweise bestimmen, was es heißt, eine Frau oder ein Mann, homo- oder heterosexuell, jung oder alt zu sein, und so weiter.« Wenn Machtausübung auf geteilten Imaginationen und Begriffen sozialer Identität beruht, nennt die Philosophin das »Identitätsmacht«.

Die Macht darüber, wie man »uns« *Verrückte* definiert, haben sonst eigentlich andere: »Professionelle«.

Unser Spiel, das wir vier *Verrückten* im Kanu spielten, bestand darin, dass jede:r nacheinander einen Grund aufzählte, warum es gut war, »diese Krankheit« zu haben. Ich glaube, der Ausdruck »diese Krankheit« kam ebenso wie die Idee für dieses Spiel von A., denn A. hatte immer die besten Ideen. »Diese« unsere »Krankheit«, von der wir sprachen, wird von »Professionellen«, die sie uns diagnostizieren und damit offiziell zu *Verrückten* machen, strenggenommen im Plural gedacht: »bipolare Störung«, »schizoaffektive Störung«, »paranoide Schizophrenie«. Unter uns war die Kategorisierung egal, wir fanden in den Erfahrungen der anderen Ähnlichkeiten, unser Boot war quasi das positive Pendant eines »Narrenschiffs«. Wir fanden in unserem Kanu, dass »diese Krankheit« gut ist, weil wir in »akuten Phasen« erlebt hatten, wie es ist, die Welt aus einem völlig anderen Blickwinkel zu sehen, der unser Leben bereichert hat. Wir fanden, dass »diese Krankheit« gut ist, weil wir meinten, dass wir ohne unsere Sensibilität, von der wir ausgingen, dass sie insgesamt oder zeitweise stärker ausgeprägt ist als bei anderen, vielleicht allesamt nicht solche begeisterungsfähigen Menschen wären. Wir fanden, dass »diese Krankheit« gut ist, weil wir unser Leben intensiver erleben, auch positive Momente, beispielsweise die Musik auf einem Konzert. Wir fanden, dass »diese Krankheit« gut ist, weil wir vielleicht verständnisvollere, kreativere und neugierigere Menschen sind. Wir fanden, dass »diese Krankheit« gut ist, weil wir uns sonst nicht getroffen hätten und damit Freund:innen, die eine besondere menschliche Erfahrung teilen.

Die Autorin Kay Redfield schreibt: »Warum also sollte ich irgendetwas mit dieser Krankheit zu tun haben wollen? Weil ich ernsthaft davon überzeugt bin, dass ich aufgrund dieser Krankheit mehr und tiefer empfunden habe; dass ich mehr und intensiver gelebt habe; dass ich mehr geliebt habe und mehr geliebt wurde; dass ich häufiger gelacht habe, weil ich häufiger weinen musste«, sie schreibt in Bezug auf ihre »bipolare Störung« von einer »Intensität, die sie allen Dingen verleiht«.

Wem von uns *Verrückten* damals als Erstes im Kanu nichts mehr einfiel, was an »dieser Krankheit« gut war, so hatte A. es auf dem Wasser entschieden, musste in der Cafeteria vor allen einen Hampelmann aufführen. Während wir nacheinander die Gründe auflisteten, schauten wir selbstzufrieden auf den grenzenlos erscheinenden See. Das Spiel dauerte lange und endete damit, dass einer von uns einen Grund doppelt nannte, den jemand anderes zuvor schon gesagt hatte. Grund genug für einen Hampelmann, fanden wir.

Wir *Verrückten* im Boot fanden auch, dass »diese Krankheit« gut ist, weil sie uns mit vielen als bipolar oder schizophren betrachteten Autor:innen verbindet. Virginia Woolf, Hermann Hesse, Friedrich Hölderlin, Rainer Maria Rilke, Sylvia Plath. Jutta Rosenkranz schreibt in einer Biografie über Mascha Kaléko: »Der offenen, ironischen Seite steht eine depressive und weltabgewandte gegenüber.« Vielen bekannten Musiker:innen wird nachgesagt, dass sie mehr oder weniger *verrückt* gewesen sein sollen: Janis Joplin, Kurt Cobain, Jimmy Hendrix, Wolfgang Amadeus Mozart, Ludwig van Beethoven. Ebenso Künstlern wie Pablo Picasso und Vincent van Gogh. Und weil der Erfinder des Jazz Buddy Bolden mit Schizophrenie diagnostiziert wurde und er wohl wegen dieser »Krankheit« so viel improvisierte, könnte man sagen, dass es ohne die Schizophrenie den Jazz vielleicht nicht gäbe.

Für die Recherche schreibe ich der US-amerikanischen Schriftstellerin Johanne Greenberg, deren erster unter dem Pseudonym Hanna Green veröffentlichter Roman von der Schizophrenie handelt. Er heißt *Ich habe dir nie einen Rosengarten versprochen* und ist vielleicht das weltweit bekannteste Buch, das über das *Verrücktsein* und vor allem über die Heilung des *Verrücktseins* durch Gespräche geschrieben wurde. Es trägt starke autobiografische Züge. Die Autorin erlebte eine Schizophrenie und wurde von Frieda Fromm-Reichmann, der früheren Ehefrau von Erich Fromm, psychoanalytisch behandelt. Ihr Fall gilt bis heute als Beispiel dafür, dass die Schizophrenie durch Gespräche geheilt werden kann. Ich frage sie, wie ihre Psychose ihre Arbeit als Schriftstellerin beeinflusst hat. »Ich könnte nicht mit Sicherheit sagen, ob meine Psychose mein Schreiben beeinflusst hat oder nicht«, antwortet sie mir. »Ich wusste, dass ich über dieses spezielle Thema unter anderen schreiben will. Ich habe achtzehn Romane geschrieben und nur einen über eine psychische Krankheit.«

Positiver Biologismus

Ich fand es einerseits *interessant*, andererseits erschauderte ich, als ich las, dass es neben biologistischer Forschung zu »Risikogenen« von *Verrückten* auch naturwissenschaftliche Forschung gibt, die »uns« auf positive Weise als »anders« konstruiert. In einem Katalog zu einer Ausstellung der Heidelberger Sammlung Prinzhorn lese ich über die NS-Zeit: »Verschwinden sollten aber nach dem Psychiater Carl J. Schneider, der keinen Zusammenhang zwischen ›Erbanlagen‹ für ›Wahnsinn‹ und solchen für ›Genie‹ finden konnte, auch die Träger der als erblich verstandenen ›Geisteskrankheiten‹«, heißt es darin. Und weiter: »Zuversichtlich meinte er, es sei möglich ›die eine ungünstige [Erbanlage] aus dem Volke allmählich auszumerzen und die andere, günstige, edlere, höhere, wertvollere durch geeignete Erbpflege dem Volke zu erhalten.‹«

Neel Burton schreibt, dass Menschen mit der Diagnose Schizophrenie und ihre Verwandten »aufgrund der verstärkten Nutzung der rechten Hirnhälfte und durch eine vermehrte Kommunikation zwischen der rechten und der linken Hirnhälfte kreativer« seien, und fügt außerdem hinzu: »Interessanterweise kommt die verstärkte Nutzung der rechten Hirnhälfte offenbar auch bei nichtschizophrenen Menschen vor, die ein hohes Maß an paranormalen und religiösen Überzeugungen haben.« Er schreibt von einer Studie aus den 1970er Jahren von Nancy Andreasen. Sie untersuchte »Krankengeschichten« von dreißig namhaften Schriftsteller:innen: Sie »fand heraus, dass 43 Prozent der Schriftsteller eine bipolare Störung hatten«. Burton schreibt, dass insgesamt vor allem Menschen mit höherem sozioökonomischem Status eine »bipolare Störung« diagnostiziert bekämen. »Dies deutet darauf hin, dass die prädisponierenden Gene bei Verwandten von Menschen mit bipolarer Störung und vielleicht sogar bei den Betroffenen selbst für größere Leistungen und mehr Erfolg prädisponieren.«

Solcherlei Forschung mag *Verrückte* und ihre Verwandten »aufwerten«, gleichsam konstruiert auch sie Menschen als Gruppe mit vermeintlich verallgemeinerbaren biologischen Eigenschaften.

Als ich der Leiterin der indischen NGO, in der ich nach dem Abitur gewesen bin, von meiner *Verrückung* erzählte, sagte sie, dass solche Menschen oft sehr liebe, soziale Menschen seien. Und es hat mich an meine Mutter erinnert, die manchmal mitleidig zu mir sagt: »Tja, du hast halt einen großen Sinn für Gerechtigkeit.« Wenn man in seinem Leben Ablehnung und Diskriminierung erfahren hat, hilft es, sich auf positive geteilte Eigenschaften zu besinnen, gleichzeitig sind das ebenfalls Verallgemeinerungen. »Jeder Mensch aber ist nicht nur er selber«, schrieb Hermann Hesse. »Er ist auch der einmalige, ganz besondere in jedem Fall wichtige und merkwürdige Punkt, wo die Erscheinungen der Welt sich kreuzen, nur einmal so und nie wieder. Darum ist jedes Menschen Geschichte wichtig, ewig, göttlich, darum ist jeder Mensch solange er irgend lebt und den Willen der Natur erfüllt, wunderbar und jeder Aufmerksamkeit würdig.«

Expert:innen

In mir löst das stets ein Unbehagen aus, wenn ich lese, »xy leidet unter einer bipolaren Störung« oder »leidet unter einer Schizophrenie«, einige würden das für sich so sagen, andere nicht. Ich würde eher sagen, dass ich eine besondere Sensibilität habe und deswegen unter bestimmten Umständen Manien und Psychosen erlebt habe. Ein Arzt sagte mal zu mir, »krank« könne ich einfach nur die Zeiten nennen, in denen ich in der Klinik war, als ich gefragt habe, was die »Störung« eigentlich genau bedeute. Und eine andere Ärztin sagte, ich solle einfach auf meinen Schlaf und auf mich achten, wegen meiner »Gene«. Ich denke tatsächlich, dass es Menschen gibt, die anfälliger für Psychosen sind, ich würde allerdings nicht von »Risikogenen«, sondern genauso von Sensibilität sprechen. In einem Aufsatz von Margret Osterfeld lese ich, dass sie das ihren Patient:innen während der »Psychoedukation« als eine »Fähigkeit« erklärt hat, und denke: wie schön!

~

Während einer Gruppentherapiesitzung sollten wir uns zu unserem Stuhl wie zu unserer »Krankheit« positionieren. Manche saßen auf dem Stuhl, manche standen dahinter, manche daneben. Manche näher an dem Stuhl, manche weiter weg. »Ich glaube nicht, dass es psychische Krankheiten gibt, also die gibt's natürlich, aber eben auch in dem Sinne, wie es Hexen gibt, wenn man an sie glaubt«, sagt der Psychiatrie-Erfahrene Aktivist Matthias Seibt. »Das ist nichts Festes, wie ein Baum oder ein Fahrrad, sondern das ist ein Begriff: ›psychisch krank‹. Da kann man dran glauben oder man kann es lassen. Ich glaube da nicht dran, ich finde, das ist ein schädlicher Begriff. Man sollte den nicht benutzen.« Als Beispiel führt er an: »Also da ist jemand Opfer einer Gewalttat geworden und leidet seelisch darunter. Diesen Menschen als psychisch krank zu diffamieren, finde ich nicht in Ordnung, das ist ja eine angemessene Reaktion, wenn es jemandem schlecht geht, warum soll das eine psychische Krankheit sein?« Außerdem, sagt er, gäbe es anders als für Tuberkulose dafür schließlich keine Tests. »Das sind alles sozialwissenschaftliche Geschichten. Nichts Naturwissenschaftliches.«

Wie ich nach meinem Reha-Aufenthalt begeistert feststelle, gibt es in vielen Ländern ein unfassbar großes Netz aus Selbsthilfegruppen und -organisationen, von engagierten Ehrenamtlichen, Orte des Empowerments, in denen der Slogan »Nur für Verrückte«, wie Hermann Hesse seinem »Tractat vom Steppenwolf« voranstellt, wirklich gilt und in denen man oft sehr viel mehr Verständnis entgegengebracht bekommt als von manchen »Professionellen« im therapeutischen System.

»Die« Community ist ziemlich zersplittert, merkte ich, es gibt verschiedene Lager, was Haltungen zur psychiatrischen Versorgung angeht, zwischen antipsychiatrisch eingestellten Menschen, die die Psychiatrie abschaffen wollen, und anderen, die das, was ihnen ein Arzt für alle mit derselben Diagnose sagt, verallgemeinern. Es gibt diejenigen, die sagen, dass sie eine »psychische Erkrankung« haben oder hatten, manche sprechen auch von einer »Besonderheit« oder »Behinderung« oder »seelischen Beeinträchtigung«, die bleibt. Manche sagen, dass sie Krisen erlebt haben, und finden Begriffe wie »psychische Krankheit« diskriminierend und fühlen sich durch ihre Erfahrungen nicht längerfristig eingeschränkt. Manche betonen, dass es die Diskriminierung ist, die sie be-hindert, und tun sich mit Menschen zusammen, die andere Behinderungen haben. Manche Menschen organisieren sich nach Diagnosen in Gruppen und identifizieren sich zum Teil stark damit – auch über einzelne Krisenerfahrungen hinaus. Andere treffen sich in Psychoseseminaren mit Menschen, die einmal oder mehrmals im Leben psychotische Erfahrungen gemacht haben, oder tun sich unter anderen Symptomen zusammen, wie etwa dem Stimmenhören. Oder aber sie verbünden sich als Psychiatrie-Erfahrene.

In Berlin ist das Selbsthilfenetz im Vergleich zu anderen deutschen Städten groß und es gibt sehr viele sogenannte Psychoseseminare. Dort trifft man Menschen in akuten Manien und Psychosen, bei anderen liegen diese Erfahrungen Jahre zurück. Die allermeisten sind nicht so »verrückt«, wie man sich *Verrückte* vielleicht gemeinhin vorstellt, ja, ich glaube, viele *Verrückte* gehören gerade wegen der Repressalien aufgrund ihrer »Andersartigkeit« mit zu den vielleicht angepasstesten Menschen. Wenn in Selbsthilfekontexten *Verrückte* das erste Mal zu einer Gruppe hinzustoßen, sagen sie oft verwundert: »Ihr seid ja alle ganz normal!«

~

Theiß Urbahn frage ich, als ich ihn für ein Gespräch besuche, ob Psychiatrie-Erfahrene nicht eigentlich ermutigt werden müssten, Psychiater:in oder Therapeut:in zu werden. »Ja, warum nicht«, sagt er. »Sie wissen doch viel besser als ich, was eine Psychose ist, und können es wahrscheinlich auch viel besser weitervermitteln und erklären.« Die Tatsache, dass es »Professionelle« gibt, die das anders sehen, erklärt er sich so: »Das ist immer noch die vernichtende Auffassung, einmal schizophren, immer schizophren. Und unheilbar krank so wie Kraepelin das formulierte.« Er verweist darauf, dass dieser die Schizophrenie »Dementia praecox« nannte, auf Deutsch: vorzeitige Verblödung. »Das ist doch schlimm«, sagt Urbahn. »Das ist sozusagen die Geburtsstunde der deutschen Psychiatrie.«

Verletzlichkeit

Während wir uns gewissermaßen alle unter einem »Schleier des Nichtwissens« in der Frage befinden, ob wir in unserem Leben psychische Krisen erleben oder nicht, geht John Rawls in seiner Gerechtigkeitstheorie davon aus, dass die Menschen, die sich im sogenannten Urzustand zusammenfinden zur Festlegung von Gerechtigkeitsgrundsätzen für eine gerechte Gesellschaft, in etwa über dieselben Fähigkeiten verfügen. Die Philosophin Martha Nussbaum schreibt, dass verschiedene Gruppen in diesem theoretischen Modell ausgeschlossen werden: Klassische Vertreter der Vertragstheorien wie John Rawls seien »alle davon ausgegangen, daß die Vertragsparteien Männer sind, die in etwa über die gleichen Fähigkeiten verfügen und zu produktiver ökonomischer Tätigkeit in der Lage sind. Dementsprechend wurden Frauen (die nicht als ›produktiv‹ galten), Kinder und alte Menschen nicht als Teilnehmer der Verhandlungssituation verstanden – auch wenn die Vertragsparteien deren Interessen durchaus repräsentieren konnten.«

Weiter schreibt sie: »Von ihren geistigen und körperlichen Fähigkeiten heißt es, wie schon für die Parteien aus *Eine Theorie der Gerechtigkeit*, daß diese ›im Bereich des Normalen‹ liegen. Letztlich formulieren die Parteien demnach Prinzipien für Bürger, die, wie sie selbst, Menschen ohne schwere geistige oder körperliche Einschränkungen sind.« Sie schreibt auch, dass das nicht bedeutet, dass Menschen mit Beeinträchtigungen nicht über die Fähigkeit verfügen würden, Parameter für eine gerechte Gesellschaft aufzustellen. Gleichsam schreibt Rawls davon, dass man unter dem »Schleier des Nichtwissens« seine künftige »natürliche[n] Gaben wie Intelligenz oder Körperkraft« und »besonderen psychologischen Neigungen nicht kennt«. Die Frage ist, inwiefern sich Menschen unter einem »Schleier des Nichtwissens« überhaupt vorstellen können, wie es ist, ein *Verrückter* zu sein. Während Betroffene heute immer mehr als »Erfahrungsexpert:innen« anerkannt werden und als Genesungsbegleiter:innen Teil des Systems werden dürfen, sitzen in den Entscheidungspositionen hauptsächlich Menschen ohne Diagnose bzw. »ungeoutete« Menschen.

Zur Veranschaulichung dieser Problematik hilft es, ein berühmtes Gedankenexperiment aus der Philosophie des Geistes heranzuziehen. Der Philosoph Frank Jackson schreibt in einem Beitrag mit dem Titel »What Mary didn't know« von einer Neurophysiologin und Expertin für das Sehvermögen mit dem Namen Mary, die in einem schwarz-weißen Raum lebt und noch nie Farben gesehen hat. Seit ihrer Geburt kann sie diesen Raum nicht verlassen, die Außenwelt sieht sie über einen Monitor. Ebenfalls in Schwarz-Weiß. Auf neurophysiologischer Ebene hat Mary alle Kenntnisse über das Sehen, außerdem kennt sie Begriffe für Farben, die Funktion der Netzhaut, die Vorgänge im Gehirn – doch weiß sie über das Sehen deshalb tatsächlich alles? Das Gedankenexperiment soll einen reduktiven Physikalismus problematisieren: Viele Menschen sind der Meinung, dass Mary selbstverständlich etwas dazulernen würde, wenn sie den schwarz-weißen Raum verlässt und selbst Farben sieht. Im Kontext der Psychiatrie kann dieses Gedankenexperiment die These stützen, dass Psychoseerfahrene Menschen, die Ärzt:innen werden, durch ihre Erfahrungen über eine zusätzliche Kompetenz verfügen.

International hat sich eine sozialwissenschaftliche Disziplin entwickelt, die sich Mad Studies nennt und in Kanada erstmals in den 2000er Jahren in Erscheinung getreten ist. »Seither organisieren sich unter dieser Bezeichnung insbesondere im nordamerikanischen und europäischen, vereinzelt jedoch auch im weiteren globalen Raum emanzipative Auseinandersetzungen mit VerRücktheit und kritische Forschungen zu Psych-Zusammenhängen«, schreibt Eliah Lüthi. Die Mad Studies vereinen auch ethnologische Ansätze, die sich mit Gemeinschaften von Menschen beschäftigen, die psychiatrisiert wurden und auch mit den Widerständen auseinandersetzen, sie sind als aktivistische Wissenschaft zu verstehen und versammeln zugleich künstlerische Formen der Wissensproduktion. Eine mit der Psychologin Shaindl Diamond gesprochen weltweite Bewegung, die aus »kleineren politischen Gruppierungen an verschiedenen Plätzen rund um den

Globus besteht, die sich auf Grundlage ihrer politischen Orientierung, Prioritäten, Identität, Kultur und Geschichte zusammenfinden«.

Communities

Ich treffe mich während einer USA-Reise mit Nadia N. Mbonde in New York, in einem kleinen, pinken Café in Brooklyn. Draußen ist es hektisch, wird gehupt, drinnen hinten in einer Ecke im Café sind wir geschützt, an der Wand hängen Porträts von Frauen. Wir sprechen dort offen über alles, beide waren wir schon *verrückt*. Mbonde ist Künstlerin und promoviert in Anthropologie an der New York University. Sie geht so offen mit dem *Verrücktsein* um, dass auf ihrem Instagram-Account in der Beschreibung »Mad/Crip Mother Scholar« steht. In den USA scheint das Adjektiv »mad« als Selbstidentifikation verbreiteter zu sein als das Reclaiming *verrückt* in Deutschland. Wenn ich in trialogischen Runden in Deutschland statt »Betroffene« »*Verrückte*« bei der Vorstellung sage, schauen dort manchmal noch Menschen irritiert, obgleich das Wort etwa bei Prides auch in Deutschland verbreitet ist: »Behindert und verrückt auf die Straße zurück« lautete der Slogan der Pride 2023 in Berlin.

»Darf ich dich umarmen?«, fragt Mbonde, als wir aufeinandertreffen. Wir unterhalten uns offen über das *Verrücktsein*, für mich ist das immer noch ungewohnt, sie ist geübter.

»›*Mad*‹ ist eine politische Identität für viele Menschen, aber ›psychisch krank‹ ist auch relevant, weil manche Menschen Krankheit erfahren. Ich denke, die verschiedenen Wörter bezeichnen verschiedene Aspekte von dieser Erfahrung«, sagt Mbonde und ich stimme ihr zu. Ich frage sie, ob sie ihre Psychose nur als negativ beschreiben würde.

»In den USA ist es eine schlechte Erfahrung, weil es kein System der Unterstützung gibt. Die Polizei kann involviert sein, sie können dich gegen deinen Willen bändigen, du kannst kriminalisiert oder sogar getötet werden. Es gibt wenig Bewusstsein dafür, kaum Toleranz.« Sie selbst findet, dass »bipolar« zu ihr passt, aber benutzt auch wie ich das Wort »Störung« nicht gerne. Ich sage zu Nadia: »›Professionelle‹ sagen manchmal: Ihr müsst einfach verstehen, dass ihr ›krank‹ seid, und dann sagen manche Menschen: ›Ich kann mich damit nicht identifizieren.‹ Und dann heißt es: ›Du brauchst nur Zeit, du wirst es noch lernen.‹ Dabei geht es oft einfach um die Begriffe.« Sie sagt: »Darum ist Sprache so wichtig und darum mache ich auch meine Forschung.«

Ich denke oft, dass die Sprache, die wir *Verrückten* haben und die nicht wir selbst, sondern andere in die Welt gebracht haben, oftmals schlicht nicht ausreicht. Aber ich ringe für das, was ich erlebt habe, immer wieder mit dem richtigen Begriff, auch weil ich damit viel Positives verbinde. Kübra Gümüşay schreibt: »Es gibt Lücken. Zwischen der Sprache und der Welt. Nicht alles, was *ist*, kommt zur Sprache. Nicht alles, was *geschieht*, findet seinen Ausdruck darin. Nicht jeder Mensch kann in der Sprache, die er spricht, sein. Nicht etwa, weil er die Sprache nicht ausreichend beherrscht, sondern weil die Sprache nicht ausreicht.«

Nadia N. Mbonde ist selbst Schwarz und forscht zu Selbstidentifikationen in der Schwarzen Community in den USA. »Sie benutzen wegen der Geschichte der Sklaverei andere Begriffe«, erklärt sie. »Macht und Worte unterdrücken.« Sie betont, dass Psychiatrien auch zur Unterdrückung Schwarzer Menschen eingesetzt worden sind, deshalb gäbe es einen »selbstverständlichen Widerstand gegen psychiatrische Begriffe«. Sie verweist auf den Begriff der »Protest-Psychose«.

Auch die Kulturwissenschaftlerin Peet Thesing schreibt über die sogenannten »Protest-Psychosen« von Schwarzen im Frankreich der 1960er Jahre. »Schizophrenie galt als ›Protest-Psychose‹, in der Widerstand gegen die rassistische Gesellschaft als individuelle Krankheit verstanden wurde, nicht als Produkt der rassistischen Gesellschaft.« Thesing schreibt, dass das an die Diagnose »Drapetomanie« erinnere, »mit der im 19. Jahrhundert der Drang von Sklaven, aus der Gefangenschaft zu fliehen, bezeichnet wurde«. Sie schreibt: »Dies galt damals als psychische Krankheit.« Als ich nach dem Gespräch mit Nadia zur U-Bahn gehe, verlaufe ich mich. Ich drehe mich um und sehe plötzlich ein Wandbild an einer Fassade mit der Aufschrift: »Moments that give me hope«. Ja, denke ich und halte inne, wie schön, dass ich mich verlaufen und dieses Bild gesehen habe. Zufall, denke ich innerlich zwinkernd. Und: »Bloß nicht psychotisch werden!«, als ich mich davon angesprochen fühle – ich frage mich nicht, wie kann es sein, dass dieses Bild jetzt passenderweise dort hängt, sondern freue mich einfach darüber und verspüre ein Gefühl von Dankbarkeit.

~

Was das Anerkennen der Erfahrungen von Menschen, die selbst Psychosen erlebt haben, im psychiatrischen System angeht, hat sich vieles gewandelt, in Deutschland etwa durch Dorothea Buck. »Ihr Engagement führte zu einer spektakulären Aufwertung der Nutzerperspektive in Deutschland. Ganz ähnlich förderte die ebenfalls psychiatrieerfahrene Patricia Deegan in den USA die Recoverybewegung, die den ›Mythos der Unheilbarkeit‹ psychotischer Störungen erschütterte und durch Modelle der Genesung und Gesundung ersetzte«, schreibt Brückner. Dorothea Buck setzte sich sehr dafür ein, dass Psychoseerfahrene gehört werden und mitbestimmen können.

Gemeinsam mit dem Psychologen Thomas Bock startete sie 1989 das erste trialogische »Psychoseseminar«, eine Zusammenkunft aus »Betroffenen«, »Professionellen« und »Angehörigen«, bei welchem es darum geht, Psychosen besser zu verstehen. Heute gibt es in Deutschland über hundert solcher Seminare. »Die Basis für eine empirische Wissenschaft, die die Psychiatrie sein will und sein muß, kann nur durch das Erleben des Patienten, können nur unsere Erfahrungen mit der Psychose sein«, sagte Buck in einem Vortrag. »Vor allem aber bedeutet der Erfahrungsaustausch eine Befreiung von der psychiatrischen Abwertung unserer Psychosen als einem sinnlosen Erleben, die zur Verleugnung der eigenen Lebensgeschichte zwingt, eine Befreiung aus der inneren Isolierung des Schweigenmüssens.«

~

Wir lernten in der Reha, was wir tun können, um Psychosen bzw. Manien in Zukunft vorzubeugen, und machten hilfreiche Achtsamkeitstrainings, die gegen Grübeln helfen. Wenn wir Badminton spielten, ermahnte A. mich jedes Mal, wenn ich in meinen Gedanken versank, anstatt mich auf den Ball zu konzentrieren. Wir spielten manchmal um einen Müsliriegel oder um ein Croissant. Manche waren mehr oder weniger *verrückt* gewesen – manche würden vielleicht sagen, gar nicht »richtig *verrückt*«, weil sie nicht psychotisch waren. »Also ich würde jetzt nicht nackt die Schönhauser Allee langlaufen oder sowas«, sagte F. über seine Manien. Er sagte: »Ich bin manisch-depressiv, aber bei mir fehlt da die schizophrene Komponente.« Er kauft stattdessen zum Beispiel ziemlich viele Schuhe und weiß, dass er vor allem im Sommer aufpassen müsse, nicht manisch zu werden.

Kontinuitäten

In Frankfurt am Main treffe ich Margret Hamm, die zu der Arbeitsgemeinschaft Bund der »Euthanasie«-Geschädigten und Zwangssterilisierten (BEZ) gehört. Dorothea Buck war in den

1980er Jahren Gründungsmitglied des Bundes, der für die Anerkennung der Euthanasie-Opfer als rassisch Verfolgte kämpft. Über ihren Kampf um Anerkennung der NS-Verfolgten sagt Margret Hamm: »Diese Geschichte ist wie ein Krimi.«

Sie erzählt, dass Klara Nowak, die damalige Vorsitzende des BEZ, schon 1987 darum gekämpft hat. »Und bis heute ist das nicht 100 pro erreicht worden. Auf der gesellschaftspolitischen Ebene, da sind sie inzwischen rehabilitiert. Aber dass sie auf der entschädigungspolitischen Ebene anerkannt werden, verweigert man ihnen bis zum heutigen Tage.«

Als Zeichen gegen Diskriminierung von *Verrückten* heute wäre es in meinen Augen unabdinglich, die Opfer anderen Opfern gleichzustellen. 1987 wurden im Bundestag zum ersten Mal auch Personen angehört, die selbst aufgrund ihrer psychiatrischen Diagnose sterilisiert worden waren. »Allerdings war unter den geladenen Sachverständigen auch ein gewisser Prof. Dr. Dr. Dr. h. c. Helmut E. Ehrhardt, zu dieser Zeit Emeritus und Direktor am Universitätsinstitut für Geschichte und Sozial-Psychiatrie an der Universität Marburg«, schreibt Kathrin Braun. »Sowohl die Tatsache, dass Ehrhardt überhaupt als Sachverständiger geladen war, als auch seine inhaltlichen Ausführungen zugunsten einer Zurückweisung der Ansprüche von Zwangssterilisierten zeigen, dass vieles von dem, was die eugenische Sterilisationspolitik im Nationalsozialismus überhaupt möglich gemacht hatte, auch Mitte der 1980er-Jahre noch sagbar war.« Der Verweis auf die »Wissenschaftlichkeit« der Sterilisationspraxis wurde als Argument angeführt. »Die Autoren des GzVeN [Gesetz zur Verhütung erbkranken Nachwuchses], meinte Erhardt, seien ›namhafte Wissenschaftler‹ und keine nazistischen Ideologen gewesen. Er wiederholte damit jene Einordnung, die er und Nachtsheim bereits 1961 bei der Anhörung des Wiedergutmachungsausschusses vertreten hatten: Das GzVeN, so Nachtsheim damals, müsse von der nationalsozialistischen Rassenpolitik getrennt werden, es sei vielmehr ›ein unpolitisches Gesetz, das zum Schutz der Erbgesundheit des deutschen Volkes bestimmt war‹.«

Prof. Dr. Dr. Dr. h.c. Helmut E. Ehrhardt hatte noch eine weitere Begründung, um zu erklären, warum es sich nicht um Verfolgung, sondern schlichtweg um eine »›ordnungsmäßige Sterilisation‹« gehandelt habe. »Nicht die Zwangssterilisation galt ihm als Unrecht, sondern im Gegenteil eine mögliche Entschädigung für diese«, schreibt Kathrin Braun. »Die Opfer wurden so zu Tätern umgedeutet: Indem sie eine Entschädigung bekämen, würde anderen Verfolgten Unrecht getan. Ehrhardt mobilisierte dabei bestehende Ressentiments und Stereotype, um die Zwangssterilisierten im Verhältnis zu anderen Verfolgten herabzusetzen.« Hamm zitiert: »›Was werden sie wohl sagen, wenn etwa ein asozialer Trinker auf die gleiche Stufe gestellt werden soll wie alle diejenigen, die als achtbare Staatsbürger nur wegen ihrer Rasse, ihres Glaubens oder ihrer politischen Überzeugung über Jahre in einem Kz. gequält wurden?‹« Menschen, die zwangssterilisiert wurden, konnten erst 1988 einen Antrag auf Härteleistung stellen, bis heute warten die Betroffenen darauf, Zahlungen im Rahmen des Bundesentschädigungsgesetzes (BEG) zu bekommen – vergeblich.

An der Fassade der psychiatrischen Klinik in Jena, in welcher der bekannte Psychiater Otto Binswanger Nietzsche behandelt hat, weisen Gedenktafeln auf Binswanger und den Psychiater Hans Berger hin, den Erfinder der Elektroenzephalografie. Wenn die Patient:innen die Klinik begehen, laufen sie heute noch durch eine Tür, über welcher »Hans Berger Klinik« steht. 2022 hat sich die Klinik jedoch offiziell von dem Namen Hans Berger getrennt, da der Nobelpreisträger während der NS-Zeit Beisitzer beim Erbgesundheitsobergericht war. Es gab außerdem eine Debatte zur Umbenennung der Hans-Berger-Straße in der Stadt, jedoch hat man sich darauf geeinigt, den Straßennamen beizubehalten und die Straßenschilder mit einem Hinweis zu versehen. Vor der Klinik steht eine Hans-Berger-Büste, eine Initiative kämpft darum, dass auch an der Büste auf seine menschenfeindlichen Taten während der NS-Zeit hingewiesen wird. Ich war entsetzt, als ich während einer Diskussionsveranstaltung durch einen Redebeitrag aus dem Publikum erfuhr, dass bis heute von einigen das Argument vorgebracht wird, dass es sich bei den Zwangssterilisationen nicht um spezifisches NS-Unrecht handelt und NS-Täter bis heute mit dem Argument entlastet werden sollen, dass es schon vor der NS-Zeit und auch in anderen Ländern Zwangssterilisationen gab. Ein Argument, das auch in den 1960er und 1980er Jahren vorgebracht wurde, um gegen die Anerkennung von *Verrückten* als NS-Verfolgte zu argumentieren, um sich gegen eine Umbenennung oder eine Entschädigung zu äußern – und eines, das mir als eine, die davon heute betroffen wäre, Angst macht. Denn es klingt ganz so, als sei an dieser dadurch normalisierten, menschenverachtenden Praxis gar nicht so viel auszusetzen.

~

Ich war auch überrascht, als ich während meiner Recherche hörte, dass es einen seit langem grassierenden Streit darüber gibt, ob die Namen der »Euthanasie«-Opfer öffentlich genannt werden sollten oder nicht. »Ein zentrales Anliegen unserer Arbeit ist es, die Lebensgeschichten von Opfern der NS-›Euthanasie‹-Verbrechen sichtbar zu machen. Dazu arbeiten wir mit Angehörigen und Initiativen zusammen«, steht auf der Website des Gedenkorts T4. In einem Aufsatz anlässlich der erstmaligen vollständigen Namensnennung der Opfer in Hadamar 2016 schreibt Robert Parzer, dass ihre Nachnamen zuvor nur abgekürzt verwendet werden durften.

»Der Grund dafür scheint im sich gerne liberal und integrativ gebenden Deutschland fast unglaublich: Es gelte, die Rechte von Angehörigen zu schützen. Diese seien gefährdet, weil sie bei voller Namensnennung in Verbindung mit jemandem gebracht werden könnten, der – horribile dictu – psychisch krank oder geistig behindert war.« Es zeigt, wie sich Diskriminierung und eugenische Vorstellungen in der Gesellschaft halten.

Margret Hamm sagt, man muss die Angehörigen fragen, wenn man die Namen der Opfer nennen will, und moniert, dass Namensnennungen häufig über deren Köpfe hinweg geschehen sind: »Es gibt viele in der zweiten oder dritten Generation, die das absolut nicht wollen, dass die Namen öffentlich sind, weil sie Angst haben vor Stigmatisierung, die ja heute noch passiert.« Das zeigt ebenfalls, wie die von vielen »Professionellen« immer wieder in den Vordergrund gerückte angenommene genetische Veranlagung für das *Verrückt*-werden heute noch zu Diskriminierung führt.

~

Ich ging später regelmäßig in eine Ambulanz, um meine Tabletten abzuholen, einmal traf ich dort auf eine Vertretungsärztin, die ganz erstaunt und erfreut darüber war, wo ich arbeite. Sie sagte, sie praktiziere sonst meistens auf einer Akutstation und könne sich gar nicht vorstellen, dass die Leute dort wieder normal arbeiten gehen.

Während der Recherche sagen mir Menschen, die selbst im psychiatrischen System tätig sind, immer wieder, dass es dort sehr viele Vorurteile gäbe. Der Psychiater und Psychotherapeut Jann E. Schlimme sagt über das vorherrschende Bild in der Gesellschaft: »90 Prozent der Leute glauben, dass alle, die mit Psychosen zu tun haben, in einer therapeutischen Wohngemeinschaft leben, in einer Werkstatt arbeiten gehen und fünf Medikamente nehmen. Dieses Bild ist auch unter psychiatrischen Kolleg:innen verbreitet.«

Das Verständnis von »einmal krank, immer krank« und »alle gleich krank« oder »bestimmt bald wieder krank« mit all seinen diskriminierenden und ableistischen Implikationen, wie den Annahmen, dauerhaft bestimmte Sachen nicht »zu schaffen«, zeigte sich in meinem Fall auch im Zusammenhang mit der Corona-Pandemie, als ich als *Verrückte* als Teil der »Risikogruppe« eingestuft wurde. Ich habe mich sehr gefreut und war froh, früh eine Impfung zu bekommen. Gleichzeitig war ich verwundert darüber und fragte mich nach der Begründung. Ich hatte kein geschwächtes Immunsystem oder sonst irgendwelche körperlichen Beschwerden, aufgrund derer ich sensibler auf eine Corona-Infektion reagiert hätte. Unter der Überschrift »Warum Menschen mit schweren psychischen Erkrankungen zur Risikogruppe gehören« steht auf der Website der Deutschen Gesellschaft für Psychiatrie und Psychotherapie, Psychosomatik und Nervenheilkunde e.V.: »[Sie] sind in besonderem Maße Umweltfaktoren ausgesetzt, welche als Risikofaktoren für COVID-19-Infektionen gelten (z.B. niedriger sozioökonomischer Status, unsichere Arbeitsbedingungen, Wohnungslosigkeit, Institutionalisierung und Unterbringung).« Weiter steht dort: »Menschen mit schweren psychischen Erkrankungen haben außerdem mehr Schwierigkeiten bei der Befolgung und Umsetzung der komplexen und sich ständig ändernden Regeln und Verpflichtungen zur Eindämmung des Corona-Virus.«

Ich spreche daraufhin mit einer Person, die ein einziges Mal in ihrem Leben eine schwere Manie bzw. Psychose hatte (im Jugendalter, vor knapp zehn Jahren, nachdem sie an einem Abend sehr viel gekifft hatte) und seitdem nicht mehr manisch bzw. psychotisch war. Sie gehört gleichsam noch zu der Gruppe der »schwer psychisch Kranken« und hat rund zehn Jahre später einen entsprechenden Brief bekommen. Ich erinnere mich, wie wir darüber gesprochen haben und beide perplex waren, weil nichts davon auf uns zutraf. Sowieso waren wir, was die Corona-Maßnahmen anging, ziemlich vorsichtig und fragten uns, aus welchem Grund wir das nicht sein sollten. Kurzum: Uns kam diese Begründung ableistisch und klassistisch vor. Die Idee »einmal krank, immer krank« bzw. schlichtweg die fehlende Unterscheidung zwischen »Krankheitsphasen« und solchen, in denen keine Symptome vorhanden sind, finden sich an allen möglichen Ecken im psychiatrischen System.

~

Ava Anna Johannson ist Kunsttherapeutin, Diplom-Pädagogin, Genesungsbegleiterin und Ausbilderin für EX-IN: »Dahinter steckt die Idee, dass Psychiatrie-Erfahrene zu bezahlten Fachkräften im psychiatrischen System qualifiziert werden«, steht auf der Website des Vereins EX-IN Deutschland. Auch Johannson sagt: »Vorurteile innerhalb des Systems sind auf jeden Fall ein Problem. Bei Helferinnen und Helfern gibt es die gleichen Vorurteile wie überall und manchmal habe ich sogar das Gefühl, dass sie noch stärker sind, weil es bei einigen ein Bedürfnis gibt, sich von den Betroffenen abzugrenzen.« Sie erzählt: »Ich bin betroffen von sexualisierter Gewalt in Kindheit und Jugend und habe eine Traumafolgestörung«, eine, wie sie sagt, »normale Reaktion auf ein unnormales Ereignis«. Die Tatsache, dass sie es geschafft habe »zu überleben«, und die Symptome, die sie als »Bewältigungsversuche« versteht, betrachtet sie als Erfahrungsschätze. Sie erzählt, dass sie Fortbildungen für Fachkräfte hält. »Ich bin hin und wieder in Situationen, in denen die Fortbildungsleiterin vergessen hat, anzukündigen, dass ich aus der Betroffenenperspektive spreche, und im Laufe des Vortrags haben die Leute das verstanden. Und das war hinterher sehr wertvoll, weil einige Teilnehmer:innen zu mir gesagt haben: Hätten wir es vorher gewusst, wären wir anders in den Vortrag reingegangen und hätten ihn von vornherein vielleicht nicht so ernst genommen. »Das war eine gute Gelegenheit, um über Vorurteile ins Gespräch zu kommen.«

~

Ich will K. etwas für mein Buch fragen. Sie fragt: »Darf ich mich dafür auf mein Bett legen? Wie beim Psychoanalytiker auf der Couch?« Sie sagt, dass sie drei Psychosen erlebt hat, bei denen sie Stimmen hörte. »Die letzte war eine Erkenntnispsychose und sie hatte mit Anpassung zu tun, mit Anpassung an diese Gesellschaft, und ich habe Stimmen gehört wie: ›Werde Teil dieser Welt.‹ Für mich waren das positive Erlebnisse. So was wie ein Schlüsselmoment.« Sie sagt, es sei darum gegangen, sich nicht ausgrenzen zu lassen: »In Gruppen war es manchmal schwer für mich, meine Rolle zu finden, und es ging darum, dass ich das Selbstbewusstsein habe zu sagen: Hey, ich bin auch Teil dieser Gesellschaft und ich habe das Recht, mein Leben zu gestalten, und muss mir keine Gedanken machen, angestarrt oder ausgegrenzt zu werden!« Weil sie mir schon mal davon erzählt hat, frage ich sie nochmal danach, inwiefern sie ihre Rassismus-Erfahrungen als ursächlich für ihre Psychosen betrachtet.

Sie erzählt, wie sie zum Studieren in eine andere Stadt gezogen ist: »Alleine, und da habe ich mich zum ersten Mal fremd im eigenen Land gefühlt, weil in meiner ›Homebase‹ war es selbstverständlich, dass ich ein Teil der Gesellschaft bin.« Sie fühlte sich von anderen beobachtet. »Die haben mich angeguckt, denn ich bin ja auch bisschen ›auffällig‹, groß und Schwarz.« Die neue Stadt, eine Großstadt, sei hektisch gewesen. »Ich habe meinen Platz nicht so richtig gefunden und mich missverstanden gefühlt. Ich habe große Angst bekommen vor den Blicken und ich wurde oft gefragt, wo ich herkomme, und ich wusste nicht, was die hören wollten: aus Afrika oder aus Deutschland?!« Sie beschreibt ein »paranoides Gefühl, nicht akzeptiert zu werden«. Als ich sie frage, ob sie mit ihrem Therapeuten darüber geredet hat, sagt sie: »Nicht explizit unter dem Schlagwort Rassismus, es ging eher darum, dass ich die Blicke nicht ertrage.« Sie erzählt, dass sie anfangs noch keine Stimmen gehört habe und ihr eine »neurotische Angststörung« diagnostiziert worden sei. Später hatte sie eine Psychose mit Stimmen, die sagten »gucken, gucken, gucken«. Ihr letzter Therapeut habe das mit Rassismus verknüpft.

Später schreibt sie mir, dass sie einen Beitrag in der *Tagesschau* gesehen hat, in dem es darum ging, dass Diskriminierung »krank« macht, Depressionen und Angststörungen fördert. Ich bin im Gegensatz zu ihr ziemlich privilegiert, weil ich »nur« als *Verrückte* und Frau Diskriminierung erlebe. Und sie hat eine »paranoide Schizophrenie« diagnostiziert bekommen, die wohl als die am stärksten stigmatisierte »psychische Krankheit« gilt.

~

Auf der »Behindert und verrückt feiern«-Pride-Parade 2023 in Berlin prangt die Aufschrift »Diagnosen zu Seifenblasen« auf dem Banner an einem Wagen, der mit lauter Musik zum Kottbusser Tor zieht, wo später noch die Verleihung der »Glitzerkrücke« stattfinden wird, verliehen wird der »Negativpreis« in diesem Jahr an die Berliner Senatsverwaltung für Bildung, Jugend und Familie »für Ihren Ausschluss behinderter Schüler_innen vom Unterricht in Regelschulen«. »KEIN ungefragtes ›Helfen‹«, steht auf dem Rucksack einer Person, die wie viele andere mit einem Rollstuhl hinter dem Wagen fährt, darunter: eine Regenbogenflagge. Neben vielen Redebeiträgen wird ein Audiobeitrag von Eliah Lüthi vorgespielt, in dem Lüthi Erfahrungen als nonbinäre Person in einer Psychiatrie thematisiert, in der man nicht weiß, ob man Lüthi nun in ein »Herr Zimmer« oder ein »Frau Zimmer« bringen soll. Immer noch ungewohnt, mich selbstbewusst als *Verrückte* zu zeigen, denke ich als Pride-Besucherin in der bunten Menge. Zugleich entsteht auch durch dieses Gefühl eine Art Verbundenheit. Zuvor gab es Beiträge von dem »Genethischen Netzwerk e.V.«, anderen Aktivist:innen und Bündnissen. Eliah Lüthis Beitrag endet mit den Worten: »Auf dass wir alle mit jedem Beitrag, jeder Person, die hier auf der beHindert & verRückt Feiern Parade ist (oder aus der Ferne teilnimmt), Fäden spinnen. Und mit jedem Gespräch, jedem Gedanken, jeder Handlung in unserem Alltag gemeinsam an einem Netz weben, das weniger bitter schmeckt. Das in all ihrer Unterschiedlichkeit unseren eigenen Sprachen entspringt und in unseren beHindert_verRückten Verbundenheiten eine Form von Halt schafft, die nicht nur dem Überleben gilt, sondern unsere Leben atmen und feiern lässt.«

8

MEHR ALLIES!

Warum Menschenrechtler:innen unsere Verbündeten sein müssen

Um mit Kritik gehört zu werden in der Gesellschaft, um den Schutz zu bekommen, den wir brauchen und der stark macht, anstatt uns zu schwächen, und auch um wir selbst sein zu können: Für all das brauchen *Verrückte* Verbündete.

~

Das Wissen darüber, dass man uns, wenn wir in der Reha *verrückt* würden, in eine Psychiatrie in der Nähe bringt, hing wie eine dunkle Wolke über diesem ansonsten so friedvollen Ort. »Die Psychiatrie übernimmt nicht nur die Aufgabe einer institutionellen Abwehr«, schreibt der Psychologe Robin Iltzsche, »sondern sie produziert und inszeniert auch einen angstbesetzten Raum, [...] eine Drohkulisse, um für alle eine Abschreckung zu sein; um ein Ort zu sein, an dem niemand sein will und von dem alle wegwollen, wenn sie doch mal dort gestrandet sein sollten.«

Obgleich die Reha keine geschlossenen Türen hatte, war dort alles unter Kontrolle. Wenn wir nicht zu den eng getakteten therapeutischen Angeboten oder den verschiedenen Tests, IQ-Test, Konzentrationstest usw. kamen, mussten wir uns bei einer Ärztin, die nett war und die ich zugleich aufgrund ihrer ausstrahlenden Autorität etwas fürchtete, abmelden. Neben der Erholung, die sich einstellte, spürten wir *Verrückten* einen erzieherischen Druck.

Weil A. Therapien ferngeblieben war, hatte man sie schon zur

Ärztin vorgeladen, sie wusste: Man hatte sie schon seit einigen Tagen im Blick.

Sie war dabei, *verrückt* zu werden.

Ich hatte es an ihren flirrenden Augen gesehen, die groß schienen, begeistert, aber nicht im alltagssprachlichen Sinn des Wortes ›Begeisterung‹. Es schien im wörtlichen und altertümlichen Sinne, als ob wahrhaft ein Geist in sie gefahren sei – einer, der ihr Verhalten auf rätselhafte Weise veränderte. Es hätte, wenn man es sich denn als einen »Geist« vorstellen mag, sowohl ein guter als auch ein böser sein können. Zugleich wirkte sie orientierungslos. Ich hatte es in ihrem auffälligen Enthusiasmus vermutet, den ich so liebte und der uns andere *Verrückten* sonst auf magische Weise berührt und angesteckt hatte ebenso wie ihre pfiffigen Ideen und A.s offene Art, mit der sie auf andere Menschen zuging. All das war nun in überdrehter Weise in eine unbändige Ignoranz und Gereiztheit umgekippt, die nicht nur intuitiv, sondern zügellos schien. Sie war nicht mehr so anmutig wie sonst, eher könnte man sagen, rau, unvorsichtig, trampelig, vielleicht mehr das, was man in unserer Gesellschaft gemeinhin als »männlich« versteht. »Was wir ›Geisteskrankheit‹ nennen, sei es bei Männern oder Frauen, ist entweder das Ausagieren der abgewerteten weiblichen Rolle oder die totale oder teilweise Auflehnung gegen das Rollenstereotyp«, schreibt Phyllis Chesler 1972 in ihrem berühmten Buch *Frauen – das verrückte Geschlecht*, das bis heute als Standardwerk feministischer Psychologie gilt, auch wenn manche ihrer Positionen strittig sind.

A. sprach schnell, ihre Gedanken schienen sich zu überschlagen. Ich sagte ihr, dass ich ihr nicht folgen könne. Ich hatte ihre *Verrückung* auch daran gemerkt, dass sie die Tage zuvor erzählt hatte, nicht mehr schlafen zu können, und dass sie einerseits müde und erschöpft wirkte, zugleich wach und aufgeweckt schien, irgendwie »angeknipst«, voller Energie. Da war diese manische

Getriebenheit, und durch diese wirkte sie völlig abgekämpft. Ich hatte es an A.s verändertem Verhalten abgelesen, weswegen ich ihr, wüsste ich nicht, dass sie gerade dabei war, *verrückt* zu werden, durchaus hätte böse sein können, jedenfalls hat es mich ein bisschen verletzt. Ich musste mir immer wieder sagen, dass sie nichts dafürkonnte, dass das dem inneren Zustand geschuldet war, in dem sie verharrte.

Nachts hämmerte A. an die Tür meines Zimmers, das ihrem auf dem Flur der Reha-Klinik gegenüberlag. Nicht mehr aufbrausend-närrisch, nicht mehr kraftvoll-viril, ängstlich wie ein junges Mädchen, das sich im dunklen Haus fürchtete, suchte sie meine Nähe. Ich glaube, es war vier Uhr in der Nacht. Ich war wütend und fand sie sowohl liebenswert als auch störend, A. war augenscheinlich schutzbedürftig und hatte mich zu ihrer Retterin in der Not erkoren, was mir vielleicht gar ein bisschen schmeichelte. Vor allem aber wollte ich meine Ruhe. Sie konnte nicht schlafen und ich hatte nach einem anstrengenden Tag endlich in den Schlaf gefunden. Sie erzählte mir, dass sie mit einem toten Verwandten gesprochen habe und Angst hatte, sie bat mich, die Nacht bei mir verbringen zu dürfen und auch die nächsten Tage noch. Sie sagte, dass die Pfleger:innen ihr das *Verrücktsein* ansehen würden, außerdem hatte sie, ohne es mit »Professionellen« abzusprechen, schlagartig die Tabletten abgesetzt, was wohl der Auslöser dafür war, dass sie nicht mehr schlafen konnte und überhaupt *verrückt* geworden war.

Nicht nur durch Umbruchsituationen oder Herausforderungen des Lebens, auch durch das Absetzen dauerhaft eingenommener Medikamente gerät unser gewohntes In-der-Welt-Sein durcheinander. Dass ein abruptes Absetzen von Tabletten unsere Alltagsrealität durcheinanderbringen, das Unbewusste nach oben schwemmen oder kurz gesagt zu »Krankheitssymptomen« führen kann, ist bekannt. »Professionelle« weisen immer wieder darauf hin, dass Medikamente nicht ohne Rücksprache abgesetzt werden sollen. Oft kommt es bei der Reduktion innerhalb kürzester Zeit wieder zu Symptomen. Wenn man sie sehr langsam reduziert, lässt sich das verhindern, aber auch dann ist das Absetzen ein Kampf. Manche sprechen davon, dass sie mit den Tabletten in Watte gehüllt waren, die nun verschwindet. Plötzlich ist man durchlässiger, verletzlicher. Wenn die Absetzsymptome nachlassen, ist das Beenden der Einnahme für viele ein großer Gewinn. Jann E. Schlimme erklärt: »Es ist schon interessant zu sehen, wie viel kognitiv fitter, schneller, kreativer und Multitasking-fähiger die Leute sind, wenn sie ihre Tabletten reduzieren, keine Frage. Auch dass Antrieb und Stimmung besser werden.« Er sagt, die Medikamentenreduktion sei schwierig, »weil wir in Deutschland dazu neigen, die Medikamente zu lange zu geben, und wahrscheinlich von Anfang an zu hoch dosiert«. Ich habe viele Menschen getroffen, die ihre Tabletten trotz Nebenwirkungen weiternehmen wollen, weil das Absetzen nicht geklappt hat oder sie sich damit wesentlich besser fühlen als ohne, ich denke, jede:r muss die Freiheit haben, das selbst zu entscheiden, und vielleicht kommt es manchmal auch auf die Lebenssituation an.

»Ver-rücktheiten sind sehr unterschiedlich, aber sie müssen keine Krankheit sein oder werden: Ver-rücktheiten können uns helfen mehr über uns selber zu erfahren, neue Sichtweisen kennen zu lernen und können Phantasie und Kreativität freisetzen«, heißt es auf der Seite des Bundesverbandes Psychiatrie-Erfahrener. Und weiter: »Ver-rücktheiten können aber auch Leiden verursachen, unsere Beziehungen und die sozialen Lebensgrundlagen zerstören, dazu führen in der Psychiatrie zu landen und schlimmstenfalls den Tod verursachen.« Dort wird auch deutlich, dass Medikamente lediglich eine Möglichkeit unter vielen sind, um mit »Ver-rücktheiten« zurechtzukommen.

Der Psychiater und Philosoph Neel Burton schreibt: »Dass der Krankheitsverlauf in traditionellen Gesellschaften im Allgemeinen günstiger ist, kann damit zusammenhängen, dass psychische Störungen dort eher als Teil des Lebens und nicht als ein Zeichen von Krankheit oder Versagen betrachtet werden.« Und Stefan Weinmann bezieht sich auf eine Studie der WHO, um zu erklären, weshalb Menschen in industrialisierten Ländern schlechtere Krankheitsverläufe haben: »Die WHO identifizierte in einer großen epidemiologischen Untersuchung Menschen mit einer Schizophrenie und verfolgte sie über viele Jahre«, schreibt er. »In Ländern, in denen weniger Antipsychotika gegeben wurden, war der Anteil der Menschen mit nur einer psychotischen Episode viel größer als in stärker industrialisierten Ländern mit höheren Psychopharmaka-Behandlungsraten.« Die Studie zeige, dass Patient:innen in Ländern, in denen wenig verschrieben wurde, einen besseren Krankheitsverlauf gehabt hätten. »Und aufgrund der weiten Verbreitung von Antipsychotika, Antidepressiva und (mit Einschränkungen) auch Psychotherapien sowie aufgrund der immer früher beginnenden Behandlung in den westeuropäischen Ländern, den USA oder Australien sehen wir hier bei vielen Fällen von Psychosen oder manisch-depressiven Störungen häufig vor allem Medikament- und Absetzeffekte und kaum noch natürliche Verläufe.« Er schreibt auch davon, dass der »Medikationsreflex in der Psychiatrie [...] so groß und so eingeübt [sei], dass kaum ein Patient, der in eine klassische psychiatrische Klinik aufgenommen wird, diese ohne Medikamente wieder verlässt.«

Chemie

»Bist du Psycho oder Suchti?«, fragten wir untereinander, während wir gemeinsam auf unsere Medikamente warteten. Denn in der Reha gab es sowohl eine Psychosomatik- als auch eine Suchtabteilung. »Psycho oder Suchti?«, fragten wir, wenn wir im Raucherbereich jemanden um ein Feuerzeug baten. »Psycho oder Suchti?«, wenn unsere Tabletts beim Essen aneinanderstießen. »Psycho und Suchti?« Einmal saß ich neben einer Frau, jünger als ich, sie sagte, sie sei »polytox«, von verschiedenen Stoffen abhängig. »Meine Eltern haben gesagt, ich soll alles probieren. Und das war eigentlich nur auf das Gemüse bezogen, das auf dem Teller lag.« Während wir *Verrückten* nur ein paar Wochen in der Reha blieben, waren die anderen dort ein halbes Jahr. Ich fand es extrem beachtlich, wie schwer es war, von einer Drogensucht wieder loszukommen. »Ich möchte zu dem Fachpersonal für Medikamentenausgaben«, sagte ein stämmiger, tätowierter Mann in der Reha-Klinik. Ein anderer: »Draußen nennt man das Dealer«, lese ich in meinem Reha-Tagebuch.

In der Reha haben viele über die Nebenwirkungen von Neuroleptika geklagt, Menschen haben stark an Gewicht zugenommen. Ich erinnere mich an einen sehr jungen Patienten, vielleicht ist er gerade so achtzehn gewesen, mit einem aufgeschwemmten Gesicht, man hat ihm die Tabletteneinnahme sofort angesehen. Er jammerte, sagte, er werde darauf angesprochen, sagte, er fühle sich elend, man sagte ihm, dass er die Medikamente bis zum Ende seines Lebens nehmen soll.

Ein Arzt bestellte mich während der Reha in sein großes Büro mit schwarzen Ledermöbeln, einem langen Schreibtisch, an dem er mir gegenübersaß wie ein Direktor einem unbändigen Kind in der Schule. Dabei hatte ich alles brav mit seiner Kollegin abgesprochen, sowieso habe ich meistens sehr auf den Rat von »Professionellen« vertraut. Es hieß in der Psychiatrie, ich könne die Medikamente nach einem halben Jahr wieder absetzen, also wollte ich das auch so machen, ich hatte sie schon stark reduziert und meine behandelnde Ärztin in Berlin und ich hielten es für eine gute Idee, die Medikamente in der Reha ganz abzusetzen. Die nette Kollegin des strengen Arztes sah das genauso.

Der Arzt jedoch sagte, als ich ihm eingeschüchtert gegenübersaß, dass er dagegen sei, er sagte mit Bezug auf statistische Wahrscheinlichkeiten, ich müsse sie auf jeden Fall mein ganzes Leben lang einnehmen, und war davon so überzeugt, dass er sogar meine Ärztin in Berlin anrief und versuchte, sie auf seine Seite zu ziehen. Doch sie ließ sich davon nicht sonderlich beeindrucken. Er hat mich an diesem Tag zum ersten Mal in seinem Leben gesehen. Mir war es ohne Tabletten viel besser gegangen, sagte ich ihm. Ja, ich war wieder *verrückt* geworden, aber ich hatte das ja ehrlich gestanden auch ein wenig provoziert. Ich sagte ihm, dass ich unter den Tabletten leide und mich eingeschränkt fühle, all das schien bei ihm gar nicht anzukommen, genauso wenig wie die Information, dass meinen *Verrückungen* immer mehrere Nächte ohne Schlaf und mit Drogen vorangegangen waren (wozu ich auch Alkohol und Antidepressiva zähle) und ich das doch in Zukunft kontrollieren bzw. seinlassen könnte.

~

Jann E. Schlimme hatte selbst eine Psychose – während seines Medizinstudiums. »›Psychose‹ ist ein sehr weiter Begriff. Ich glaube, ich bin eher aufgefallen als schräger Student.«

Ich frage ihn während unseres Gesprächs, ob zu wenig geforscht wird, wie Neuroleptika wirken bzw. schaden können, und er bejaht. »Man kann schon davon ausgehen, dass gleichzeitig eine Schädigung entsteht und wir nicht genau wissen, für wie lang. Es kann ja sein, dass jemand die Probleme kennt und in Kauf nimmt. Das ist ja vollkommen in Ordnung.« Gleichzeitig ist es gar nicht so leicht, Tabletten, auf die man in der Klinik »eingestellt« wurde, wie es in der psychiatrischen Sprache heißt, wieder loszuwerden. Dass man nicht von Entzugserscheinungen spricht, sondern von Absetzsymptomen, sagt Schlimme, sei bloß anderes »Wording«. »Hieße es Abhängigkeit, würden alle sagen: Abhängigkeit ist schlecht. Und dann wäre die Bevölkerung gegenüber Neuroleptika schlechter eingestellt. Es meint dasselbe«, sagt er. »Wichtig ist aber, dass es kein Suchtverhalten gibt«, also nicht das Bedürfnis nach mehr Neuroleptika.

Ich spreche mit ihm über meine zurückliegende Erfahrung mit Lithium, die Suizidgedanken nach dem Absetzen. Er sagt, man weiß nicht, warum das Lithium Suizidgedanken eindämmt – dass er den Effekt jedoch auch bei anderen beobachtet hat. Auch die Suizidgedanken nach dem Absetzen. »Vielleicht ging es dabei auch um unverhandelte Themen, wir alle müssen dieses Thema als Menschen ja verhandeln«, sagt er. Der Sinn des Lebens sei nur etwas, was man »erfahren«, aber nicht wissen kann. Auch das Thema Suizidalität müsse jeder Mensch immer wieder neu verhandeln – ab ungefähr sieben, acht Jahren wüssten Menschen um ihre Sterblichkeit.

Das erste Neuroleptikum Chlorpromazin, das seit den 1950er Jahren in Psychiatrien zum Einsatz kommt, wurde beiläufig entdeckt. »Der Pariser Psychiater Jean Delay erfuhr eher zufällig von dem ursprünglich zur Narkosevorbereitung bestimmten Mittel und entdeckte dann seine ›antipsychotische‹ Wirkung«, schreibt Burkhart Brückner über das erste Neuroleptikum. 1958 wurde das erste Antidepressivum angewendet. »Seit 1967 werden Lithiumsalze als ›Phasenprophylaktika‹ als Mittel der Wahl bei bipolaren affektiven Psychosen verwendet, ihr Wirkmechanismus bleibt allerdings ungeklärt.« Gleichzeitig reichen die Versuche, psychisch herausgeforderte Menschen mit »Medikamenten« zu behandeln, bis in die Antike, damals wurde Opium eingesetzt, gleichzeitig war es »auch als Gift gefürchtet«, schreibt Dirk Arenz. Und auch Alkohol diente in der Antike sowohl als Rauschmittel als auch als »Therapeutikum gegen Erregung«. Viele kritisieren, dass Menschen zu wenig über Nebenwirkungen aufgeklärt werden und zu selten beim Absetzen Unterstützung erfahren. Peter Lehmann schreibt: »Der Psychiater Asmus Finzen wies nachdrücklich auf das Problem der unterlassenen Hilfeleistung beim selbstbestimmten Absetzen von Psychopharmaka hin. Ärzte würden nicht lernen, wie man sie absetzt, und ihre Patienten verstoßen, wenn diese den Wunsch abzusetzen äußern.«

~

Für die Recherche spreche ich mit Sabine Haller. Sie koordiniert einen Medikamentenkritischen Trialog in Berlin. Außerdem ist sie unter anderem bei dem Verein »Kellerkinder e.V.« aktiv, der sich als politische Selbstvertretung für die Rechte von Menschen mit psychosozialen Behinderungen einsetzt. »Eine ganz zentrale Rolle spielt hierbei der Bezug auf die UN-BRK und das Recht auf Selbstbestimmung, Partizipation und Inklusion. Mitglieder des Vereins sind auf Bundes- und Landesebene in div. Gremien vertreten«, erklärt der Verein auf Anfrage. Außerdem engagieren sich die Mitglieder unter anderem für eine partizipative Erinnerungskultur und richten das Projekt »Menschenrechte in Aktion« zur Umsetzung der UN-Behindertenrechtskonvention im psychosozialen Versorgungssystem aus.

»Ich hatte kein psychotisches Erleben, trotzdem schlimme Ängste, die mir dann als wahnhaftes Erleben ausgelegt wurden. Heute weiß ich das, ich kann einen Bezug herstellen zu dem, was mein Trauma verursacht hat, und meinen Ängsten«, sagt Sabine Haller. Vorher, erzählt sie, hätte der »Faden gefehlt«. Sie hoffte auf Medikamente. »Ich dachte, wenn wenig nicht hilft, dann hilft viel. Über zwanzig Jahre hab ich große Mengen an Medikamenten konsumiert, zum Teil derart überdosiert, dass ich einen Herzstillstand erlitt.« Sie sagt, es würde allgemein zu wenig »geguckt, wie lange in welcher Krise was eingenommen wird«.

»Wir sind nicht gegen Psychopharmaka, es geht einfach um einen bewussteren Umgang«, darum, dass sie eine Lösung unter vielen sei. »Oft werden die Medikamente mit der Gießkanne verteilt.« Auf Anfrage schreibt der Verein Kellerkinder e.V.: »Wir verstehen uns als eine Selbstvertretungsorganisation von Menschen mit (seelischen) Beeinträchtigungen. Was unser alltägliches Leben manchmal schwer macht, liegt selten in unserem Anderssein begründet, sondern in den erlebten Diskriminierungen durch die Gesellschaft. Diese Erfahrungen stehen unserem Handeln oft im Weg.«

Haller sei es wichtig, dass die Kellerkinder behinderungsübergreifend arbeiten, »weil wir auch auf die Erfahrungen von anderen Gruppen zurückgreifen können«. Der Verein beruft sich nicht auf eine antipsychiatrische Tradition, sondern auf die UN-Behindertenrechtskonvention. Gerade im Bereich Ableismus, sagt Haller, gäbe es Parallelen.

~

In Leipzig besuche ich den Verein Durchblick e.V. Eine schöngelegene alte Villa beherbergt den Verein im Stadtteil Zentrum-West, mit vielen Zimmern für Musik, Kreativität, Beratung und einem Museum, gläserne Stufen führen nach oben zur Ausstellung. Neben einer Zwangsjacke hängt dort ein Fixiergurt in einer Vitrine, man sieht schnell: Die Maßnahmen in der Psychiatrie haben sich im Laufe der Jahre geändert, manche mögen das als Errungenschaft rühmen, aber der Zwang bleibt. Ein Film zeigt ein Netz, in das Patient:innen gebunden wurden, eine Praktik, die Anfang des 20. Jahrhunderts eingeführt wurde und noch bis in die 1970er in der DDR etabliert war. Entweder schwebte das Netz mit dem »Kranken« über dem Bett, »wie in einer oben geschlossenen Hängematte«, steht erklärend in der Ausstellung, oder aber: »Die Patienten wurden in das auf der Bettmatratze liegende Netz geschnürt.« Thomas Müller, der bei Durchblick e.V. für die Öffentlichkeitsarbeit und das Museum zuständig ist, sagt: »Die Netzbehandlungen sind vermeintlich als therapeutischer Fortschritt eingeführt worden«, weil die Patient:innen Arme und Beine frei bewegen konnten. Außerdem war das eine Arbeitserleichterung für das Personal, weil die Patient:innen u. a. selbständig essen konnten. Im Erdgeschoss der Villa erzählt mir später eine Betroffene von ihrer Fixierung: »Die haben mir mal ziemlich rabiat die Kleider vom Leib gerissen und mich fixiert. Das war ein Trauma. Die haben mich in ein Krankenbett gelegt und ganz allein gelassen. Meine Mutter hat damals gesagt, ich hätte sie gar nicht erkannt, weil die mich so zugedröhnt haben mit Tabletten.«

Der Verein bietet auch ein Medikamententrialog, als Austausch zwischen »Professionellen«, Angehörigen und Betroffenen. Müller sagt, es sei ein »Systemfehler«, dass »Psychiater lernen, Medikamente zu geben, aber nicht, sie wieder abzusetzen«. Viele Ärzt:innen würden sagen: »Das mache ich nicht, das traue ich mir nicht zu.« Ich frage später Jann E. Schlimme, weshalb es in Institutionen wie in einer Reha solche kritischen Runden nicht gibt. »Vielleicht liegt das daran, dass Sorge besteht, dass die Menschen, wenn sie die Nebenwirkungen kennen, die Medikamente nicht nehmen, das wird ja auch von den Kolleg:innen behauptet, bloß unter vorgehaltener Hand.« Eigentlich müssten sie darüber besser informiert werden. »Im Grunde ist das Zwangsbehandlung, wenn man sich nicht freiwillig dafür entscheidet, weil man informiert ist.« Ich frage ihn nach den drastischsten Nebenwirkungen. »Die frühere, erste Generation Neuroleptika, da waren motorische Nebenwirkungen am häufigsten. Bei den neueren Antipsychotika wie Olanzapin wahrscheinlich Stoffwechselveränderungen, schon bei geringen Dosierungen. Menschen nehmen zu, entwickeln zum Beispiel Diabetes. Und was alle Neuroleptika machen: Sie provozieren kognitive Einschränkungen mit. Häufig mindern sie den Antrieb, blocken die emotionale Seite weg. Sexuelle Funktionsstörungen sind ebenfalls für viele ein Problem.« Statistisch auffällig sei die verkürzte Lebenserwartung. »Mit plötzlichem Herztod, dazu die bis zu zwanzig Jahre verkürzte Lebenserwartung, das ist ein brutaler Effekt.«

Müller sagt, dass er eigentlich Germanist sei. »Woyzeck kommt auch in der Ausstellung vor.« Sein Zugang zur Psychiatrie sei eigentlich die Literaturgeschichte gewesen, er habe, was für das Museum praktisch sei, einen Blick von außen. Ich dachte daran, dass ich mich, während ich *verrückt* war, zu Autor:innen hingezogen fühlte, in der Nachbarschaft meines Kumpels hatte ich lauter Kleist-Texte verteilt.

Durchblick e.V. wurde 1990 gegründet – kurz nach der Wende. Die Exponate im Museum wurden bei den Psychiatrien angefragt. Zunächst wollten sie die nicht rausgeben. »Man hat gemerkt, dass das den Psychiatern erstmal suspekt war, dass ein Selbsthilfeverein ein Psychiatriemuseum machen will«, sagt Müller. Das Museum soll auch der Entstigmatisierung dienen. »Das Erschreckende ist, dass die Ausgrenzung immer weiter zunimmt.« Oft sei der Tenor, »die sollen in die Klinik, da sind die Spezialisten, die gehören nicht in mein Wohnumfeld«. Bemerkenswert sei, dass die ›Professionellen‹ noch mehr stigmatisieren, was damit erklärbar ist, dass sie Betroffene häufig nur in akuten Krisen erleben«. Über Durchblick e.V. sagt er: »Wir sind kein antipsychiatrischer Verein, wir fühlen uns eher als Teil der Psychiatrie, aber mit einem kritischen Blick darauf, wir verdammen sie nicht, sondern nehmen sie in die Verantwortung.« Es gibt dort vier Zimmer, in denen wohnungslose Menschen unterkommen. Sie schaffen auch eine Gelegenheit des Zuverdienstes für Menschen, die seit ihren Krisen nur noch wenige Stunden arbeiten können. »Die meisten Leute, die hier arbeiten, haben selbst Psychiatrie-Erfahrungen.« Aber das sei nicht das einzige »Einstellungskritierium«. Er sagt, dass die Psychiatrielandschaft in Leipzig sozialpsychiatrisch geprägt sei. »Leipzig ist für den Osten etwas Besonderes.« Oft würden Menschen, die das Museum besichtigen, fragen: »Und wie ist es heute in der Psychiatrie?« Woraufhin Müller stets entgegnet: »Holen Sie sich einen Kaffee und reden Sie mit den Leuten, die Erfahrungen mit der jetzigen Psychiatrie machen.«

Alltag und Totalität

Ich erinnere mich, wie A. in jener Nacht, in der sie in der Reha meine Nähe suchte, verzweifelt auf dem Boden in meinem kleinen Zimmer kniete, immer wieder mit der Hand auf ihr Knie schlug, dabei rief: »Sie werden sagen: ›Zack, in die Geschlossene! Zack! Geschlossene! Zack Geschlossene!‹« Sie war zuvor schon in einer Psychiatrie und wollte es partout nicht nochmal erleben. Ich wusste keinen Weg. Ich wollte schlafen und schließlich nicht auch dort landen. Und ich wusste: Die Regeln in der Reha waren streng, ich konnte nicht wach bleiben und auf sie aufpassen, ich musste ja auch an dem Programm teilnehmen.

Ich fragte sie deshalb: »Wie stellst du dir das eigentlich vor?!«

Schließlich musste ich wie sie meinen Klinikalltag fristen. Alltag. Er wird von »Professionellen« oft als »heilsam« beschworen, ich habe gemerkt, wie Strukturen in manchen Situationen helfen, aber auch bei mir und anderen beobachtet, wie der Alltag, bei dem alle mitmachen sollen, selbst schon totalitär sein kann. Wenn Menschen sich um Angehörige sorgen, existenzielle Themen uns plagen, wir einen lieben Menschen verloren haben, sich unser Körper so schwer anfühlt, dass wir ihn kaum aus dem Bett bekommen, oder wenn er sich zu leicht anfühlt, so leicht, dass er davonfliegen will, kann der Alltag wie eine Bedrohung wirken, düster, starr, fest – wie ein Gefängnis oder aber eine Stütze, mal so, mal so. Manche empfinden es als hilfreich, morgens früh aufstehen zu müssen, um aus dem Bett zu kommen. Haben Arbeitnehmer:innen einen Sterbefall in der Familie, bekommen sie in unserer Gesellschaft gerade mal zwei bis drei Tage frei. Manche Menschen entscheiden sich, Menschen mit Behinderung abzutreiben, weil sie vielleicht mehr Zeit in Anspruch nehmen als nicht behinderte Kinder. Weil »der« Alltag, der so normal scheint, dass es ihn in unserer Sprache nicht mal im Plural gibt, gelebt werden muss. So eine starke Kraft hat er. Manche radikalen Psychiatriekritiker:innen fordern stattdessen eine Gesellschaft, in der man sich um den Nächsten sorgt. Der Aktivist und Psychologe Matthias Seibt sagt: »Letztlich ist es eben die Aufgabe meiner Umgebung, mich zu stützen, wenn's mir schlecht geht. Und das ist nicht einfach, das will ich nicht bagatellisieren.« Wenn in der Psychiatrie zwanzig oder dreißig Menschen in Krisen auf eine Hand voll »Helferlein« träfen, könnten die das allein zahlenmäßig nicht schaffen, da helfe auch keine »Spezialausbildung«, sagt er.

Wir leben in einer kapitalistischen Gesellschaft, die für existenzielle Krisen, aber auch für Care-Arbeit, für das Kümmern um andere, die in Krisen stecken, überhaupt keine Lücken lässt. In der Reha sollten diejenigen, die aus dem Alltag fielen, wieder funktionieren lernen und beurteilt werden. In ihrem Buch *Der Allesfresser* schreibt die Philosophin Nancy Fraser über das Elend unserer Zeit, Schulden, prekäre Arbeit, rassistisch motivierte Gewalt, und »diagnostiziert die Ursachen dieser Krankheit und benennt die Schuldigen«: einen »kannibalischen Kapitalismus«, der »darauf ausgerichtet ist, die sozialen, politischen und natürlichen Grundlagen seiner Existenz zu verschlingen – und damit auch die Grundlagen unserer Existenz«. Hier wird der Begriff »Krankheit« sozusagen für Symptome eines kapitalistischen Systems benutzt.

Die Reha-Klinik bestand aus einzelnen verteilten Gebäuden, die auf einem Grundstück zwischen Kiefern standen, eigentlich erinnerte wenig an eine Klinik, was mir gefiel. Ich liebte außerdem die Umgebung, das Gefühl, mit dem Fuß im Waldboden leicht einzusinken, so weich war das Moos. Und ich liebte es – achtsam, wie wir gelernt hatten –, die Finger durch die zarten Halme des Weizenfeldes gleiten zu lassen, manchmal klebten die Haare der Ähren an der Haut. Ich hätte nie gedacht, dass Achtsamkeitsübungen so sehr gegen »Nudelsorgen« helfen. Was an eine Klinik erinnerte, war zum Beispiel die Tatsache, dass wir uns Blutdruck messen lassen sollten – ich verstand gar nicht warum, eher kam mir dieses Klinische manchmal gekünstelt vor. Und da war auch wieder dieser Paternalismus, den ich aus dem psychiatrischen System schon kannte: Unsere Tabletten hatten wir abgeben sollen, damit man sie uns wieder ausgeben konnte. Alles war unter Kontrolle.

Selbst für eine Tablette Baldrian musste ich nachts länger als eine halbe Stunde im Neonlicht des hellen Ganges stehen, bis eine Pflegerin Zeit für mich fand, um mir eine davon in die Hand zu drücken. Wir hatten einen vollgepackten Zeitplan mit Therapien, die andere für uns festgelegt hatten, den Stundenplan bekamen wir regelmäßig in ein Postfach gelegt. Dass es sich mit psychiatrischen und therapeutischen Einrichtungen um, wie der Soziologe Erving Goffman es nennt, totale Institutionen handelt, ist auch etwas, was nicht nur ein Faktum der westlichen Psychiatriegeschichte ist, sondern ein inhärenter Teil unserer Gesellschaft, der sich in anderen Formen findet.

»Die totalen Institutionen unserer Gesellschaft lassen sich grob in 5 Gruppen zusammenfassen«, schreibt Goffman. »Da sind einmal jene Anstalten, die zur Fürsorge für Menschen eingerichtet wurden, die als unselbstständig und harmlos gelten; hierzu gehören die Blinden- und Altersheime, die Waisenhäuser und die

Armenasyle. Zweitens gibt es Orte, die der Fürsorge für Personen dienen, von denen angenommen wird, daß sie unfähig sind, für sich selbst zu sorgen, und daß sie eine – wenn auch unbeabsichtigte – Bedrohung der Gemeinschaft darstellen. Hierzu zählen Tuberkulose-Sanatorien, Irrenhäuser und Leprosorien. Ein dritter Typ von totalen Institutionen dient dem Schutz der Gemeinschaft vor Gefahren, die man für beabsichtigt hält [...]: Gefängnisse, Zuchthäuser, Kriegsgefangenenlager und Konzentrationslager.« Dann listet er noch Institutionen auf, »die angeblich darauf abzielen, bestimmte, arbeit-ähnliche Aufgaben besser durchführen zu können«, zum Beispiel Arbeitslager und Internate, und schließlich »jene Einrichtungen, die als Zufluchtsorte vor der Welt dienen, auch wenn sie zugleich religiöse Ausbildungsstätten sind«, wie zum Beispiel Klöster. Auch die Reha war eine totale Institution, alles war hierarchisch aufgebaut, es gab vorgegebene Abläufe und eine Autorität, die bestimmte.

Menschenwürde

»Das Polizeiauto, als Repräsentant des staatlichen Gewaltmonopols, steht ›versteckt‹ hinter dem Klinikgebäude und ist hier trotz der Unscheinbarkeit das Bindeglied verschiedener Sicherheits-, Ordnungs- und Kontrollsysteme«, schreibt Robin Itzsche in seiner »Autoethnographie zum Unbehagen in meiner professionellen, psychiatrischen Identität«. Während in deutschen Medien Polizeikritik geübt wird, ist Psychiatriekritik in der Öffentlichkeit viel weniger präsent. Mir wurde, weil ich nicht bleiben wollte, mit Polizei gedroht – als mir bei meiner ersten Aufnahme in die Psychiatrie die Station starke Angst machte wegen des vergitterten Balkons, der angespannten Stimmung. Schließlich kam ich anfangs in einen Raum mit einer Kamera. Ich wurde zum Glück nie an ein Bett gebunden. Aber diese Situation in dem

Raum mit der Kamera würde ich als traumatisch beschreiben. Typische Ängste in Psychosen, wie die Angst, überwacht zu werden, erfahren durch solche Situationen sozusagen Bestätigung. Bei meinem zweiten Klinikaufenthalt war ich zu einer anderen Klinik gefahren, die mich ablehnte, weil sie sagten, zuständig für meine Meldeadresse sei die vorherige. Also wurde ich unter Androhung der Polizei gezwungen. Für mich war es damals schwer, in dem Krankenhaus zu sein, weil dort mein Großvater vor Jahren im Koma lag und gestorben ist, dort habe ich ihm als Jugendliche vorgelesen, weil ich dachte, dass er vielleicht doch noch etwas hört, und seinen lauten Atem dabei angstvoll beobachtet, der zwischendurch immer wieder ausgesetzt hat.

Während eines Vortrags bei der Polizeischulung, die ich später als Journalistin besuchte, klebten zwei Referierende mit Klebeband ein Spinnennetz an eine Wand, um das Hilfesystem zu verdeutlichen. Ein Hilfenetz. Für manche ist es das, andere sehen dieses Netz eher als bedrohlich an und würden sich ihre Hilfe lieber selber suchen. Oder sie fallen durch das Netz, weil es die Hilfe, die sie suchen, nicht gibt.

~

Als A. auf dem Boden meines Zimmers in der Reha kniete, sagte sie, ich könnte bei den Mahlzeiten einfach Essen mitgehen lassen, das für sie dann mit auf mein Zimmer nehmen – sie quasi in meinem Zimmer verstecken. Sie meinte, sie müsse sich einfach ein paar Tage ausruhen, vielleicht auch die Tabletten wieder nehmen. Aber Ausruhen war nicht vorgesehen, Therapien standen an, eine nach der anderen: Bewegungstherapie, Gruppentherapie, »Arbeitstherapie«, einen streng getakteten, vorgegebenen Tag, wir mussten teilnehmen, schließlich waren wir ja nicht zum Spaß hergekommen. Ich habe immer wieder gesagt: »A., wir gehen jetzt zu der Pflegerin.« Sie antwortete verzweifelt: »Nein! Dann komme ich in die Psychiatrie!«

Es hatte damals keine Alternative gegeben, nicht weil es keine Alternative hätte geben können, sondern weil es schlichtweg keine gab. A. sagte, dass sie wieder in ihr Zimmer gehen und dort nochmal versuchen will zu schlafen. Wieso habe ich sie gehen lassen? Hätte ich sie besser »verpetzt«? Am nächsten Morgen hörte ich von anderen Patient:innen in der Reha, dass eine schreiende, nackte Frau um die Klinik gerannt und mit einem Krankenwagen abtransportiert worden war, und ich schluckte und wusste: Das war meine A. Sie war in ihrer Verzweiflung in den Wald geflohen, der die Klinik nun nicht mehr schützend umgab, sondern bedrohlich, und ich habe mich furchtbar schuldig gefühlt. Vielleicht, dachte ich, war ihre Nacktheit Ausdruck ihrer Schutzlosigkeit. Wären wir gleich zu den Pflegern gegangen, wäre es nicht so weit gekommen, dachte ich. Man hätte A. sich damals in der Reha ausruhen lassen können, ihr wieder Tabletten geben können, damit sie sie weiternimmt, oder langsam versucht abzusetzen, wenn sie sie loswerden will. Vielleicht hätten ein starkes Schlafmittel und ein paar Tage Ruhe ihr geholfen. Aber sie traute sich nicht, nach Hilfe zu fragen, weil sie nicht wollte, dass man sie einsperrt. Ich sah, wie man ihr Zimmer räumte, es war klar, A. war so *verrückt* geworden, dass sie nicht nur wie manch andere für kurze Zeit in der Psychiatrie eingesperrt, sondern nicht wieder in die Reha kommen würde. Aus datenrechtlichen Gründen hieß es seitens der »Professionellen«, man könne mir nicht sagen, wo man A. hingebracht hat. Ich hatte sie auch telefonisch nicht erreichen können. Und ich dachte schon: Was, wenn sie ihr Telefon verloren hat und böse auf mich ist, ich sie vielleicht nicht mehr wiedersehe?

Ich war wütend auf die Einrichtung. Und ich verstand die inneren Kämpfe meiner eigenen Angehörigen nun besser. Mein Geschwister sagt, als wir über meinen damaligen Aufenthalt sprachen, es habe eine »Diskrepanz« gegeben zwischen dem, was ich gebraucht hätte, und dem, was in dem psychiatrischen System möglich war. »Ich hatte Schuldgefühle, weil ich dich in die Psychiatrie gebracht habe. Und ich habe mich geschämt. Wir hatten es eigentlich ja zusammen abgesprochen. Aber mir ging es hinterher schlecht damit. Ich wusste nicht, was dort passieren wird. Es kam dann ja auch ein Richter. Und ich dachte: Jetzt habe ich meine Schwester in dieses System reingepackt, das ich total kritisch sehe.« Ich frage, ob das System also für uns beide eine Belastung war? »Voll. Es war für mich in dem Moment die einzige Option. Ich musste die Verantwortung tragen, über dich hinweg eine Entscheidung treffen, die mir zutiefst widerstrebte, in dem Wissen, dass das auch nach deinen eigenen Psychiatrie-Erfahrungen kein guter Ort für dich sein wird. Das hat mich zerrissen.«

Ich bin später auf »Professionelle« getroffen, die sagten, sie würden ihre Angehörigen nicht in eine Psychiatrie bringen. Aber was sollte man sonst tun? Wäre ich an der Stelle meines Geschwisters gewesen, hätte ich es vielleicht genauso gemacht. Müsste es in unserer Gesellschaft nicht mehr Räume geben, an die sich Menschen angstfrei begeben können, wenn sie in schweren Krisen sind? Woher kommt die Vorstellung, Menschen zu heilen, indem man sie beherrscht?

Ich war entsetzt, als ich später von einer Person, die für die Koordination sogenannter »Patient:innenfürsprecher« zuständig ist, hörte, dass sie der Meinung war, Patient:innen in ihrem Bundesland sollten noch häufiger eine Zwangseinweisung bekommen. Tatsächlich sind Unterbringungen in den einzelnen Bundesländern verschieden. In Berlin würde nicht lange »gefackelt«, sagte sie. Ebenso entsetzt bin ich, als mir ein Mitarbeiter einer Beschwerdestelle in einer anderen Stadt erzählt, dass sich viele Patient:innenfürsprecher eher auf die Seite der Klinik stellen würden, sich das aber zumindest langsam ändert. Kellerkinder e.V. betont, dass viele über ihre Rechte in der Psychiatrie oft gar nicht Bescheid wüssten. »Über welche Rechte?«, frage ich nach. »Leider über die meisten nicht, insbesondere beim ersten Kontakt mit der Psychiatrie, Patientenverfügung oder/und Behandlungsvereinbarung, Aufklärung über Medikamente, die von den Ärzten ›angesetzt‹ werden, Ablehnen der medikamentösen Behandlung, unterstützende Entscheidungsfindung gegen Bevormundung.« Zu den Menschenrechten, die in der Psychiatrie häufig verletzt werden, zählt der Verein: »Zwang (auch informeller Zwang) auf Stationen: Isolation (= Folter), Fixierungen, Fesselgriffe beim zu Boden zwingen, Androhung körperlicher Gewalt (z. B. Krankenhausnutzerin am Boden – Pfleger mit erhobener Faust über ihr), Androhung von Einschränkungen des Besuchs oder des Ausgangs etc. bei ›fehlender Mitwirkung‹ bzw. ›Krankheitseinsicht‹, Zwangsmedikation, fehlender begleiteter Ausgang über Wochen für untergebrachte Menschen (frische Luft nicht täglich), Wegnehmen der eigenen Sachen, Nicht-Ausrichten von Anrufen durch Freunde (Isolierung), ›Telefonprivilegien‹ (Patientenapparat) beschränken bzw. verbieten, Verweigerung von somatischen Untersuchungen (Zahnarzt, nach Sturz usw.).«

Der Jurist und Menschenrechtsbeauftragte Valentin Eichele schreibt: »Von den vielfältigen menschenrechtlichen Anforderungen, die den Staat verpflichten, die Psychiatrie menschenrechtskonform zu gestalten, sind folgende einzelne Rechte von zentraler Bedeutung, etwa das Recht auf Leben (Artikel 6 UN-Zivilpakt, Artikel 10 UN-BRK), das Recht auf gleiche Anerkennung vor dem Recht (Artikel 16 UN-Zivilpakt, Artikel 12 UN-

BRK), das Recht auf Freiheit und Sicherheit der Person (Artikel 9 UN-Zivilpakt, Artikel 14 UN-BRK), das Recht auf persönliche Integrität (Artikel 17 UN-BRK), das Recht auf Leben in der Gemeinschaft (Artikel 19 UN-BRK), das Recht auf Freiheit von Folter, grausame, erniedrigende oder unmenschliche Behandlung oder Strafe (Artikel 7 UN-Zivilpakt, Artikel 15 UN-BRK, Artikel 2 UN-CAT), das Recht auf Familie (Artikel 23 UN-BRK, Artikel 10 UN-Sozialpakt), das Recht auf Zugang zum Recht (Artikel 13 UN-BRK), einschließlich Entschädigung im Falle von Rechtsverletzungen. Hinzu kommen Verpflichtungen in Bezug auf die Bewusstseinsbildung (Artikel 8 UN-BRK), der Barrierefreiheit (Artikel 9 UN-BRK) und der Datenerhebung (Artikel 31 UN-BRK).«

Andere Wege

In manchen Berliner Bezirken und weiteren Städten in Deutschland gibt es das sogenannte »Hometreatment«. Auch das, denke ich rückblickend, hätte mir, als ich in meiner letzten *Verrückung* zu meinem Geschwister geflohen war, helfen können. Allerdings wussten wir davon damals nichts. Hometreatment heißt, dass ein Arzt oder Ärztin zu Menschen, die eine Psychose erleben, nach Hause kommt. Allerdings gibt es viele Menschen, die in *Verrückungen* an einen anderen Ort wollen, niemand »zur Last« fallen wollen, sich an einen neutralen Ort zurückziehen wollen.

Wenn K. von ihrem Psychiatrieaufenthalt redet, spricht sie von einem »Schutzraum«. Nicht von von Neonlicht verunstalteten Klinikgängen, sondern von Wohnzimmeratmosphäre, in die sie sich aus eigenen Stücken während ihrer Psychose begeben hat und in der sie, weil sie sich dort wohlfühlte, geblieben ist. Sie war in einer Soteria-Einrichtung. Bei meiner letzten *Verrückung* wollte eine befreundete Psychologin mich auch auf eine Soteria-

Station bringen, sie hatte mich bei meinem Geschwister besucht. Es gab keinen freien Platz. Soteria-Stationen sind auf sehr wenige Plätze beschränkt. In Berlin gibt es zwölf Plätze und nur für Patient:innen aus bestimmten Bezirken. Sie sind speziell für Menschen in Psychosen, vor allem für junge Menschen, die zum ersten Mal *verrückt* werden. »Bei mir sind die Ängste in der Klinik erstmal viel schlimmer geworden«, erzähle ich Roswitha Hurtz, die im Dachverband Deutschsprachiger Psychosen-Psychotherapie aktiv ist und lange Vorsitzende der Internationalen Arbeitsgemeinschaft Soteria war.

»Das glaube ich«, sagt sie und erklärt, dass herkömmliche Stationen oft »katastrophal« seien. »Man braucht in solchen Situationen Sicherheit und Geborgenheit, und die Stationen sind das Gegenteil. Die Leute, die dort arbeiten, wollen das oft selbst eigentlich anders.« Aber es gäbe zu viele Betten und zu wenig Mitarbeiter:innen, Soteria-Stationen seien oft etwas teurer, weil mehr Personal gebraucht wird. »Es bräuchte den Willen der Krankenhausleitungen zu sagen: Wir geben dafür Geld aus.« Auf meine Frage, ob es also doch letztlich nur ein Geldproblem sei, sagt sie: »Es ist ein Haltungsproblem«, es gehe um die Frage, wie medizinisch die Psychiatrie ist und inwiefern man einen »milieutherapeutischen Ansatz« zulasse. »Wenn Menschen in Krisen auf engem Raum zusammen sind, schaukeln sich Konflikte oft hoch.« Außerdem gehe es um das »Krankheitsverständnis«. In der Soteria würde man Psychosen als »Lebenskrisen« verstehen, davon ausgehen, »dass vor allem psychische und soziale Gründe« eine Rolle spielen. Genauso wenig drehe es sich um Annahmen wie »Wir sind die Gesunden und sie sind die Kranken« oder darum, in Kategorien zu denken. »Leitgedanke ist nicht: Ich bin der Arzt und sage, was zu tun ist, sondern: Das, was du in der Psychose erlebt hast, weißt du. Lass uns darüber ins Gespräch kommen.« Gehe man davon aus, dass jeder Mensch Psychosen erleben kann, schaffe das einen anderen Umgang als die Vorstellung von einer ausschließlich neurobiologischen Störung.

Jann E. Schlimme sagt: »Wir haben oft auch hohe Ansprüche an Kliniken, die sollen das da in vier Wochen richten, das geht ja gar nicht. Die können ja nicht zaubern und so sind wir in Deutschland sehr machbarkeitsorientiert, sagen, dass muss jetzt schnell gehen, und können nicht gut ertragen, dass das Zeit braucht und es vielleicht auch Rückschläge gibt, dass es genauso um Beziehungen geht.«

Die Soteria-Einrichtungen seien immer offen, »aber es gibt Menschen, die mit einem Beschluss untergebracht sind, die sagen: Ich verspreche, dass ich nicht davonlaufe«, erklärt Hurtz. Dort werden keine Fixierungen praktiziert, »auch keine Zwangsmedikation«. Die Soteria ist dafür bekannt, mit weniger Medikation auszukommen. Doch die seien manchmal hilfreich, »weil Ängste oftmals schwer auszuhalten sind, zum Beispiel Todesängste«. Der Gedanke in der Soteria sei es, »jemandem, der Ängste hat, nicht allein zu lassen und dabei zu sein«. Sie spricht von einer entängstigenden Atmosphäre, einer festen Bezugsperson. »Da ist es möglich, mit viel weniger Medikamenten auszukommen.« Ich hatte damals das Gefühl, in der Klinik in den ersten Tagen völlig auf mich allein gestellt gewesen zu sein. Auch Hurtz sagt, »die Menschen bleiben in ihren Psychosen allein«. Mit dem Dachverband deutschsprachiger Psychosen-Psychotherapie engagiert sie sich dafür, dass es mehr Therapeut:innen gibt, die sich mit Psychosen auskennen. »Lange herrschte die Haltung vor: bloß nicht über Psychosen sprechen. Heute weiß man, dass das falsch ist. Oft ist es eine riesige Erleichterung, wenn man über das, was man erlebt hat, sprechen kann.«

Die Soteria entstand in Kalifornien, begründet hat sie der Psychiater Loren Mosher. »Hier setzten Professionelle Laien für die Unterstützung sogenannter Schizophrener ein«, schreibt Peter Lehmann. »Soteria wurde 1971 als Forschungsprojekt eingerichtet, weil man gemerkt hatte, dass selbst gut ausgestattete, fortschrittliche Kliniken aufgrund ihres institutionellen Charakters meist eine positive Beziehung zwischen Betroffenen und Behandlern verhindern.« Dorothea Buck schrieb über das Behandlungskonzept: »Soteria unterscheidet sich vom defizitären naturwissenschaftlich-medizinischen Krankheitsverständnis der Schizophrenie als ›uneinfühlbar, unverstehbar, sinnlos‹ darin, dass die Psychose als Lösungsversuch einer vorausgegangenen Lebenskrise verstanden und ihre lebensgeschichtlichen Sinnzusammenhänge erfragt und ernst genommen werden. Die Psychose und ihre Symptome werden daher möglichst nicht medikamentös verdrängt – um wie alles Verdrängte irgendwann erneut aufzubrechen –, sondern in ihrem Sinn verstanden und ins normale Leben einbezogen.« In Deutschland gibt es in einzelnen Städten Soteria-Stationen mit wenigen Plätzen, wobei das Konzept sich zu einem unterschiedlichen Grad an dem Ursprungsmodell orientiert.

Ein manisch-schöner Brief

Ich vermisste A. und schrieb Dinge, die ich von ihr gelernt hatte, auf, unter anderem, dass Arbeit nicht so wichtig ist und: »ins Wasser springen«. Manchmal sprangen wir *Verrückten* gemeinsam erst zögerlich, dann entschlossen von einem Steg. Das Wasser der Seen in der Waldlandschaft, in der die Klinik lag, glänzte so bestechlich hell, dass es schwierig war, sich ihm zu entziehen.

Um A. nach ihrem Wegtransport zu finden, hatte ich mich bei einem anderen Patienten, den man kurzzeitig in eine Psychiatrie gebracht hatte, erkundigt, wo er gewesen war. Ich folgerte, dass man A. in dieselbe Psychiatrie gebracht haben müsse, und rief dort an, sagte ihren Namen und dass ich sie sprechen wolle. Tatsächlich, sie war dort. A. und ich hatten schließlich telefoniert. Wenig später fand ich einen Brief von ihr in meinem Fach. Mein Name war völlig falsch geschrieben: »Patientin Lea De Frejorio« stand auf dem Kuvert, darunter der Name der Klinik. »Liebe Lea, meine Liebste! Ich habe dir schon so einen schönen Brief geschrieben, aber gleich danach haben wir telefoniert, und es macht keinen Sinn, den alten Brief zu schicken. Ich bin so überglücklich, dass wir beide versucht haben, den Kontakt wiederaufzunehmen – und wir haben es geschafft! Es stimmt, was alle sagen: ›WER WILL, DER FINDET WEGE, WER NICHT WILL, FINDET NUR AUSREDEN!‹« Ich hatte damals, als ich *verrückt* war, selbst viele Briefe geschrieben: herzzerreißende Liebes- oder Freundschaftshymnen. Das ist auch etwas, was in den *Verrückungen* oft überkocht: ein positives Gefühl der Zuneigung. Ähnlich wie existenzielle Fragen oder Gedanken an den Tod, mit denen man sich sonst im Alltag wenig befasst (der Gedanke an Selbsttötung einbegriffen), bricht sich in manchen *Verrückungen* eine Art »Zügellosigkeit« Bahn, sie kann sich bei Manien in einer gesteigerten Libido oder in der plötzlichen Angewohnheit, gedankenlos Geld auszugeben, äußern. Gleichzeitig sind das Dinge, die nicht nur mit Scham verbunden sind, sondern aus einer christlichen Vorstellung heraus als »sündig« gelten. Viele Menschen, schreibt der Seelsorger Roland Mundjenk, erleben die Behandlung in der Psychiatrie als eine Strafe Gottes.

Im hohen Bogen warf ich meiner A. ihre gekringelten Lieblingsbutterkekse aus dem Reha-Kiosk über den meterhohen Zaun, der sich um die Psychiatrie zog, als ich sie mit zwei anderen mit den Rädern dort besuchte. Es waren jene Kekskringel mit den großen Zuckerklumpen, die sie sich öfter gekauft hatte. »Weißt du das noch?«, frage ich A., während ich dieses Buch schreibe. »Ja! Du standest dort mit Blumen!«, sagt sie und fügt hinzu: »Komisch, dass ich dort gar nicht wegwollte, aus der geschlossenen Psychiatrie, verrückt oder? Ich weiß noch, wie wir uns dort aus Spaß auf der Toilette eingeschlossen haben, wir haben so gelacht!« Während meines eigenen Psychiatrieaufenthaltes traf ich einen Patienten, der sich in seiner Psychose im Himmel wähnte. Er schien so darin eingetaucht zu sein, dass er die Gegebenheiten auf der Station als weniger schlimm empfand.

Auf der Website des Bundesverbands Psychiatrie-Erfahrener steht auch: »Bei vielen PE [Psychiatrie-Erfahrenen] gibt es in einer seelischen Krise einen bestimmten Punkt der inneren Erregung, der, wenn er überschritten wird, zu dem führt, was als Psychose, Wahnsinn, Ver-rücktheit usw. bezeichnet wird. Diese Art von Zuständen unterscheidet sich von anderen Krisenformen dadurch, daß der Sprung aus der Realität geschehen ist.« Manche aber, so hatte ich es selbst erlebt, befinden sich mit einem Bein noch in der geteilten Alltagswelt. Später spreche ich nochmal mit einem Betroffenen, der mir erzählt, in seiner Psychose in ein »schwarzes Loch« abzutauchen, in dem er nichts mehr von der Alltagswelt registriert – so wenig, dass er nicht mehr mitbekommen hat, wie er in der Psychiatrie an ein Bett gefesselt worden ist. Das »schwarze Loch« sagt er, habe eine »Schutzfunktion«.

~

Ich hatte nach meiner Entlassung aus der Psychiatrie darum gebeten, dass mir die Pfleger:innen ihre Mitschriften geben mögen, ich dachte, ich könnte dadurch vielleicht etwas über mich lernen. Und hatte ja damals schon daran gedacht, darüber zu schreiben. Das meiste, was dort steht, ist ziemlich trivial. »Patientin kommt die Nacht über kaum zur Ruhe, ist immer wieder präsent, wirkt sehr skurril und desorientiert«, »Patientin sehr zerfahren«, Dinge wie »fühlt sich bedroht von Nazis«, dann »Pat. wirkt heute formal gedanklich besser«. Später Sachen wie: »Freundlich zugewandt« oder »freundlich im Kontakt« oder »war pünktlich zurück« oder »denkt selbstständig an ihre Medikation« oder »Patientin zeitig wach«. Und: »mit Pat. besprochen, dass Aufhebung PschKG möglich, wünscht freiwilligen Verbleib«. Ich bin, nachdem meine Zwangsunterbringung aufgehoben war, freiwillig in der Klinik geblieben, mir hat es dort sogar ganz gut gefallen und ich fand einige Therapien hilfreich, viel besser als in der ersten Klinik. Zum Beispiel das »metakognitive Training«. Es fühlte sich so erleichternd an, mich freiwillig an diesem Ort zu befinden. Ich war auch in der ersten Klinik noch freiwillig geblieben, ich wollte bloß nicht unter Zwang dort sein. Ich weiß noch, wie ein junger Arzt mich anschaute und sagte: »aber nur bei guter Compliance!«, und ich anfangen musste zu lachen. Hinterher tat es mir leid, aber mir kam das so lächerlich vor. Ich hatte doch nichts verbrochen!

»Menschen mit psychosozialen Beeinträchtigungen können verschiedenen Formen von Zwang ausgesetzt sein«, heißt es in einem Factsheet der Monitoringstelle UN-Behindertenrechtskonvention des Deutschen Instituts für Menschenrechte. »Unter Zwangsmaßnahmen fallen zum Beispiel die Einweisung in eine psychiatrische Einrichtung (›Unterbringung‹), eine ärztliche Zwangsbehandlung, Fixierungen, medikamentöse Sedierung oder Isolation. Diese Maßnahmen sind erhebliche Eingriffe in die körperliche und seelische Unversehrtheit sowie in die Freiheit und Autonomie eines Menschen.«

Während einige Psychiatriekritiker:innen die Psychiatrie ganz abschaffen wollen, wehren sich andere dezidiert gegen die Zwangsmaßnahmen. »Die Antipsychiatrie-Leute, zu denen auch ich mich zähle, sind eine Minderheit«, sagt Matthias Seibt über den Bundesverband Psychiatrie-Erfahrener. »Auch im Verband selbst.« Einig sei sich der Verband darin, dass Zwangsmaßnahmen abgeschafft gehören. »Das Hochkommisariat für Menschenrechte bezeichnet die als Folter«, sagt er über die Zwangsmedikation, »dieser Eingriff in den Körper wird sonst nie gemacht.« Nicht mal bei »Straftätern und Untersuchungshäftlingen«. Man könne jedoch eine Vorausverfügung ausfüllen, in welcher man sich mit einer Zwangsbehandlung einverstanden erklärt. »Wenn jemand von sich aus sagt, ich finde Zwangsbehandlungen total klasse, dann haben wir da nichts dagegen, was wir nicht wollen ist, dass ein Mächtiger einen Ohnmächtigen zwingt.« Die Patientenverfügung bzw. Bochumer Willenserklärung, Formulare, in denen man im Vorfeld Behandlungsmaßnahmen festlegen kann, würden zu 85 bis 90 Prozent in den Kliniken beachtet.

»Die Antipsychiatrie der 1960er-Jahre wird im Wesentlichen Psychiatern wie Ronald D. Laing oder David Cooper zugeschrieben«, schreibt Peter Lehmann. »Diese machten deutlich, dass es für psychiatrische Diagnosen keine objektiven klinischen Kriterien gibt und sogenannte Schizophrenien lediglich Versuche sind, unter unerträglichen Familienbedingungen und kapitalistischen Ausbeutungsverhältnissen psychisch zu überleben. Wenn auch dem patriarchalischen Denken verhaftet, schufen sie doch die Grundlagen der neueren Entwicklung der Psychiatriekritik.« Weiter schreibt er: »Die neue Antipsychiatrie in Deutschland wurde im Wesentlichen von der Berliner Selbsthilfeorganisation Irren-Offensive e.V. entwickelt. Schon kurz nach ihrer Gründung 1980 hatten ihre Mitglieder, AkademikerInnen wie NichtakademikerInnen, Frauen wie Männer, den entwertenden Krankheitsbegriff über Bord geworfen.«

In dem Weglaufhaus »Villa Stöckle« in Berlin können wohnungslose Menschen aus ganz Deutschland in Krisen Schutz finden, ohne eine psychiatrische Diagnose zu bekommen oder Zwangsmaßnahmen zu erfahren. »Wir sagen nicht: Du bist das Problem«, erklärt mir eine Mitarbeiterin auf die Frage, warum sie Diagnosen ablehnen. Vielmehr ginge es um strukturelle Defizite in der Gesellschaft. Anstatt Zwang anzuwenden oder in psychiatrischen Kategorien zu denken, fragen sie: »Was brauchst du?«, es gehe nicht darum, *Verrückungen* mit Medikamenten zu verdrängen, die Mitarbeiterin spricht von einem »Zustand der *Verrückt*heit, der stattfinden darf«.

Das Weglaufhaus beschäftigt vorrangig Mitarbeiter:innen, die selbst psychiatrische Gewalt erlebt haben. Wer Medikamente will, wird zu einer ärztlichen Praxis begleitet. »Ich war selbst jahrelang in psychiatrischen Kreisläufen und bin ausgebrochen«, sagt die Mitarbeiterin, »es heißt dann: du hast sieben Diagnosen von sieben Psychiater:innen«, sie sei in einer Jugendeinrichtung gewesen, in welcher ihr gedroht wurde, nur bleiben zu dürfen, wenn sie die Tabletten einnimmt. Psychiatrie habe sie als »Druckmittel« erlebt. Später hat sie Soziale Arbeit studiert. »Es gibt Menschen, die sagen, es ist für sie okay, Psychopharmaka zu nehmen, weil es ihnen hilft«, sagt sie, im Weglaufhaus stehe aber die Selbstbestimmung und Freiwilligkeit im Vordergrund und: Transparenz. Wenn in Teamsitzungen über die Bewohner:innen geredet wird, haben sie die Möglichkeit, dabei zu sein und zu widersprechen. Außerdem können sie die Berichte vorher sehen, die über sie verfasst werden, und sagen: »So sehe ich das nicht.« Psychosen sind wie der Traum, nach Freud gesprochen, schon eine Verdichtung. In den Entlassungsberichten wird dann noch weiter verdichtet, das Groteske, »Kranke« in den Vordergrund gestellt, um es herauszuheben, nicht um es zu verstehen. Mir kamen die Entlassungsberichte aus den Kliniken entstellend vor. Beispielsweise stand in meinem Bericht, ich hätte ein Flugzeug gesehen und Angst, Nazis würden in Deutschland »einmarschieren«. Ich wurde bei der Entlassung überhaupt nicht gefragt, ob ich mich darin wiederfinde, sonst hätte ich wenigstens noch ergänzt, dass es sich dabei um ein Polizeiflugzeug gehandelt hat. Auch meine deterministischen Gedanken über das Leben wurden in dem einen Bericht total verkürzt, ich würde den Tod von Menschen voraussehen können, stand darin. Alles war möglichst grotesk, hatte ich das Gefühl, das Auffälligste, was in Diagnosen passt, wurde genannt, etwa dass ich mir die Haare abgeschnitten hätte, was überhaupt nicht gestimmt hat. Es ging nicht darum, den Menschen zu verstehen, eher schien es mir darum zu gehen, eine Diagnose und eine »Behandlung« zu rechtfertigen.

Widerstände

Während manche Menschen, die psychiatrische Gewalt erlebt haben, etwas ganz anderes aufbauen, das Bestehende abschaffen und die Gesellschaft umkrempeln wollen, arbeiten andere Betroffene im psychiatrischen System mit, um dort Veränderungen anzustoßen. Sabine Haller war in einer »Besuchskommission« tätig, die regelmäßig die Einhaltung des »Gesetzes über Hilfen und Schutzmaßnahmen bei psychischen Krankheiten« (PsychKG) prüft.

Ich frage sie, ob sie das Gefühl hatte, dadurch das System verändern zu können. »Das ist ein sehr hoher Anspruch«, sagt sie, vielmehr habe sie »Einblicke« bekommen, »natürlich eingeschränkt, denn während zwei Stunden auf einer Station sieht man nicht alles«. Und es war eine Möglichkeit, Kritik zu üben. »Das hätte ich mich vor fünfzehn Jahren nicht getraut, dem Chefarzt zu sagen, was ich in seiner Klinik nicht gut finde. Das waren für mich Menschen in Machtpositionen.« Sie erzählt, dass sie als Patientin auch Kritik geäußert habe, für die sie »gestraft worden« sei. »Ich wurde als unglaubwürdig dargestellt, wenn ich nach einem Menschenrecht gefragt habe. Oder es wurde mir unterstellt, dass der Wunsch nach etwas, wonach ich gefragt habe, Teil meiner Diagnostik sei.« Sie habe nach Ausgangszeiten gefragt, nach Veränderungen. »Um mir dann eine neue Diagnose unterstellen zu lassen.« Anstatt ihrem Wunsch stattzugeben, habe sie noch mehr Tabletten bekommen. »Das ist schon fünfzehn Jahre her. Trotzdem höre ich in Gesprächen mit anderen, dass es heute nicht anders läuft.« Selbstbewusstsein habe sie durch ihre »EX-IN«-Ausbildung geschöpft, bei der es darum ging, als »Expert:in aus Erfahrung« im psychiatrischen System mitzuarbeiten, etwa indem sie sogenannte Recovery-Gruppen anleitet. »Dabei geht es um das Thema Wohlbefinden«, sagt die Genesungsbegleiterin und EX-IN-Ausbilderin Ava Anna Johannson. Auch um die Erkenntnis: »dass Krisen Entwicklung ermöglichen« und sie im Nachhinein für Johannson eine positive Bedeutung bekommen, da sie ihre Erfahrungen nun an andere weitergeben kann.

Ich frage Johannson nach dem Veränderungspotential ihrer Tätigkeit. »Ich denke, das kommt auch sehr auf die Einrichtung an und welches Verständnis sie haben von Ex-In und Empowerment«, sagt sie. »Viele haben noch ein antiquiertes Verständnis, dass Helferinnen oder Helfer wüssten, was gut für Klient:innen ist.« Sie sagt, es würden eigentlich zwei Expert:innen aufeinandertreffen: eine geschulte Person, die weiß, was gut für viele Menschen ist, und die Person in der Krise, die weiß, was für sie selbst gut ist. »Das, was für 99 Prozent der Menschen funktioniert, muss nicht immer das Richtige sein.« Sie sagt, dass allein die Anwesenheit von EX-INler:innen in Einrichtungen schon etwas verändert: »Zum Beispiel wird dann weniger über Klient:innen geschimpft und respektvoller über Menschen mit psychischen Erkrankungen geredet.« Sie sagt, dass für viele Menschen in Kliniken die Situation während einer Visite sehr einschüchternd sei. »Dann können EX-IN-Mitarbeiter:innen sagen: Wollt ihr das nicht mal anders lösen? Versetz dich doch mal in die Perspektive der Klient:innen: Dir geht es gerade ganz schlecht und du sitzt vor einer riesigen Gruppe Menschen in der Visite, von denen du vielleicht zwei mit Namen kennst, vielleicht hast du zusätzlich noch soziale Phobien. Und dann wird über dich geredet.«

Andere sagen, es ändere sich zu wenig dadurch, dass Betroffene in Kliniken als Assistenzkräfte mitarbeiten. Sie fordern Gesetzesänderungen. Zugleich schreiben die beiden Psychiater:innen Margret Osterfeld und Martin Zinkler: »Gelernt haben wir, dass es kein unvermeidliches Minimum an Zwang gibt, zu unterschiedlich sind die Verhältnisse in den unterschiedlichen Kliniken. Wer meint, in seiner Institution finde nur das absolute Minimum an Zwang statt, dem sei ein Besuch auf Island empfohlen. Das Land mit 320 000 Einwohnern kommt ohne Festbinden und Einsperren (Fixierung und Isolierung) in der psychiatrischen Versorgung aus.« Margret Osterfeld erzählt während unseres Gesprächs, dass sie vor allem gelernt habe, wie schmerzhaft Zwang sein kann, als sie als »Professionelle« selbst Psychiatrie-Erfahrungen machte.

9

ACHTGEBEN

Ein Platz in der Welt

Das Tableau unserer Innenschau müssen wir selbst skizzieren, auch wenn andere uns dabei beschützen, behindern, betreuen. Manchmal könnte in der Psychiatrie ein wenig Ehrfurcht helfen, Achtung vor dem rätselhaft-fragilen Menschsein.

~

Während der Recherche zu diesem Buch sitze ich mit meinem Freund in einer Wohnung an der Ostsee mit riesigen Fenstern. Ich schaue konzentriert nach draußen und sage zu ihm, dass ich es faszinierend finde, in die Wolken zu schauen, an manchen Tagen haben sie so eine erhabene Strahlkraft. Dieses elektrisierende Gefühl empfinde ich nicht, wenn ich über längere Zeit Neuroleptika nehme. Haben andere das auch? »Manchmal«, sage ich zu meinem Freund, »denke ich, es ist doch nicht verwunderlich, dass die alten Griechen dachten, da müssen Götter sitzen!« Er sagt, dass er dieses Gefühl ebenfalls kenne. »Ach ja?«, sage ich. »Ich dachte, das kommt bei mir daher, dass ich eine *Verrückte* bin.«

Seit ich »krankheitseinsichtig« bin, stärker auf mich selbst aufpasse, ertappe ich mich ständig dabei, wie ich alles Mögliche auf eine Diagnose beziehe, ich habe das auch immer wieder in Betroffenenkontexten erlebt: gerade dann, wenn sich Menschen nicht wegen Psychose-Erfahrungen, sondern bloß mit derselben Diagnose zusammenfinden und in allem, was sie tun oder »schaffen«, vergleichen. Manchmal ist der Pessimismus bei Betroffenen noch größer als bei »Professionellen«, denke ich, wenn mich zum Beispiel ältere Betroffene prüfend anschauen, weil ich nicht jeden Tag, sondern nur dann, wenn ich sie brauche, Tabletten nehme, ganz nach dem Motto: Sie ist jung, sie wird es noch lernen.

Als ich im November in der Ostsee war, weil ich Eisbaden für mich entdeckt hatte, und ein Foto von mir mit Mütze und Badeanzug auf dem Handy hatte, das ich lustig fand, fragte ich meinen Freund: »Meinst du, ich kann das versenden? Nicht dass die denken, ich bin *verrückt*!«

Die Menschen machten sich Sorgen, dass ich *verrückt* werde, weil in Europa Krieg geführt wird. Oder weil ich selbstständig arbeite. Oder weil ich mich mal länger nicht gemeldet habe. Werden andere mich ernst nehmen, wenn sie dieses Buch gelesen haben und meine Diagnose wissen?, frage ich mich. Werden sie denken, ich sei *verrückt*, wenn ich zu einem anderen Thema Kritisches sage, schreibe, etwas Unangepasstes tue? Werden sie es mit einer Diagnose erklären, damit negieren?

Gesundungen

Ich frage die Genesungsbegleiterin Ava Anna Johannson, die sich in ihrer EX-IN-Ausbildung mit verschiedenen »psychischen Krankheiten« auseinandergesetzt hat, was sie unter dem Begriff »Genesung« versteht. »Es geht darum zu schauen, ob es Symptome gibt, die abgemildert werden müssen«, sagt sie. »Manchmal geht es auch um Heilung. Viele Menschen sagen auch nach einer Weile: Das habe ich hinter mir gelassen.« Gerade bei Psychosen, kritisiert sie, gäbe es jedoch bis heute das »Stigma der Unheilbarkeit«. Auf jeden Fall, sagt sie, gehe es um »Lebensqualität und Wohlbefinden, ob mit oder ohne oder trotz Beeinträchtigung«. Die Ärztin Margret Osterfeld moniert, dass es im ICD gar kein »Heilungskriterium« gibt.

Ich habe in Psychoseseminaren *Verrückte* getroffen, deren Psychosen zwanzig Jahre oder länger zurücklagen und die keine Symptome mehr hatten, genauso andere mit anhaltenden Symptomen. Manche erleben ein- oder zweimal in ihrem Leben eine Manie, bei anderen kommt es öfter vor, dass sie auf leicht *verrückte* bis schwer *verrückte* Weise in der Welt sind. Bei manchen treffen in »Akutphasen« mehr oder weniger Diagnosekriterien zu.

»Das Schwierige ist, dass Diagnosen sehr langlebig sind. Die Grundannahmen, die die vergebene Diagnose über das eigene Leben treffen, sind schwer wieder loszuwerden. Für manche ist das allerdings auch nicht erstrebenswert, sie sind voll und ganz ›krankheitseinsichtig‹«, schreibt die Kulturwissenschaftlerin Peet Thesing. Ich begann vor allem nach der Reha alles Mögliche zu pathologisieren, teilweise machten das auch Menschen aus meinem Umfeld. Wenn ich weinen musste, weil mich etwas in dieser ohnehin sehr schwierigen Zeit verletzte, sagte jemand mal zu mir, dass das ein Beweis dafür sei, dass ich »krank« bin.

Mir hat es geholfen, die Symptome als Ausdruck einer Lebenskrise zu begreifen. Viele Menschen mit ADHS benutzen heute den Begriff neurodivers. Vielleicht passt er auch, um die Sensibilität zu beschreiben, schneller als andere *verrückt* werden zu können, die »Fähigkeit« oder die *Verrückungen* selbst. Was ich hilfreich fand als Erklärung, war das Konzept der Hochsensibilität. Hochsensiblen Menschen wird neben allen möglichen anderen Eigenschaften eine erhöhte Tendenz dazu, »psychisch krank« zu werden, zugeschrieben, trotzdem gilt Hochsensibilität nicht als Krankheit. Manchmal passt es auch zu sagen, dass ich behindert werde oder eingeschränkt war.

In ihrem Buch *Sprache und Sein* vergleicht Kübra Gümüsay die Sprache mit einem Museum: »Es gibt zwei Kategorien von Menschen in diesem Museum: Die *Benannten* und die *Unbenannten*. Die *Unbenannten* sind Menschen, deren Existenz nicht hinterfragt wird. Sie sind der Standard. Die Norm. Der Maßstab. Unbeschwert und frei laufen die Unbenannten durch das Museum der Sprache. Denn es ist für Menschen wie sie gemacht. Es zeigt die Wirklichkeit aus ihrer Perspektive. Das ist kein Zufall, denn es sind Unbenannte, die die Ausstellung des Museums kuratieren. Sie entscheiden darüber, was gezeigt wird und was nicht, sie geben den Dingen Namen, ordnen ihnen Definitionen zu. Sie sind Unbenannte, doch sie selbst machen von der Macht der Namensgebung Gebrauch. Sie sind auch *Benennende*.«

Ein Therapeut diagnostizierte mir nach dem Reha-Aufenthalt eine leichte Depression. Später, als es mir wieder besser, ja seit sehr langem wieder ziemlich gut ging, saß ich einmal bei einem Arzt und sagte: »Ich habe Angst, dass ich manisch werde, ich finde, ich habe in letzter Zeit so viele gute Ideen!« Er fragte mich ein paar Sachen, wahrscheinlich ob ich geschlafen habe und so weiter, und sagte, dass ich mir keine Sorgen machen müsse: »Ist doch schön, wenn Sie gute Ideen haben.« Ich erinnere mich auch, wie ich bei meinem Therapeuten saß und sagte, dass ich sowohl auf positive als auch auf negative Ereignisse scheinbar emotionaler reagiere als andere, und wie erleichtert ich war, als er schulterzuckend sagte: »Vielleicht sind Sie eben einfach so!«

Peet Thesing schreibt: »Sich selbst immer unter einer diagnostischen Brille zu betrachten, kann viele unangenehme Konsequenzen haben. Zum Beispiel sich in Beziehungen auf Grund einer zugeschriebenen Borderline-Persönlichkeitsstörung immer selbst als Ursache zu betrachten. Die eigene Wahrnehmung auf Grund einer Schizophrenie-Diagnose permanent in Frage zu stellen.«

Mir wurde bei meinem letzten Psychiatrieaufenthalt eine »schizoaffektive Störung« diagnostiziert, später sagte ein Therapeut zu mir, dass diese Diagnose ungerechtfertigt wäre, weil Nazis in Deutschland eine Vorstellung seien, die nicht weit vom hiesigen kulturellen Kontext entfernt ist. Er sagte entgegen der Einschätzung anderer Ärzte, dass ich im Laufe meiner »Krankheitsgeschichte«, anders als auch bei meinem allerersten Psychiatrieaufenthalt festgestellt, keine schizophrenen Symptome gehabt hätte, und setzte sich dafür ein, dass meine Diagnose, entsprechend meines zweiten Psychiatrieaufenthalts, wieder zu einer »bipolaren Störung« umgeändert würde. Auch meine behandelnde Ärztin hatte sich damals darüber gewundert und fand »bipolar« passender. Ein Arzt, der mich in der Klinik so diagnostiziert hatte, sagte, als ich ihn damit konfrontierte, manche würden die Diagnose »schizoaffektive Störung« oder »Schizophrenie« einfach nicht so gern vergeben. Ich fand das »schizo« damals gar nicht schlimm, eher störte mich das Wort »Störung«. Dorothea Buck, dachte ich, hatte schließlich auch die Diagnose Schizophrenie und ich fand, dass unsere Psychosen ähnlich waren – wobei sie schreibt, dass sie von einem Arzt auch mal als manisch-depressiv diagnostiziert worden war.

Eine Psychoanalytikerin, mit der ich später spreche, sagt, sie habe von dem kulturellen Kontext als Unterscheidungskriterium zwischen bipolaren und schizophrenen Psychosen noch nie etwas gehört. Sie hingegen sah den Unterschied darin, dass man als schizophren diagnostizierte Person stärker das Gefühl habe, in den Psychosen fremdgesteuert zu werden. Aus diesem Grund würde sie mir ebenfalls die Diagnose »bipolar« vergeben. Als ich mit K. spreche, die nicht nur als schizophren oder schizoaffektiv, sondern als »paranoid schizophren« diagnostiziert wurde, ist sie empört. Sie habe sich genauso wenig fremdgesteuert gefühlt, sagt sie – wir hatten uns schon über Fälle unterhalten, bei denen

Menschen durch innere Stimmen befohlen wird, eine bestimmte Handlung auszuführen. So etwas haben wir beide nie erlebt. Ich lese ständig in Darstellungen von »Professionellen« »bipolare Menschen sind soundso«, »schizoaffektive Menschen sind soundso«, manches trifft bei mir auf die »akuten Phasen« zu, vieles überhaupt nicht.

Der Psychiater Jim van Oz will den Begriff »Schizophrenie« abschaffen und stattdessen von »Psychoseanfälligkeit« sprechen. In einem Interview sagt er: »Wissenschaftlich gesehen ist jeder mehr oder weniger psychoseanfällig. Genetische und epidemiologische Forschung hat hunderte, ja tausende Risikogene identifiziert. Sie und ich haben auch viele solcher Gene. Je mehr jemand davon hat, desto größer das Risiko für die Störung.«

Bei einem Date wurde ich gefragt, ob ich Schizophrenie habe. Die Person wusste von meinen Psychosen. Ich sagte, dass meine Diagnose bipolar ist. Mein Gegenüber war erleichtert und meinte, er hatte mit einer Person mit der Diagnose Schizophrenie schlechte Erfahrungen gemacht. »Ah okay cool, mein bester Freund ist bipolar«, sagte er. Er hätte genauso schlechte Erfahrungen mit einer »bipolaren« Person machen können und gute mit einem »Schizophrenen«.

Bei meinen Aufnahmegesprächen in der Klinik wurden jedes Mal Diagnosen von Angehörigen abgefragt, selbst wenn ich sagte, ich vermutete, dass xy vielleicht mal Depressionen hatte, wurde das in den Berichten teilweise als Tatsache aufgegriffen. Es wurden zurückliegende Krisen abgefragt, die als Indiz dienen sollten, dass ich eine »Störung« hätte, in meinen Entlassungsberichten steht, ich hätte in der Jugend Depressionen erlebt, wenngleich mir diese gar nicht diagnostiziert worden sind. Selbst wenn es so gewesen wäre, wieso sollte das eine Erklärung für meine spätere Krise sein?

Während manche Menschen es hilfreich finden, eine Diagnose zu bekommen, und sich vollumfänglich damit identifizieren, empfinden sie andere als epistemische Gewalt, weil sie Erfahrungen verkürzt und Menschen in eine Kiste zwängt. Einige *Verrückte*, die ich getroffen habe, sagen, sie haben durch Diagnosen vor allem etwas über sich selbst gelernt. Manchmal habe ich auch den Eindruck, dass die Diagnosen dazu führen, sich mit Dingen abzufinden, und das mit einer hoffnungsnehmenden Endgültigkeit. Außerdem suggeriert »krank« in meinen Augen, dass man damit etwas rein Negatives beschreibt, das man nicht haben will.

Kontrolle

»Tips und Tricks, um Ver-rücktheiten zu steuern«, heißt eine Seite auf der Website des Bundesverbands Psychiatrie-Erfahrener. »Ver-rücktheit ist eine Begabung, allerdings eine Begabung, mit der man lernen muss umzugehen. Krieg gegen das Ver-rücktsein zu eröffnen ist dagegen, als eröffne man das Feuer gegen sich selber.« Gemäß dem Philosophen Harry Frankfurt besitzen wir dann einen freien Willen, wenn wir uns reflexiv auf unsere eigenen Wünsche beziehen können. Er geht davon aus, dass wir verschiedene Wünsche haben und auswählen können, welcher davon handlungswirksam wird. Wenn wir also unüberlegt einen Wunsch ausführen, ohne uns aktiv dafür zu entscheiden, handeln wir nicht aus freiem Willen. Gleichzeitig schreibt er, dass auch die Wahl, einer Sucht oder einem Zwang nachzugehen, eine freie sein kann, wenn man es sich so aussucht.

Was mir Halt in der Welt gegeben hat, war eine kognitive Verhaltenstherapie, die mir zeigte, dass wir unsere Gedanken steuern können, entscheiden können, worüber wir nachdenken oder nicht. »Sie haben doch studiert, was bedeutet Nachdenken und was bedeutet Grübeln?«, fragte mich der »alte *weiße* Mann« in seiner schicken Berliner Altbaupraxis. Nachdenken, sagte ich, bedeutet, argumentieren und Schlüsse ziehen. Er bejahte, Grübeln seien die Gedanken, bei denen man nicht weiterkommt. A.s »Nudelsorgen«. Mit denen solle man sich nicht weiter beschäftigen. Ich merkte in der Zeit vor allem, dass sie depressiv machen können. Ich fand es damals extrem »hilfreich«, von einem alten weißen Mann mit Doktortitel gesagt zu bekommen, dass ich eigentlich ganz in Ordnung bin. Außerdem sprachen wir durch, wie es zu meiner *Verrückung* kam, mit welchen Gedanken sie begonnen hat und wie ich »Frühwarnzeichen« bemerke.

Ich stelle später fest, dass mir eine kleine Dosis Neuroleptika zuverlässig hilft, wenn ich schlecht schlafe. Weil die Dosis so klein ist, dass sie normalerweise gar nicht erhältlich ist, lasse ich sie mir immer in der Apotheke herstellen. Als ich mit Jann E. Schlimme spreche, realisiere ich, dass andere noch kleinere Dosen nehmen. Ich bin anderen Betroffenen begegnet, die mich schräg anschauen und mir mit Dogmatismus begegnen, entweder weil sie selbst jeden Tag Medikamente nehmen – oder gar keine.

~

Während meines Studiums wurde an der Universität viel über den sogenannten »linguistic turn« in der Kulturwissenschaft gesprochen, der Vorstellung, die Kultur als eine Art Text zu verstehen. In unserer Sprache hat sich für gesellschaftliche Zuschreibungen in jüngster Zeit ebenfalls der Ausdruck »lesen« etabliert, zum Beispiel für eine »männlich gelesene Person«. Und so kann man die Psychose auch als eine Wahrnehmungsform begreifen, in der unsere alltagskulturellen Vorstellungen auf eigensinnige Weise verändert, unsere Wirklichkeit anders »gelesen« wird. Der Ethnologe Clifford Geertz hat die Methode der »dichten Beschreibung« eingeführt, bei welcher es darum geht, die Dinge an sich »dicht« zu beschreiben, zunächst fernab einer allgemeinen Theorie. »Ich meine mit Max Weber, dass der Mensch ein Wesen ist, das in selbstgesponnene Bedeutungsgewebe verstrickt ist, wobei ich Kultur als dieses Gewebe ansehe. Ihre Untersuchung ist daher keine experimentelle Wissenschaft, die nach Gesetzen sucht, sondern eine interpretierende, die nach Bedeutungen sucht. Mir geht es um Erläuterungen, um das Deuten gesellschaftlicher Ausdrucksformen, die zunächst rätselhaft erscheinen.« Und so kann man vielleicht auch das Verhalten eines *Verrückten* interpretieren. In der Ethnologie wurde qualitativ geforscht, etwa durch narrative Interviews, in denen die Menschen einfach erzählen, es ging oft darum, den Menschen in seiner Biografie zu verstehen und diese wiederum in größere, übergeordnete Kontexte einzubetten, die sich aus den Erzählungen generieren und in gesellschaftliche Kontexte einbetten, an soziologische Theorien anknüpfen lassen. Gemäß Gabriele Lucius-Hoene und Arnulf Deppermann wird in Interviews eine »Herstellung und Darstellung von narrativer Identität« in Gang gesetzt.

»Text und Textil haben die gleiche etymologische Wurzel: das lateinische *texere* – weben, verbinden, zusammenfügen, flechten, verflechten, gestalten, erschaffen, bauen. Text und Textil werden aus verschiedenen Materialien geformt, und doch bieten uns beide auf ihre Weise wesentliche strukturelle Merkmale für unser Leben – für unser Selbst- und Weltgefühl«, schreibt die Schriftstellerin Priya Basil. »Das fertige Stück ist in beiden Fällen stets konstruiert, zusammengenäht und kann daher auch auseinandergenommen, mit etwas anderem verbunden, neu gemacht werden. In dieser Fähigkeit zur Verbindung liegt eine Analogie zur Erneuerung unserer eigenen Möglichkeiten, zu sehen und zu sein.«

Vielleicht widerstrebt mir auch durch mein Studium das Kistendenken von Diagnosen, Fragebögen zum Ankreuzen, Symptombestimmungen, um damit eine Diagnose zu ermitteln und in ihr Gründe für das Handeln zu suchen, nicht in der Gesellschaft, nicht in dem So-und-so-Seienden, von biografischen Ereignissen und menschheitsgeschichtlichen Wellen getragenen und in soziale Bedeutungen gehüllten, aus ihnen teilweise aus lebensgeschichtlichen Gründen oder existenziellen Verunsicherungen manchmal mit drängender Wucht herausgebrochenen Menschen.

Der Psychologe Thomas Bock schreibt über die Hamburger SuSi-Studie zum subjektiven Sinn von Psychosen: »Je mehr der Zusammenhang zwischen Psychose- und Lebenserfahrung hergestellt wurde oder werden wollte, desto eher wandelte sich der Blick auf das Erleben und in die Zukunft in Richtung Zuversicht und Hoffnung.« Ich hatte zunächst das Gefühl, dass das Deuten eher zu einer Hoffnungslosigkeit führen sollte, ich fand mich in einer Beziehungskrise wieder, durch die eine lange Paarbeziehung, eine große Liebe letztlich zu Ende ging. Heute denke ich, dass es gut so war, was nicht bedeutet, dass jede Psychose, in denen sich Beziehungskonflikte zeigen, dazu führen sollte, Beziehungen zu beenden. Ich denke, man kann durch die Psychose und auch den Umgang damit viel über sich selbst und über andere lernen, gerade darüber, wie man Beziehungen führt und welche guttun, seien es Paarbeziehungen, freundschaftliche oder familiäre. Jann E. Schlimme weist auf eine finnische Zwillingsstudie aus den 1980er Jahren hin. Sie dokumentierte Zwillinge medizinisch, die in unterschiedlichen Familien aufwuchsen. »Sie hat gezeigt, dass Genetik eine Rolle spielen kann. Aber sie spielt nur dann eine Rolle, wenn die betreffende Person keine optimal sicheren Primärbeziehungen in ihrer Primärfamilie hat, in ihrer Adoptionsfamilie«, sagt Schlimme. »Oder es herrscht in der Familie zum Beispiel die Idee vor, dass man das soziale Miteinander ganz hochhält. Und es handelt sich aber um eine Person, die eher Rückzug braucht. Vielleicht kann sie das dort nicht leben und die Ansprüche der anderen sind für sie schwer auszuhalten.«

Mir half die symbolische Deutung auch dabei, meinen Großvater besser zu verstehen, es nahm mir ein bisschen den Schauder. Vielleicht war sein für andere bedrohlich wirkendes Verhalten ebenfalls ein Ringen mit Rollen, sein Bedürfnis, symbolisch etwas auszudrücken, zu beenden oder performativ zu zerstören. Ein Widerstand. Ich kann es mir nicht erklären und ihn nicht mehr fragen, weshalb der Sinn verborgen bleibt. Ich lese in einem Interview von einer Frau, die professionell immer mit Texten, mit Literatur zu tun hatte, der Tochter einer *Verrückten*: »In gewisser Weise konnte ich sagen, dass meine Mutter für mich auch ein rätselhaftes Buch war: eine Person, die ich lesen musste.«

Wie bei der Traumdeutung gibt es bei der Deutung des *Verrücktseins* kein richtig oder falsch. Vielleicht finden darum einige es leichter, es schlicht als »krank« zu bezeichnen, vieles bleibt, so sehr man sich bemüht, unverstanden. In einer Psychose sind Menschen vermindert schuldfähig. Und so, dachte ich, wäre meinem Großvater auch in diesen Zuständen seine Handlungsmacht abzusprechen, eher wäre sie nach Dorothea Buck als eine Art Symbolhandlung zu verstehen.

~

Bei der Polizeischulung, die ich als Journalistin besuchte, wurden Extremfälle eingeübt – Szenen mit Einsätzen nachgespielt, bei denen *Verrückte* tatsächlich gefährlich schienen: etwa ein dargestellter Mann, der in einer Übung einen Baum mit einem Messer bewachte. Womöglich dachte der Mann, der Baum stehe für die Schöpfung und es sei seine Aufgabe, sie zu behüten.

Ich habe keine bedrohlichen Schreckensgeschichten aus meinen *Verrückungen* zu berichten, doch erzählte ich den anderen

Verrückten in der Reha, wie ich einmal vor vielen Jahren bei einer Frau geklingelt hatte, weil sie einen ähnlichen Namen trug wie ich und ich mich deshalb auf *verrückte* Weise mit ihr verbunden fühlte, sie hieß auch Dorothea, was mein Zweitname ist. Ich freute mich einfach über diese Ähnlichkeit und dachte intuitiv: Wie schön, ich bringe ihr ein Gedicht!

»Im Mythos stellt sich die Einheit der Welt anders her: als durchlaufender Kontakt des Besonderen mit dem Besonderen, als Korrespondenz des Ähnlichen und des Unähnlichen, als Spiegelungen von Schein und Widerschein, als konkrete Verkettung, Überlappung und Verflechtung«, schreibt Jürgen Habermas in seinem Aufsatz »Nachmetaphysisches Denken« über das »Identitätsdenken«, das er als Aspekt metaphysischen Denkens ausmacht. Während der *Verrückung* sind ähnliche Zahlen oft eins, gehören ähnliche Namen zusammen, wirken sie aufeinander, ist alles verflochten, manchmal auf so eine heiter-paradiesische Weise, als befände man sich in einer fantastischen Welt. Ich hatte diese Neigung zu Zahlen, die in ihrer Ähnlichkeit etwas bedeuten und erklären sollten, später auch bei A. beobachtet. Und bei einem Patienten in der ersten Klinik, in der ich gewesen bin, kippte all das schon in das Logisch-Abstrakte, während er unermüdlich auf der Suche nach einer »Weltformel« war.

Als ich damals bei der Frau geklingelt habe, hatte ich auf dem Kopf einen Fliegenpilz aus Pappmaschee, den ich zuvor gefunden hatte, und fand das äußerst lustig. Und ich habe der Frau an der Tür Gedichte im Paarreim vorgetragen, die aus mir herausgesprudelt sind. Später in der Psychiatrie habe ich Patient:innen Gedichte geschrieben und geschenkt, sie haben sich darüber gefreut. Die Frau, bei der ich geklingelt hatte, rief die Polizei, weil ihr meine *Verrücktheit*, obgleich ich lediglich Gedichte vortrug, scheinbar Angst machte. Die zwei Polizisten, die mich freundlich baten, in ihr Polizeiauto zu steigen, fragten, ob ich Drogen genommen hätte, und als ich verneinte, fuhren sie mich zu einem Freund. »Lea, die Polizei stand vor unserer Tür, was sollen die Nachbarn denken«, sagte mein Kumpel. Nachdem ich das in der Reha erzählt hatte, töpferte A. mir in der Ergotherapie einen Fliegenpilz. Und ich erinnerte mich in der Reha wieder daran, dass ich früher in der Oberstufe, vor vielen Jahren, ziemlich gut im Freund:innen-Machen gewesen war.

Für Angehörige kann es sehr schwierig sein, die *Verrückungen* zu verstehen. Ich habe mich damals schlecht gefühlt, schuldig, weil ich mein Umfeld überfordert habe mit meiner übersprudelnden, teilweise verletzenden Ehrlichkeit. Es sei alles nur zufällig, was man in der *Verrückung* von sich gibt, sagte ein Therapeut, ich habe die Erfahrung gemacht, dass »Professionelle« Angehörigen vor allem erklären, dass es nicht unbedingt nochmal passieren muss, sich die Inhalte der Psychose zwar oft um Beziehungen zu nahestehenden Menschen drehen, das aber alles keine Bedeutung habe. Für manche mag das eine Hilfe sein, um die psychotischen Gedanken nicht überzubewerten, nicht wörtlich zu nehmen, *Verrückungen* sind für das Umfeld oft extrem befremdlich, ja, eine Zumutung. Während meiner Recherche stoße ich auf den »Offenen Dialog«, eine Methode, in die das Umfeld bei der Deutung von psychotischen Inhalten miteinbezogen wird.

»Im Ansatz des Offenen Dialoges wird eine Psychose – neben weiteren erklärenden Dimensionen – als eine prinzipiell verstehbare Reaktion auf unerträgliche und ungelöste Lebensprobleme aufgefasst. Daher wird eine psychotisch veränderte Mitteilung auch als ein sinnhafter Versuch verstanden, Kommunikation herzustellen, die auf andere Weise nicht mehr oder noch nicht möglich ist«, schreibt Volkmar Aderhold. Der Offene Dialog beschreibt einen systemischen Ansatz, der Angehörige miteinbezieht. »Das Modell wird seit ca. 15 Jahren in Finnland und auch in anderen skandinavischen Ländern umgesetzt und stößt in Polen, Großbritannien sowie den USA auf wachsendes Interesse«, schreibt Adelhold weiter. »In Deutschland gelingt die Umsetzung der Praxis des ›Offenen Dialogs‹ zum Teil im neuen Finanzierungssystem der ›Integrierten Versorgung‹ und in Kliniken mit regionalem Budget.« Schon einzelne »Netzwerkgespräche« im Rahmen der sonst üblichen Behandlung könnten zu einer signifikanten Verbesserung der »therapeutischen Kultur« beitragen.

»Wir wissen einfach außerordentlich wenig, wenn es darum geht, Menschen in einer Weise zu begegnen, die geeignet ist, Leidenszustände zu lindern«, schreibt Eva Jaeggi. »Wenn mir daher ein Psychotherapeut erklärt, daß ›man‹ mit diesem oder jenem Patienten(typ) *nur* auf der Couch oder *nur* mit Körperübungen oder mit In-vivo-Übungen umgehen könne, um Veränderungen zu erzielen, dann weiß ich genau, daß dieser Therapeut sich über die Grundlage seines Berufes nicht im klaren ist.« Weiter schreibt sie: »Vorgespielte Sicherheit überwiegt, wenn man sie über ihren Beruf ausfragt. Offensichtlich aber gibt es viel mehr zu wissen über die Veränderungsmöglichkeiten von Menschen, als unsere Theorienweisheit sich träumen läßt.«

Bei Psychosen solle man unbedingt eine tiefenpsychologisch fundierte Therapie machen, hatte mir eine Therapeutin erklärt, bei der ich kurz vor der Reha zu Erstgesprächen war, es ging dann wieder um meine Kindheit. Ich hatte darum nach der Reha beschlossen, eine Verhaltenstherapie zu beginnen. Ein Therapeut sagte scherzhaft, tiefenpsychologische Themen könnte man auch mit Freund:innen bei einem Glas Wein klären. Aber ich hatte immer noch mit keinem »Professionellen« über meine *verrückten* Gedanken gesprochen, darüber, warum ich sie hatte. Der Therapeut hatte gesagt, es sei nicht gut, dass ich mich damit so viel befasse, und es sei einfach eine Stoffwechselstörung, zwischenzeitlich fand ich das als Erklärung gar nicht schlecht, weil mich die Auseinandersetzung damit überfordert hat. Weil ich mich frage, was meine Psychose nun mit mir selbst zu tun hat, rufe ich bei einer Psychoanalytikerin an. Ich wollte zu meinen eigenen Deutungen der Psychose nochmal jemanden »Professionellen« hören.

Zusammenwirken

So kommt es, dass ich kurze Zeit später in ihrer Praxis sitze. Ich sehe, sie hat psychiatriekritische Bücher im Schrank, auch eines über die Psychologie des Faschismus. Außerdem: Bilder, die mich sehr an das für mich als manisch verstandene Gekritzel meines Großvaters erinnern. Ein guter Ort, denke ich. Die Psychoanalytikerin hatte ich damals angerufen, um nach Therapiestunden zu fragen, und sie hatte mich fast schon abgewimmelt, weil sie eigentlich keinen Platz hatte. Wie das denn bei Psychosen generell sei, hatte ich, als ich schon wieder auflegen wollte, gefragt, ob man die denn in der Psychoanalyse bespricht? Ich hatte zuvor nur gesagt, dass ich einen Termin haben wolle. Dann sei ich ja ein »Spezialfall«, sagte sie, nachdem ich das Wort »Psychose« gebrauchte, dass sie das sehr »interessiert«. Sie sagte, viele Therapeut:innen würden bei Menschen mit Psychosen keine Psychoanalyse machen, sie selbst unter bestimmten Voraussetzungen: weniger Sitzungen die Woche und im Sitzen anstatt im Liegen. Ich habe mich nicht getraut zu fragen, aber eigentlich hätte ich mich gern auf die Couch gelegt. Warum macht »man« das bei Menschen mit Psychoseerfahrung so oder so und fragt sie nicht, habe ich mich gewundert.

Die Therapeutin fragt mich sonst alles Mögliche, wir sprechen gleich sehr intensiv, es geht nicht nur um die Psychose, sondern auch um Depressionen. Und ich mache sofort deutlich, dass die Gründe hatten. Auf der Seite der Gesellschaft für Bipolare Störungen hatte ich gelesen: »Schlechte Tage hat jeder, gute auch: Kein Wunder also, dass die Mundwinkel mal nach unten hängen und sich dann wieder vor Lachen nach oben biegen. Bei Menschen mit einer Bipolaren Störung – auch als manisch-depressive Erkrankung bezeichnet – ist das anders: Sie fallen oft ohne nachvollziehbare Gründe von einem Extrem ins andere. Je nach Ausprägung der Störung gehen manische und depressive Episoden mal direkt ineinander über, mal liegen ganze Jahre symptomfreier Zeit dazwischen. Obwohl die Erscheinungsformen der Bipolaren Erkrankung Ärzte schon seit 2000 Jahren beschäftigen, steht die Aufklärung der Öffentlichkeit noch ganz am Anfang.« Ich konnte mich darin absolut nicht wiederfinden. Weil ich Anlässe für die depressiven oder manisch-psychotischen Phasen ausmachen konnte, weil ich merkte, wie wichtig es für mich ist, Anlässe auszumachen, auch um nicht völlig den Bezug zu mir selbst zu verlieren, eigentlich, würde ich heute sagen, bin ich ein sensibler Mensch mit ganz guten Intuitionen, ich finde es befremdlich, mich als einen chemischen Cocktail zu verstehen. Auf der Seite des Bundesverbands Psychiatrie-Erfahrener lese ich: »Ver-rücktheiten kommen nie grundlos und aus heiterem Himmel, auch wenn einem das manchmal so erscheint.«

»Depressionen hat man selten ohne Grund«, sagt die Psychoanalytikerin und schaut mir dabei mit starrem Blick in die Augen. Es sei vielleicht eine »gute Psychose« gewesen. »Vielleicht war Ihre Psychose ein Schritt in die Autonomie.« Damit kann ich etwas anfangen, doch mit »gute Psychose« ist es meines Erachtens nun etwas zu inbrünstig ausgedrückt, wenn auch wohlmeinend, schließlich waren die Ängste währenddessen furchtbar. Für mein Umfeld war es eine absolute Überforderung. Und: Hätte sie diese seelische Zerrissenheit selbst erlebt, würde sie sicherlich nicht so sprechen. Als ich A. erzähle, was die Psychoanalytikerin gesagt hat, schaut sie mir zustimmend in die Augen. Und meine Freundin K. sagt leicht kopfschüttelnd: »Diese Psychoanalytikerin ist ja noch extremer drauf als du!«

~

»Die Psychose will uns führen zum Menschen, zum Menschen in Not und Pein«, schreibt Arnhild Köpcke in dem Buch *Der Sinn meiner Psychose*. »Sie zeigt uns, was im Menschen steckt an archaischen Kräften, an Kräften der Zerstörung wie der Zärtlichkeit. Gut und Böse.«

Die Psychoanalytikerin hatte mich in der Sitzung gefragt, ob ich mich eigentlich als Frau definiere. Später hat sie mir gesagt, dass sie zwar wisse, dass manche das als diskriminierend empfinden, sie mir aber eine Diagnose geben müsse, damit die Krankenkasse die Therapiestunden bezahlt, sie darum also nun wieder »bipolar« einträgt. Ich war irgendwie genervt nach dem Gespräch. Und unsicher: Jetzt habe ich so viel über alles nachgedacht. Es reicht. Sie hätte mir ja auch mal etwas über sich erzählen können, dachte ich außerdem. Mich störte die Distanz, vielleicht auch: das »Sie« bei diesen so privaten Themen.

»Wer Du spricht, hat kein Etwas zum Gegenstand. Denn wo Etwas ist, ist anderes Etwas, jedes Es grenzt an anderes Es, Es ist nur dadurch, daß es an ein anderes grenzt. Wo aber Du gesprochen wird, ist kein Etwas. Du grenzt nicht. Wer Du spricht, hat kein Etwas, hat nichts. Aber er steht in der Beziehung«, schreibt der Religionsphilosoph Martin Buber.

Sowieso fühlte ich mich inzwischen »gesund«, wenn man das so sagen kann: irgendwie wieder integer. Ich hatte eigentlich nur die Bestätigung einer »Professionellen« gewollt, eine Bestätigung darüber, dass meine Psychose einen Sinn hatte. Ich schrieb ihr: »Ich bin seit unserem Termin nochmal in mich gegangen und würde den nächsten gerne absagen und die Sitzungen erstmal nicht mehr weiterführen. Ich danke Ihnen und fand die Sitzungen zur Einordnung hilfreich und freue mich vor allem über Ihr Verständnis in so vielerlei Hinsicht.«

Ich hätte mir solche Gespräche vor Jahren gewünscht, nach meiner ersten *Verrückung*. Während der Psychoanalyse sagte ich einmal, dass ich das Gefühl habe, Frauen und *Verrückte* seien mit überlappenden, diskriminierenden Zuschreibungen konfrontiert. Und ich das bei mir selbst gespürt habe, etwa ein Gefühl von angenommener Hilfsbedürftigkeit. Sie sagte, nur weil man Psychosen erlebt hat, sei man doch nicht sein Leben lang hilfsbedürftig, und sprach davon, dass sich beide Diskriminierungsformen, die gegenüber Frauen und die gegenüber *Verrückten*, verstärken.

Endlich, dachte ich. In vorherigen therapeutischen Kontexten hatte ich immer das Gefühl, dass Dinge, die ich als strukturelle Diskriminierung ausgemacht hatte, auf individuelle Gegebenheiten zurückgeführt worden sind. »Eine der gefährlichsten Wahrheiten ist, dass mein Verhältnis zu mir selbst und zu anderen Menschen eben nicht politisch sei. Dass es sich um eine rein private, individuelle Angelegenheit handle, für die ich mich allein verantwortlich zeichne«, schreibt die Feministin und Philosophin Şeyda Kurt in ihrem Buch *Radikale Zärtlichkeit*.

~

Nach dem Sommer kam, wie es ist, ein Winter. Ein Corona-Winter völlig isoliert. Und ich habe wie aus dem Nichts plötzlich meine Jahre im Koffer gebliebene Klarinette wieder ausgepackt und mich mit Religion befasst, nicht auf eine objektivierende Weise, sondern subjektiv: »Überlege, wie lange du heute im Himmel gelaufen bist«, das Zitat von Yoko Ono hatte ich mir über den Schreibtisch gehängt und es half mir, in einer dunklen Zeit, die von einer schweren Trennungsphase geprägt war, immer wieder ein Licht zu sehen. Ich habe mich zum Beispiel einmal unfassbar über den Schnee gefreut. Und als ich durch den Park lief, hat jemand gesungen. Ich hatte wieder mehr das Gefühl, dass Dinge Sinn machen, auch die kleinen. Vor allem übte ich mich bei allem in Dankbarkeit.

Am liebsten habe ich Fragmente unserer *Verrückungen* mit meiner A. interpretiert, weil wir es beide erlebt haben. Was ein Gewinn wäre es gewesen, hätte ich mit einer Psychoanalytikerin sprechen können, die selbst betroffen wäre und mir von ihren eigenen Erfahrungen hätte erzählen können. Viele Betroffene nutzen sogenannte Peer-Programme: von Betroffenen für Betroffene. Ich sprach mit meiner Freundin A. Sie hatte mir zum Beispiel erzählt, dass sie während der *Verrückung* vor einer Verwandten Angst hatte und das darauf zurückführt, dass diese mit ihr früher sehr streng war. »Wenn man jemanden fürchtet, dann kommt es daher, dass man diesem Jemand Macht über sich eingeräumt hat«, fällt mir jetzt beim Schreiben das Hermann-Hesse-Zitat, das ich damals ins Abi-Buch geschrieben habe, wieder ein.

Ich denke, dass die Psychiatrie dafür sorgen kann, dass man sich abhängig fühlt, hilfsbedürftig, minderwertig, klein. Sie nimmt einem die Würde, spricht *Verrückten* den freien Willen ab und erzieht zu Compliance. Aber selbst was das angeht, sind sich die »Professionellen« nicht einig. Thomas Bock lobt gar den Eigensinn in seinem Buch *Eigensinn und Psychose. Noncompliance als Chance*. Wie sollen sie sich auch einig sein?

Bevormundet

Autonomie wird heute als sinnstiftend und wertvoll betrachtet – als »Quelle von Zufriedenheit« in einer Gesellschaft, in der die wachsende Zahl an Handlungsmöglichkeiten zu Zerreißproben werden können und Identitäten diffuser. Charles Taylor schreibt in seinem Buch *Quellen des Selbst. Die Entstehung der neuzeitlichen Identität*: »Wenn von allgemeinen, von Natur- oder von Menschenrechten die Rede ist, wird der Gedanke der Achtung vor dem Leben und der Integrität der Menschen mit dem Begriff der Autonomie in Verbindung gebracht. Diese Redeweise besagt, daß man die Menschen als aktiv an der Sicherung und Durchsetzung der ihnen gebührenden Achtung Beteiligte auffaßt. Diese Vorstellung bringt ein zentrales Merkmal der moralischen Einstellung des neuzeitlichen Abendlands zum Ausdruck.«

»Ich war komplett kreativ geprägt, mein ganzes Leben«, sagt K. »Für mich kam eigentlich nur etwas Kreatives in Frage.« Sie wollte eine Umschulung zur Mediengestalterin machen. »Die Rentenversicherung hat aber nach eingehender Überprüfung meiner Diagnose-Akten festgelegt, dass dieser Beruf für mich ›nicht leidensgerecht‹ sei«, sagt sie. »Mit ›leidensgerecht‹ war wohl gemeint, dass die Arbeitsmöglichkeiten ungewiss sind und viele in die Selbstständigkeit gehen. Die haben mir nicht zugetraut, das zu bewältigen. Ich habe Widerspruch eingelegt und der wurde abgelehnt, die waren der festen Überzeugung, dass es einfach nicht möglich sei für mich.« Heute arbeitet sie nach ihrer Umschulung in einem kaufmännischen Beruf. »Ich fand das übergriffig«, sagt sie heute noch. »Das ist mein Leben. Ich bin gesund und entscheidungsfähig, mir selbst auszusuchen, wo ich arbeite.«

»Es wurde gesagt, ich darf keine Führungsposition ausüben und keine therapeutischen Berufe«, sagt sie: »Ohne Begründung, also ich schiebe es mal auf meine Krankheit, auf meine Diagnose, paranoide Schizophrenie.«

Als ich von der Ärztin erzähle, die mir von einem Studium abgeraten hat, entgegnet sie: »Ja, und du hast es einfach gemacht, du Glückliche. Und jetzt hast du den Job, den du liebst.«

Sie hat sich heute mit ihrem Job arrangiert, auch damit, dass sie jeden Tag Medikamente nimmt. Sie spricht davon, dass sie dadurch »geheilt« sei, weil sie mit den Medikamenten ein gutes Leben führt.

Für die Recherche treffe ich Thomas Kilian, der mir von seiner Berentung erzählt und auch Psychoseerfahrener ist. In der Reha habe er ein Gutachten mit der Empfehlung bekommen, nur noch halbtags zu arbeiten, die Bundesversicherungsanstalt wollte ihn jedoch vollends in die Rente schicken. »Die Uni hat mir dann gekündigt, aus Angst, dass ich mich totarbeite«, sagt der Soziologe. Er hat geklagt, weil er fand, dass das sein Recht auf berufliche Selbstbestimmung verletze. »Ich war hinterher so fertig, dass ich mich vollständig habe berenten lassen«, sagt er. Heute ist er ehrenamtlich aktiv, unter anderem in der Selbsthilfe. »Ich war in einem Prozess, der ungefähr zehn Jahre gedauert hat, um mich wieder an die geistige Fähigkeit vor der Psychose heranzutasten«, dabei habe auch die Umstellung seiner Medikamente eine große Rolle gespielt. Er hat sich soziologisch viel mit dem Begriff der Entfremdung auseinandergesetzt. »Das bedeutet für mich: Jemand will in dem System etwas ändern, aber es funktioniert nicht.« Ich frage: »Hattest du in deiner Psychose auch Weltverbesserungsgedanken?« Er sagt: Die habe er, seit er sechs Jahre alt ist. Seine Psychosen beschreibt er als traumatisch. »In der Psychose ist es, wie wenn man hinter den Vorhang schaut: der Kategorien, der Sprache, der Begriffe, das ist schwer zu ertragen.« Thomas Kilian sagt, »mit Heilung bin ich skeptisch, die Leute wollen natürlich gerne hören, dass das handhabbar ist«, man dürfe den Menschen jedoch nicht die Schuld dafür geben, wenn sie Symptome haben.

~

»Ich sitze in einem kleinen, mit Büchern und Aktenordnern überladenen Büro, meinem Dozenten gegenüber, der in einem ethnologischen Psychiatrieforschungsprojekt arbeitet«, schreibt die Wissenschaftlerin Sonja Lauff. Von ihrer eigenen Psychiatrisierung habe sie sich wieder langsam erholt. »Ich frage ihn, ob auch Menschen mit psychiatrischen Diagnosen als Forschende in dem Projekt mitwirken. Er antwortet mir, dass diese leider die ›Stellenanforderungen‹ nicht erfüllen könnten.« Analog zu dem Begriff Sexismus verwendet Lauff den Begriff »Psychismus«, um diese Diskriminierungsform zu beschreiben und erkennt zwischen beiden Parallelen.

Mir half es sehr, mich mit Feminismus auseinanderzusetzen, und mir fielen immer wieder Gemeinsamkeiten zu anderen minorisierten Gruppen auf und das half mir anfangs, Diskriminierung überhaupt zu erkennen. Wenn ich mit einer Jüdin sprach, die nicht öffentlich sagen will, dass sie Jüdin ist. Wenn ich mit einer lesbischen Frau sprach, die sich nicht outen will. Wenn ich mit einer Romni sprach, die sagte, dass viele sich erst outen, wenn sie in einer hohen beruflichen Position sitzen, die ihnen keiner mehr nehmen kann, immer dann dachte ich, dass Dinge doch ähnlich sind – auch wenn sich die einzelnen Diskriminierungsformen unterscheiden und diese Differenzen ebenso relevant sind, um sie zu erkennen, wie ihre Gemeinsamkeiten. Viele *Verrückte* halten ihre Diagnosen oder ihre *verrückten* Erfahrungen geheim, viele outen sich erst, wenn sie so alt sind, dass sie nicht mehr arbeiten gehen, damit ihnen keine negativen Vorurteile in der Arbeitswelt begegnen.

Später fällt mir auf, dass sich in der *Verrückten*-Community deutlich an Symbolen oder Formulierungen anderer diskriminierter Gruppen orientiert wird: eine grüne Schleife für die Toleranz von Menschen, die als »psychisch krank« markiert werden – in Analogie zu der roten Schleife, die für die Akzeptanz von Menschen mit Aids steht. Und dann ist da der identitätspolitische Slogan »Nichts über uns ohne uns« der Behindertenrechtsbewegung. Zwischen verschiedenen Diskriminierungsformen mag es Gemeinsamkeiten geben, dennoch ist es wichtig, sie nicht gleichzusetzen, auch um Verbrechen nicht in ihrer Grausamkeit zu relativieren.

Aber man kann voneinander lernen. Mir hat das geholfen, um Machtstrukturen zu erkennen, strukturelle Diskriminierung in unserer Gesellschaft, die auch von der Psychiatrie ausgeht. Es gibt bereits viel Forschung, Vorschläge, Geschichten des Widerstands für eine bessere Psychiatrie. »Wer Inklusion will, findet einen Weg. Wer sie nicht will, findet Ausreden«, sagt Raúl Aguayo-Krauthausen, und das gilt auch für das psychiatrische System. Unsere Gesellschaft müsste sich das Thema viel stärker zu eigen machen, es als ihres erkennen. Das Tabu, das Schweigen brechen. Wenn Menschen nicht geachtet werden, wenn man sie stattdessen bloß als Symptomträger sieht, deren Definitionsmacht in den Augen anderer liegt: Sieht man den Menschen dann? Er ist in unserer Gesellschaft so unsichtbar geworden, dass die Gewalt, die *Verrückten* angetan wird, nicht als solche benannt, nicht als solche erkannt wird. *Verrückte* werden heute nicht mehr systematisch umgebracht, aber wenn ihnen Gewalt geschieht, auch tödliche Polizeigewalt, oder wenn sie ihr Leben aus Verzweiflung selbst beenden, weil sie vielleicht nicht die adäquate Hilfe in ihrer Krise fanden oder sich wertlos oder belastend fühlten, zieht sich eine beißende Stille durch unsere Gesellschaft.

»Zu Recht ist in unserer heutigen Gesellschaft Zwang als Erziehungsmittel verpönt, der Rohrstock – in unserer Schulzeit noch selbstverständliches Lehrerutensil – würde heute empörte Eltern und Aufsichtsbehörden auf den Plan rufen. Gewalt und Zwang gegenüber Kindern oder auch Frauen sind inzwischen geächtet, sexualisierte Gewalt ist selbst in der Ehe verboten, Gewalt und Zwang gegenüber Menschen mit psychiatrischen Diagnosen scheint hingegen von Gesellschaft und Staat immer noch selbstverständlich akzeptiert«, schreiben Martin Zinkler und Margret Osterfeld.

Der Zwang scheint obendrein als »normalisierend«, als Mittel der Heilung anerkannt – wie ist so etwas in unserer Gesellschaft vertretbar, einer Gesellschaft, die sich als vielfältig, als offen und demokratisch rühmt?

Sorgen und Schreiben

Ich spreche für dieses Buch mit der Philosophin und Phänomenologin Ute Gahlings, der Vorsitzenden der Internationalen Gesellschaft für Philosophische Praxis. In ihre »Philosophische Praxis Solidarität« kommen Menschen mit Lebensfragen. Die Philosophische Praxis läge darin, »ein philosophisches Angebot zur solidarischen Partizipation« zu schaffen, es gehe um gesellschaftliches Engagement und Lebensorientierung. »Ich stehe dem sehr aufgeschlossen gegenüber, dass man außergewöhnliche Erfahrungen mit Medikamenten eindämmt, wenn es sich um einen massiven Leidensdruck handelt«, sagt sie. Die Philosophische Praxis könne nur zusätzlich zur Psychotherapie und Psychiatrie bestehen, begleitend angeboten werden, oft würde sie aber als Konkurrenz verstanden. Gahlings sagt, sie kann Menschen bei Themen unterstützen, die in der Psychotherapie meist nicht behandelt werden. »Ich habe einige Klientinnen, die zu mir kommen, weil sie schon mehrere Psychiatrien und Psychotherapien durchlaufen haben, ohne Hilfe zu finden«, sagt sie. Zum Beispiel konnten »bestimmte Sinnfragen nicht beantwortet werden«. Philosophie könne »ein sehr breitaufgestelltes Begegnungsangebot schaffen mit tiefgehendem Nachdenken über ernste existenzielle Fragen«.

Der große Unterschied zur Psychologie und Psychiatrie bestünde darin, dass die Selbstsorge »niemals nur ein individuelles Problem ist, sondern dass Selbstsorge immer auch gesellschaftlich relevant ist und, wenn man sie philosophisch ernst betreibt, nicht nur eine Arbeit am individuellen Selbst ist«, sagt Gahlings. Sie sei auch eine Arbeit an der Polis, »also der Gesellschaft und ein wichtiger Beitrag zur Stabilität der Gemeinschaft«. Diese Einbettung der Selbstsorge fehle aus ihrer Sicht in der Psychotherapie und Psychiatrie, doch auch Sinnklärung und eine gesellschaftliche Kontextualisierung könnten in Krisen helfen. Die Frage wäre: »Inwiefern kann ich Gesellschaft mitgestalten?« Insofern sei Philosophische Praxis »hochpolitisch«. Therapeutische Angebote würden selten solche weiterführenden Perspektiven auf Lebenskrisen entwickeln, auch keine ausreichende Beantwortung der Frage: »Was ist mein Platz in der Gesellschaft?« Darin könnte die Philosophische Praxis sie ergänzen. Allerdings müssen Menschen diese Angebote bisher selbst bezahlen, »aus meiner Sicht ist es eine ethisch wichtige Frage, ob man Philosophische Praxis nicht auch ins Solidarsystem einbetten soll«.

Die Philosophin Miranda Fricker schreibt in ihrem Buch *Epistemische Ungerechtigkeit* über den Begriff der »hermeneutischen Ungerechtigkeit«. Den »Schaden«, den dieser Begriff mit sich bringt, sieht sie in der »situierten hermeneutischen Ungleichheit«, die gesellschaftliche Situation eines Menschen führe dazu, »dass eine kollektive Lücke ihn daran hindert, eine Erfahrung sinnvoll zu deuten, deren Erschließung in seinem ureigenen Interesse liegt«.

Es macht mir Hoffnung, als ich im aktuellen Buch des kritischen Neurowissenschaftlers Felix Hasler lese: »Was kann und soll das Ziel psychiatrischer Forschung sein? Wollen wir weiterhin hoch abstrakte Krankheitstheorien aus Vulnerabilitätsgen-Konstellationen, molekularen Refulations-Kaskaden und neuronalen Schaltkreis-Anomalien konstruieren? Oder ganz praktisch dem real existierenden Patienten mit seinen real existierenden Problemen helfen?«

Es ist kurz vor Weihnachten, als ich die Leiterin der indischen NGO treffe, in der ich nach dem Abitur gearbeitet habe. Sie ist in Deutschland. Hilda Rayappan. Ob ich darüber schreiben darf, dass sie mir einen »advice« gegeben hat, frage ich sie später. Einen Rat. »Wenn du möchtest, kannst du über mich gern als eine deiner Mentorinnen schreiben.« Als ich mir bei Hilda Rayappan Rat holte, wusste ich schon, dass ich dieses Buch schreiben wollte, und hatte schon etwas angefangen, aber wie persönlich soll es nun wirklich werden, fragte ich mich. Manche Menschen in meinem Umfeld rieten mir hingegen ganz von diesem Buch ab.

Noch warten, sagte ein Therapeut, ich habe mich immer gefragt, wie viele Arbeitszeugnisse mit »zu unserer vollsten Zufriedenheit« man wohl sammeln muss, um freiheraus eine *Verrückte* zu sein, um sich zu bekennen, denn der Schmerz, nicht darüber sprechen zu können, war unerträglich geworden.

Ich sitze in einer kleinen hessischen Stadt in ihrem Hotelzimmer auf Hilda Rayappans Bett. Ich erzähle, dass ich über Diskriminierung von *Verrückten* und auch über meine eigene Geschichte schreiben will, und ich will wissen, was sie davon denkt. Sie sagt, dass das eine gute Idee sei. Und sie sagt, dass das einen therapeutischen Effekt hätte. »In Deutschland kannst du das machen«, sagt sie. In Indien könnte man das nicht. Ich bin mir nicht ganz sicher, ob das wirklich ein Argument ist, ob dieser Eindruck stimmt, aber dennoch hat es mich bestärkt.

Wir leben in einem Land, das seine Erinnerungskultur hochhält, sich damit gar rühmt. Dann also sollten doch dort bitte auch die *Verrückten* mehr Rechte bekommen. Es gibt wohl kaum eine andere Minderheit, der man durch die Naturwissenschaft gerechtfertigt alle möglichen Menschenrechte aberkennt, ohne dass sich die Öffentlichkeit empört. Die Ärzt:innen, die »Professionellen«, erachten das schließlich als notwendig.

In einer Definition von Amnesty International steht, damit es bei einer Handlung um Diskriminierung geht, »muss sie sich auf ein unrechtmäßiges Merkmal beziehen: Ethnizität, Religion, nationale oder soziale Herkunft, Sprache, physisches Äußeres, Abstammung, Geschlecht, sexuelle Orientierung, Alter oder Behinderung«. Weiter steht dort: »Die nachteilige Behandlung, die sich auf ein unrechtmäßiges Merkmal stützt, muss zusätzlich einer objektiven und adäquaten Rechtfertigung entbehren. Liegt der Handlung also ein legitimes Ziel zugrunde, wie zum Beispiel der Schutz der Gesundheit oder der Öffentlichkeit, und ist die Handlung verhältnismäßig, so fehlt ihr das diskriminierende Element.« Folglich ist die Macht, die Ärzt:innen in unserer Gesellschaft zukommt, enorm: Wenn sie eine Maßnahme für medizinisch gerechtfertigt halten, wenn also »Professionelle« Menschenrechte verletzen, wird es in weiten Teilen unserer Gesellschaft nicht als Diskriminierung gesehen. Die Opfer der nationalsozialistischen »Euthanasie« endlich als »rassisch Verfolgte« des Nationalsozialismus anzuerkennen, wäre auch ein Schritt, um das Bewusstsein für tradierte Diskriminierung zu schärfen, die von der Psychiatrie selbst ausgeht.

Vorurteile hätten Betroffene auch, sagt Ava Anna Johannson. »Ich glaube, wir haben alle Vorurteile gegenüber Menschen mit psychischen Erkrankungen.« Wahrscheinlich hätten Menschen, die Depressionen erlebt haben, Vorurteile gegenüber Menschen, die Psychosen erlebt haben, oder andersherum. »Das ist auch gar nicht schlimm. Schlimm ist, wenn ich nicht bereit bin, mich damit auseinanderzusetzen und zu merken: Vielleicht stimmt das ein oder andere gar nicht.« Sie können sich mit anderen Vorurteilen überlappen. Sexismus, Antisemitismus, Rassismus gibt es unter uns wie überall. Unter *Verrückten* ist es wie überall unter den Menschen, denke ich manchmal – gerade dann, wenn mir auch in der Betroffenen-Community Leute mit Dogmatismus begegnen. Zur Achtung vor dem Menschen, denke ich, gehört nicht nur die Tatsache, dass sie verschieden sind, sondern auch die Einsicht darüber, dass wir bestimmte Dinge über das Leben nicht wissen können. »Schon der Mythos ist Aufklärung und: Aufklärung schlägt in Mythologie zurück«, schreiben Max Horkheimer und Theodor W. Adorno.

Wir Menschen haben unterschiedliche Interpretationen für chemische Vorgänge im Gehirn. In der Schule war ich fasziniert von den Übertragungen im synaptischen Spalt. Es war mein Lieblingsthema im Fach Biologie. Ich denke, dass sich verschiedene Interpretationen, ob im Bereich der Gesellschaft, der Religionen oder einem magischen Denken über Lebensgeister, ja vielleicht auch in der Sprache, gar nicht ausschließen müssen.

~

In einer meiner *Verrückungen* hatte ich mir gewünscht, Schriftstellerin zu sein, auch das wurde aufgefasst wie ein Krankheitssymptom. In der nächsten dachte ich, ich müsse über die NS-Verbrechen an *Verrückten* sprechen, und jetzt schreibe ich also tatsächlich dieses Buch. Früher nannten die Menschen es »Visionen«, vielleicht ist es einfach nur ein Wunsch, vielleicht zeigen sich in *Verrückungen* Dinge, die uns in ihrer Dringlichkeit etwas angehen. Gerade auch in religiösen Kontexten müsste es für *Verrückte* und den erlebten symbolischen Weltzugang viel mehr Verständnis geben. »Da die Bibel voller Symbole und Symbolhandlungen ist und auch Taufe und Abendmahl Symbolhandlungen sind, hätte mein Vater als Theologe mich vielleicht verstanden. Aber Gesprächsversuche scheiterten daran, daß meine Eltern ganz der Sicht der Ärzte vertrauten. Ebenso selbstverständlich wären sie wohl der Einsicht eines Psychotherapeuten gefolgt, der meine Psychose so verstanden hätte, wie ich sie erlebte«, schreibt Dorothea Buck.

»Erhalte dir das Erhaltenswerte«, hatte sie zu mir gesagt.

Als ich an Karfreitag in einer Kirche sitze, spricht der Pfarrer dort über Aktivismus, Widerstand, Menschen, die für das Gute in der Welt kämpfen. Er machte sich über den Satz, der Helmut Schmidt zugeschrieben wird, lustig: »Wer Visionen hat, sollte zum Arzt gehen.«

Das passt ja, denke ich. Meiner Oma sage ich, dass mir der Gottesdienst gefallen hat. Und sie sagt, sie habe sich das schon gedacht.

Ich telefoniere mit Hilda Rayappan. Weil sie eine gläubige Christin ist, ich weiß, dass ihr Ostern etwas bedeutet. Sie sagt mir nochmal, dass mein Plan gut sei und, wie so oft, dass sie für mich betet: »Mother Mary takes care of you.«

Weil ich alles so »verrückt« und fantastisch finde, achte ich in der darauffolgenden Zeit besonders auf meinen Schlaf, denke »safety first«, nehme häufiger als sonst eine kleine Dosis von meinen Tabletten.

Und schreibe weiter.

DANK UND SCHLUSS

Es gibt so viele wichtige Gedanken, die siechen dahin, und es ist schade, nein, es ist schlimm, weil damit vielleicht eine Welt verloren geht. Andere werden ausgesprochen, aufgeschrieben, irgendwo gedruckt und weitergedacht.

~

Damit Stimmen in der Öffentlichkeit gelesen werden, braucht es andere, die an ihre Wirkmächtigkeit glauben, ebenso stark wie man selbst, oder – bedenkt man die vielen Zweifel, die beim Schreiben manchmal kommen mögen – vielleicht sogar noch stärker. Elisabeth Ruge danke ich dafür, dass sie sofort von meiner Idee begeistert war, denn sonst hätte ich dieses Buch vielleicht gar nicht geschrieben. Außerdem danke ich ihr für die persönlichen und sachkundigen Gespräche, die sie während des Schreibprozesses mit mir geführt hat – nicht nur als meine Agentin, sondern auch als Tochter einer von Schizophrenie betroffenen Mutter. Auch ihrer Kollegin Mimi Wulz danke ich für kritische Anmerkungen am Text.

Meinem Lektor Simon Lörsch danke ich für Feingefühl und Umsichtigkeit bei allem und für Gespräche in unterstützender, vertrauensvoller Atmosphäre. Dem Suhrkamp Verlag danke ich für die mit der Publikation verbundene Unterstützung im Kampf gegen Diskriminierung.

Ich danke allen Menschen, die für dieses Buch mit mir gesprochen haben.

Vor allem danke ich den *Verrückten*.

Meiner Mutter danke ich fürs Lesen und manchmal den

Kopf Schütteln und dafür, dass sie mit mir aus ihrer Perspektive über meine *Verrückungen* und über meinen Großvater gesprochen hat. Sowieso danke ich meinen Eltern dafür, dass sie so gute Eltern waren und sind und mich meistens – wenn auch manchmal erst nach dem Einsatz von etwas Überzeugungskraft – in dem, was ich gemacht habe, unterstützten.

Luis danke ich dafür, mich mit dem Klima-Aktivismus inspiriert zu haben, Dinge, die unmöglich scheinen, zu versuchen. Hella danke ich für Anmerkungen zu der allerersten Version des ersten Kapitels. Meinem Partner danke ich fürs Lesen einzelner Kapitel, die Liebe und diesen ständigen, ansteckenden Ruf nach Freiheit. Nils danke ich dafür, dass er mir irgendwann sein Buch von Thomas Szasz in die Hand gedrückt und es nie wieder zurückgefordert hat. Many thanks to Prof. Hilda Rayappan from Mangalore – for your advice. Nora danke ich für hilfreiche Gespräche und ihre Psychologinnenbrille. Olivia danke ich für den kleinen Schreibtisch, der manchmal meiner wurde. Sarah und Maschal danke ich für Gespräche zu diesem Buch im USA- bzw. Schweden-Urlaub. Manfred danke ich für manch einen Rat.

Danke an alle Betroffenen, Angehörigen und »Professionellen«, die mir auf meinem Lebensweg halfen und etwas Positives in mir hinterließen. Und ich danke all denen, die mich im privaten Alltag und der Arbeitswelt, nachdem sie von meinen Erfahrungen wussten, einfach weiterhin genauso »normal« behandelt haben, wie sie mich ohne diese Information auch behandelt hätten. Vielleicht wissen – oder wussten – manche gar nicht, was für eine große Hilfe sie mir damit waren, und ich hätte dieses Buch sicher auch nicht geschrieben, wenn das anders gewesen wäre.

Krisen können Menschen trennen und sie können sie verbinden. Ich danke meinen Freund:innen, vor allem euch dreien, weil *Verrückte* manchmal die besten Freund:innen sind. Und ich danke auch dem Mann, der mich am Anfang meiner *verrückten* Geschichte auf das Rilke-Gedicht gestoßen hat, das ich diesem Buch vorangestellt habe.

Wer mit dem Schreiben eines Buches Sterne verschieben will, leidet wohl an dem, was man im medizinischen Sinn einen »Größenwahn« nennt – und es ist tatsächlich völlig größenwahnsinnig. Vielleicht aber muss man daran immer ein klein bisschen »leiden«, wenn man etwas in Gang setzen oder bewegen will. Und vielleicht, ja hoffentlich, hilft dieses Geschriebene irgendjemandem; verschiebt etwas, wenn auch nur ein wenig – im Kopf, in der Psychiatrie oder in unserer Gesellschaft.

Anmerkungen

7 Was unser Geist – Rainer Maria Rilke: Für Fräulein Marga Wertheimer, in: Gedichte, Frankfurt am Main/Leipzig: Insel Verlag 2006, S. 827.

Es ist Zeit. Warum ich dieses Buch schreibe

14 **als Journalistin für die *taz*** – Vgl. https://taz.de/Der-Hausbesuch/!5532028/

16 **der Begriff der *Neurodiversität*** – Vgl. https://de.wikipedia.org/wiki/Neurodiversitaet. Der Begriff »neurodivers« wird als Gegenbegriff zu dem Wort »neurotypisch« verwendet.

17 **das beste philosophische Verständnis** – Martha C. Nussbaum: Gerechtigkeit oder Das gute Leben, Frankfurt am Main: Suhrkamp Verlag 1999, S. 136.

1. Mein Großvater, der *Verrückte* im Dorf

24 **Noch heute gehen »Professionelle«** – https://dgbs.de/bipolare-stoerung/fuer-betroffene/vererbung
auf gemeinsamen »Risikogenen« – https://link.springer.com/chapter/10.1007/978-3-211-92215-6_6

25 **Es gibt nicht *das Gen*** – Felix Hasler: Neue Psychiatrie. Den Biologismus überwinden und tun, was wirklich hilft, Bielefeld: transkript Verlag 2023, S. 29.
die Wissenschaft spricht heute – https://dgbs.de/bipolare-stoerung/fuer-betroffene/vererbung
diverse aktuelle Forschungsergebnisse – Vgl. https://link.springer.com/chapter/10.1007/978-3-7091-6472-3_5

26 **Bundesweit erfüllt** – https://www.dgppn.de/schwerpunkte/zahlenundfakten.html#:~:text=Bundesweit%20erf%C3%BCllt%20mehr%20als%20jeder,St%C3%B6rungen%20durch%20Alkohol-%20oder%20Medikamentengebrauch.
Drei von hundert Menschen – Vgl. https://www.psychenet.de/de/psychische-gesundheit/informationen/bipolare-stoerungen.html
ungefähr ein Prozent aller Menschen – Vgl. https://www.psych.mpg.de/848212/schizophrenie

27 **Menschen mit psychischen Erkrankungen** – https://www.dgppn.de/presse/pressemitteilungen/pressemitteilungen-2022/psychisch-erkrankte-straftaeter.html
Gewalttaten Geistesgestörter – Vgl. Asmus Finzen: Stigma psychische Krankheit. Zum Umgang mit Vorurteilen, Schuldzuweisungen und Diskriminierung, Köln: Psychiatrie Verlag 2013, S. 86.

28 **eine Reform, die bis heute** – Siehe hierzu zum Beispiel https://taz.de/Bremer-Psychiatriereform/!59013553

in keiner Relation – Finzen, Stigma psychische Krankheit, S. 90.
Menschen mit »antisozialen Persönlichkeitsstörungen« – Siehe hierzu auch das Kapitel »Persönlichkeit, Identität und Selbst, oder: Wer sind wir?« in: Neel Burton: Der Sinn des Wahnsinns. Psychische Störungen verstehen, Heidelberg: Spektrum Akademischer Verlag 2011, S. 1-42. Burton schreibt: »Heute definiert das DSM-IV eine Persönlichkeitsstörung als ›ein überdauerndes Muster von innerem Erleben und Verhalten, das merklich von den Erwartungen der sozialkulturellen Umgebung abweicht, tiefgreifend und unflexibel ist, seinen Beginn in der Adoleszenz oder im frühen Erwachsenenalter hat, im Zeitverlauf stabil ist und zu Leid oder Beeinträchtigungen führt‹. Das DSM-IV listet zehn Persönlichkeitsstörungen auf und ordnet sie jeweils einer Gruppe bzw. einem ›Cluster‹ [...] zu [...].« S. 17f.
Männer im dritten Lebensjahrzehnt – Finzen, Stigma psychische Krankheit, S. 90.
Studien belegen indes – Siehe hierzu zum Beispiel https://academic.oup.com/schizophreniabulletin/article/37/5/877/1911614?login=false
29 **beobachteten einen Einstellungswandel** – Vgl. Finzen, Stigma psychische Krankheit, S. 82.
Bei bis zu einem Viertel – Ebd., S. 82.
Berufsverbot für Menschen – Vgl. https://www.zeit.de/wissen/gesundheit/2015-04/flugzeugabsturz-depression-berufsverbot-herrmann
Karl Lauterbach – Vgl. https://www.welt.de/kultur/article139401390/Und-ploetzlich-sind-alle-Depressiven-gefaehrlich.html
Immerhin hat es die Psychiatrie – Finzen, Stigma psychische Krankheit, S. 86.
30 **im Zusammenhang mit Gewalttaten** – Siehe z. B. Nikolas Rüsch: Das Stigma psychischer Erkrankung. Strategien gegen Ausgrenzung und Diskriminierung, München: Elsevier 2021, S. 207.
wahrscheinlich schizophren – https://www.zeit.de/politik/2022-06/berlin-breitscheidplatz-vorfall-auto-verletzte
Verdacht auf – https://www.tagesspiegel.de/berlin/amokfahrer-vom-berliner-breitscheidplatz-muss-in-die-psychiatrie-5430199.html
In dem Maße gar – Michel Foucault: Wahnsinn und Gesellschaft. Eine Geschichte des Wahns im Zeitalter der Vernunft, Frankfurt am Main: Suhrkamp Verlag 1973, S. 174.
verminderte Schuldfähigkeit – Dies habe ich auch in folgendem Artikel zu dem Fall auf dem Breitscheidplatz gefordert: https://taz.de/Die-These/!5859279/
31 **als könnten sie dadurch markieren** – Vgl. Asmus Finzen: Normalität. Die ungezähmte Kategorie in Psychiatrie und Gesellschaft, Köln: Psychiatrie Verlag 2018, S. 13.
Prozess der sogenannten »Otherings« – Vgl. Stefan Weinmann: Die Vermessung der Psychiatrie. Täuschung und Selbsttäuschung eines Fachgebiets, Köln: Psychiatrie Verlag 2019, S. 33.
Von Reclaiming spricht man – Vgl. zu dem Begriff »Reclaiming« zum Beispiel Andrea Schöne: Behinderung und Ableismus, Münster: Unrast Verlag 2022. S. 30. Oder auch: https://100mensch.de/reclaiming/
32 **im Englischen »Mad«** – Vgl. https://en.wikipedia.org/wiki/Mad_Pride
zu radikal empfunden – Hasler, Neue Psychiatrie, S. 160.
33 **›Verrückung‹ des Daseins** – Andrea Moldzio: Schizophrenie. Eine philosophische Erkrankung?, Würzburg: Verlag Königshausen und Neumann 2004, S. 9.
sozialen Abstieg führen – Vgl. Dominik K. E. Beyer und Nadja Freund: Neurobiologie bipolarer Störungen, in: Bipolare Störungen. Das Praxishandbuch, 2., erweiterte und

überarbeitete Auflage, Stuttgart: Kohlhammer 2022. Die Autor:innen erwähnen außerdem einen wirtschaftlichen Abstieg als Folge. Vgl. ebd., S. 29. Sie beziehen sich hier auf L. Eid et al.: Bipolar disorder and socioeconomic status: what is the nature of this relationship?, in: Int. J. Bipolar Disorder 21 (1), 2013.

35 **das Abbaggern der Braunkohle** – Vgl. https://www.zeit.de/gesellschaft/2023-01/luetzerath-raeumung-klimaaktivisten-braunkohle-polizei

ein brutales Massaker – https://www.stern.de/politik/ausland/nahost-vermittler-ueber-hamas-fuehrer--er-ist-komplett-verrueckt-geworden-34206132.html, https://www.fr.de/politik/israel-krieg-kritik-terrorgruppe-ex-hamas-minister-palaestiner-gaza-appell-anfuehrer-aufgeben-zr-92723091.html

Feuerwerkskörper auf Polizisten – Vgl. https://www.faz.net/aktuell/feuilleton/debatten/kritik-aus-bayern-nach-silvester-leben-nur-verrueckte-in-berlin-18589550.html

steigende Energiepreise – Vgl. https://www.faz.net/podcasts/f-a-z-finanzen-immobilien/irre-preise-fuer-benzin-und-gas-wie-man-beim-autofahren-und-heizen-geld-spart-17879764.html

heißt es auf Plattformen – Vgl. https://twitter.com/janfleischhauer/status/1614316078754107394. Siehe Kommentare.

Beschädigung der Identität – Vgl. Finzen, Stigma psychische Krankheit, S. 22.

36 **Jugendliche, die in der U-Bahn** – Finzen, Normalität. Die ungezähmte Kategorie, S. 13.

sie sind böse – Ebd.

wahnhaften NS-Ideologie – Vgl. z. B. https://www.bs-anne-frank.de/mediathek/blog/gedenken-an-die-opfer-des-nationalsozialismus

37 **krankheitsbedingte[n] Fantasien** – https://www.spiegel.de/panorama/justiz/hanau-anschlag-neues-gutachten-zum-taeter-psychisch-krank-und-ein-rassist-a-00000000-0002-0001-0000-000174211404

38 **trotz eingeschränkter Steuerungsfähigkeit** – Vgl. https://www.zeit.de/gesellschaft/2020-11/anschlag-hanau-attentaeter-psychische-erkrankung-gutachten-rechtsextremismus

auch als Einzeltäter – Siehe hierzu auch Peet Thesing: Feministische Psychiatrie Kritik, Münster: Unrast Verlag 2017, S. 10.

nach Ansicht der Bundesanwaltschaft – https://www.hessenschau.de/panorama/ermittlungen-zu-hanau-anschlag-eingestellt-tobias-r-war-ein-einzeltaeter,hanau-anschlag-ermittlungen-bundesanwaltschaft-eingestellt-100.html

ein ähnliches Weltbild – Vgl. https://www.sueddeutsche.de/panorama/kriminalitaet-berlin-experte-zu-hanau-kein-psychisch-kranker-einzeltaeter-dpa.urn-newsml-dpa-com-20090101-200220-99-998438, vgl. auch: »Die paranoide, apokalyptische Rhetorik in rechtsextremen und verschwörungsideologischen Online-Milieus z. B. bei Youtube bedient, stützt und befeuert wahnhafte Ideen und ist maßgeblich dafür verantwortlich, dass aus psychischen Störungen mörderische Gewalt wie in Hanau wird.« (https://www.amadeu-antonio-stiftung.de/pressemitteilungen/terroranschlag-in-halle-die-saat-des-rechtsterrorismus-geht-auf/).

39 **kein anderes Krankheitsbild** – Hasler, Neue Psychiatrie, S. 47.

40 **Wer normal ist** – Finzen, Normalität. Die ungezähmte Kategorie, S. 20.

eine Manie vorliege – Ebd., S. 22.

Unverheiratet zusammenwohnen – Ebd., S. 23.

41 **atypisch langen Zeitraum** – https://www.bfarm.de/DE/Kodiersysteme/Klassifika

tionen/ICD/ICD-11/uebersetzung/_node.html;jsessionid=08B577B1190EE4427D18 E1F0EE154814.intranet251 (Entwurfsfassung)
die Diagnose Burn-out – Vgl. https://taz.de/Kritische-Psychologin/!5597135/
in ihrem Buch – Eva Jaeggi: Und wer therapiert die Therapeuten?, München: Klett-Cotta Verlag 2004.

42 **Kritiker psychiatrischer Zwangsbehandlung** – https://web.archive.org/web/20030917152929/http://www.lichtblick99.de/so-kvpm14.html
ihre Mitmenschen irritieren – Thomas Szasz: Geisteskrankheit. Ein moderner Mythos. Grundlagen einer Theorie des persönlichen Verhaltens, Heidelberg: Carl-Auer-Systeme Verlag 2013, S. 288.
lediglich abweichendes Verhalten – Dirk Arenz: Dämonen, Wahn, Psychose: Exkursionen durch die Psychiatriegeschichte, Köln: WVP. Wirtschafts- und Praxisverlag 2003, S. 228.

43 **gegen dessen Willen** – Szasz, Geisteskrankheit, S. 289.
auch von Organisationen – Vgl. www.amnesty.org/en/latest/news/2022/02/israels-apartheid-against-palestinians-a-cruel-system-of-domination-and-a-crime-against-humanity/
als Straftatbestand – Siehe z. B. https://www.philomag.de/artikel/was-ist-eine-ethik-des-nie-wieder-herr-sznaider/
im Rahmen der Antipsychiatriebewegung – Vgl. https://www.zeit.de/wissen/gesundheit/2018-01/antipsychiatrie-psychiatrien-psychologie-patienten

44 **Weil Krankheiten** – Szasz, Geisteskrankheit, S. 288.
Der Geist kann nur – Ebd.
in der Psychiatrie eine Metapher – Vgl. ebd.

45 **aus Hoffnungslosigkeit** – Finzen, Stigma psychische Krankheit, S. 74. Finzen erwähnt einen Bericht von Johannes Gestrich und Joachim Stief (1981), in welchem geschrieben steht: »Die meisten unserer Suizidfälle scheinen eine Reaktion auf das bewusste Erleben der Krankheit und ihrer Folgen im zwischenmenschlichen Bereich und auf dem Leistungsgebiet zu sein. […] In unserem Krankengut [sic!] trat der Suizid meist nach Abklingen der produktiven Symptome auf. Gleichwohl gab es auch bei uns Suizide, die auf paranoide Erlebnisse zurückzuführen waren, zum Beispiel ein Student mit Christus- und Opfertodfantasien, der sich am Karfreitag tötete. Im Allgemeinen scheinen uns aber weniger die direkten Krankheitssymptome zum Suizid zu führen als die wahrgenommenen und als nicht kompensierbar erlebten Folgen der Krankheit.« Zitiert nach Johannes Gestrich und Joachim Stief: Studienerfolg und Krankheitsverlauf schizophrener Studenten. Ergebnisse einer schriftlichen Katamnese, in: Arch. Psychiat. Nervenkr., 230, S. 168.

46 **O ein Gott ist der Mensch** – Friedrich Hölderlin: Hyperion oder Der Eremit in Griechenland, Köln: Anaconda Verlag 2005, S. 12.

2. Die Manie als Party?

49 **Ein weiteres Drittel** – https://taz.de/Die-These/!5859279/
Schleier des Nichtwissens – John Rawls: Der Schleier des Nichtwissens, in: Eine Theorie der Gerechtigkeit, Frankfurt am Main: Suhrkamp Verlag 1979, S. 159-165.

50 **psychotische Zustände erleben** – Vgl. Weinmann, Die Vermessung der Psychiatrie, S. 54.

schizophrenieähnliche Symptome – Vgl. Nadine Petrovsky et al.: Sleep deprivation disrupts prepulse inhibition and induces psychosis-like symptons in healthy humans, in: Journal of Neuroscience 2, July 2014, Vol. 34, Nr. 27, 9134-9140.

51 **ihr Leben lang *normal*** – Vgl. hierzu auch Asmus Finzen: »Es scheint fast so, als müssten die sogenannten Normalen einen Abstand zwischen sich und barbarischen, für sie unverständlichen Verbrechen herstellen, weil sie die Vorstellung nicht aushalten, dass so etwas unter bestimmten Voraussetzungen von vielen von uns selbst begangen werden könnte.« Finzen, Normalität. Die ungezähmte Kategorie, S. 13.

Wenn man jemanden fürchtet – Hermann Hesse: Demian. Die Geschichte von Emil Sinclairs Jugend, Frankfurt am Main: Suhrkamp Verlag 2003, S. 45.

53 **von selber aus mir heraus** – Ebd., S. 7.

54 **Ansichten über Krankheiten** – Susan Sontag: Krankheit als Metapher, München: Hanser Verlag 1978, S. 66. Siehe auch Finzen, Stigma, S. 22ff.

eine Hochzeit – Vgl. https://www.netdoktor.de/krankheiten/schizophrenie/

unterdrückte Gefühle – Vgl. zu unterdrückten Gefühlen z. B. Dorothea Sophie Buck-Zerchin: Auf der Spur des Morgensterns. Psychose als Selbstfindung, 5. Auflage, Neumünster: Paranus Verlag 2014, S. 122.

55 **Kommunikationsprobleme** – Vgl. zu sozialen Beziehungen z. B. Weinmann, Die Vermessung der Psychiatrie, S. 31: »Paranoia, Beeinträchtigungserleben, Depressivität, Manie und Ängste existieren nur *in Bezug auf andere Menschen.* Alle Wahninhalte von Menschen mit Psychosen haben mit der Stellung des Wahnkranken in einem sozialen Kontext zu tun.« Vgl. zu Stress bzw. belastende Lebenssituation als möglicher Auslöser Weinmann, Die Vermessung der Psychiatrie, S. 57. Zitiert nach www.brain explorer.org.

Gefühl des »Und-so-weiter« – Sie knüpfen dabei an den Phänomenologen Edmund Husserl an und schreiben: »Wir vertrauen darauf, daß die Welt, so wie sie mir bisher bekannt ist, weiter so bleiben wird und daß folglich der aus meinen eigenen Erfahrungen gebildete und der von Mitmenschen übernommene Wissensvorrat weiterhin seine grundsätzliche Gültigkeit behält.« Alfred Schütz und Thomas Luckmann: Strukturen der Lebenswelt, Stuttgart: utb-Verlag 2003, S. 34.

Ich-kann-immer-wieder – Ebd., S. 34.

57 **kein seltenes Missgeschick** – Margret Osterfeld und Martin Zinkler: Einführung. Gewalt, Macht und Zwang ein ungelöstes Problem, in: Prävention von Zwangsmaßnahmen. Menschenrechte und therapeutische Kulturen in der Psychiatrie, hrsg. von Martin Zinkler, Klaus Laupichle, Margret Osterfeld, Köln: Psychiatrie Verlag 2016, S. 11.

an erwünschtes Verhalten – Weinmann, Die Vermessung der Psychiatrie, S. 173.

Bei guter »Compliance« – Vgl. Thesing, Feministische Psychiatrie Kritik, S. 28.

58 **widerständiges Verhalten** – Ebd., S. 7.

60 **in ihrer Biografie** – Sophie Buck-Zerchin, Auf der Spur des Morgensterns, S. 110: »In meinem vierten oder fünften Schub nannte ich sie ›Zentralerleben‹, denn alle Bereiche des menschlichen Lebens, die in der ›normalen‹ Welterfahrung beziehungslos zersplittert sind, erlebte ich in diesem Zustand als sinnvoll verbunden und vereinigt wie bei einem Fächer, dessen auseinanderstrebende Stäbe alle aus einer gemeinsamen Mitte kommen.«

Eines zu sein mit allem – Hölderlin, Hyperion, S. 11.

kleinwüchsige Menschen – Andrea Schöne: Behinderung und Ableismus, Münster: Unrast Verlag 2022, S. 45.

61 **Fähigkeit des Wunderns** – Moldzio, Schizophrenie, S. 159.

62 **Produktion einer Dichotomie** – Robin Iltzsche: Mit dem Rücken zur Wand. Eine Autoethnographie zum Unbehagen in meiner professionellen, psychiatrischen Identität, in: Gegendiagnose II. Beiträge zur radikalen Kritik an Psychologie und Psychiatrie, hrsg. von Esto Mader et al., Münster: edition assemblage 2019, S. 64.

Der ganze Stuhlkreis – Charlotte Pankalla: Vorwort, in: Bonnie Burstow: Psychiatrie überwinden. Auswege aus dem Geschäft mit dem Wahnsinn, Münster: edition assemblage 2021, S. 8.

63 **Antidepressiva manisch machen** – Vgl. zum Beispiel Weinmann, Die Vermessung der Psychiatrie, S. 112 f., oder Georg Juckel: Postpsychotische Depression, in: psychoneuro 2005; 31 (9): 426.

Aufhebung der Empfindung – Epikur: Philosophie der Freude: eine Auswahl aus seinen Schriften / Epikur. Übers., erl. und eingel. von Johannes Mewaldt, Stuttgart: Kröner Verlag 1973, S. 40.

64 **aus der Betroffenensicht** – Weinmann, Die Vermessung der Psychiatrie, S. 69.

66 **Was ist der Mensch** – Vgl. Moldzio, Schizophrenie, S. 10.

die natürlichen Regeln – Ebd., S. 14.

den ernsthaften Versuch – Moldzio, Schizophrenie, S. 10.

71 **ungünstigen Krankheitsverlauf** – Vgl. Finzen, Stigma psychische Krankheit, S. 58 f.

von Krankheit Bedrohten – Weinmann, Die Vermessung der Psychiatrie, S. 36.

3. Goffman, Fledermäuse und Adorno

74 **Ernst Koch** – Vgl. https://www.marburg800.de/jubilaeum/die-unistadt.html.

75 **wo im Mittelalter** – Vgl. z. B.: https://www.marburg-net.de/hexen.html und: https://andersnichtartig.com/2021/02/05/hexen-in-vergangenheit-gegenwart-andersnichtartig/.

Opfer der Inquisition – Arenz, Exkursionen durch die Psychiatriegeschichte, S. 67. Die Zahlen sind Schätzungen, präzise Zahlen gibt es nicht. Vgl. ebd.

Etwa zu 75 Prozent – Wolfgang Behringer: HEXEN. Glaube, Verfolgung, Vermarktung, München: C. H. Beck Verlag 1998, S. 67.

den Verstand verlieren – Phyllis Chesler, Frauen. Das verrückte Geschlecht?, Reinbek bei Hamburg: Rowohlt Verlag 1974, S. 29, zitiert nach Virginia Woolf.

der britische Psychiater – Burton, Sinn des Wahnsinns, S. 49,

Opfer der »Hexenverfolgung« – Vgl. Burckhart Brückner: Kurze Geschichte der Psychiatrie, Köln: Psychiatrie Verlag 2023, S. 46.

76 **Vorläufer von psychiatrischen** – Vgl. ebd., S. 45.

Dämonen- und Hexentheorie – Arenz, Exkursionen durch die Psychiatriegeschichte, S. 71

an Hysterie erkrankt – Burstow, Psychiatrie überwinden, S. 24. Sie bezieht sich hier auf Roy Porter: Wahnsinn. Eine kleine Kulturgeschichte, Zürich 2005.

religiösen Hintergrund – Burton, Der Sinn des Wahnsinns, S. 82. Er bezieht sich hier auf das DSM-IV-TR.

von der Bevölkerung gewünscht – Behringer, Hexen, S. 8.

Anteile der Kirche – Ebd.

non-konformen Fühlen – Auch Brückner kritisiert den Begriff »Hexenwahn«, Brückner, Kurze Geschichte der Psychiatrie, S. 45.

77 **einem sogenannten »Primitiven«** – Vgl. Sigmund Freud: Fragen der Gesellschaft, Ursprünge der Religion, Studienausgabe Band IX, hrsg. von Alexander Mitscherlich, Angela Richards, James Strachey, Frankfurt am Main 1974, S. 374f.; 378.

Der Begriff »Animismus« – Vgl. »Animismus« in: Afrika und die deutsche Sprache. Ein kritisches Nachschlagewerk, hrsg. von Susan Arndt und Antja Hornscheidt, Münster: Unrast-Verlag 2018, S. 77.

sozialevolutionistischen Verständnis – Vgl. Edward Burnett Tylor: Primitive Culture, Cambridge: Cambridge University Press 2010.

78 **Berichte von Kolonialisten** – https://de.wikipedia.org/wiki/Edward_B._Tylor

als ob er sie beschworen – Sigmund Freud: Fragen der Gesellschaft, Ursprünge der Religion, Studienausgabe Band IX, hrsg. von Alexander Mitscherlich, Angela Richards, James Strachey, Frankfurt am Main 1974, S. 374.

als »anders« konstruiert – Vgl. »Animismus« in: Afrika und die deutsche Sprache, S. 76.

79 **Gleichzeitigkeit von Geschehnissen** – Buck-Zerchin, Auf der Spur des Morgensterns, S. 136.

81 **gehobene Stimmung** – https://www.dimdi.de/static/de/klassifikationen/icd/icd-10-gm/kode-suche/htmlgm2019/block-f30-f39.htm

82 **Der mich atmet** – Mascha Kaléko: In meinen Träumen läutet es Sturm, Gedichte und Epigramme aus dem Nachlaß, hrsg. von Gisela Zoch-Westphal, München: dtv-Verlag 1977, S. 85.

84 **das Auf- und Abtauchen** – Vgl. Peter Sloterdijk: Weltfremdheit, Frankfurt am Main: Suhrkamp Verlag 1993, S. 76.

die Fähigkeit des Urteilens – Vgl. ebd., S. 77: »Atmen und Tauchen sind in gewisser Weise körperliche Vorspiele der Urteilskraft, weil das Tauchen auf protologischer Ebene mit der Bejahung und der Vereinigung, das Atmen mit der Verneinung und der Trennung verschränkt sind.«

Entfaszination – Ebd., S. 76: »Das Atmen sorgt für das Auftauchen inmitten des Eintauchens; es garantiert Entfaszination inmitten des Faszinierenden.«

wahrhaft in ihm gelebt – Ernst Cassirer: Philosophie der symbolischen Formen, Dritter Teil: Phänomenologie der Erkenntnis, Darmstadt: Felix Meiner Verlag 1994, S. 74.

die ganze menschliche Ordnung – Foucault: Wahnsinn und Gesellschaft, S. 53. Er bezieht sich hier auf eine Stelle in einem Brief an die Korinther, in dem es heißt: »›Ich rede töricht; ich bins wohl mehr (als sie)‹ (2. Korinther 11,23).« Und schreibt dazu: »Wahnsinn ist auch dieser Verzicht auf die Welt, ist auch die vollständige Hingabe an den dunklen Willen Gottes, ist auch jene Suche, deren Endpunkt man nicht kennt, und dies alles sind alte, den Mystikern vertraute Themen.« Ebd.

85 **die größten der Güter** – Burton, Der Sinn des Wahnsinns, S. 74.

große Sehnsucht nach Gott – https://bpe-online.de/spirituelle-krisenerfahrungen-gruppe/

87 **Bereich angeblichen Wissens** – Rudolph Carnap: Überwindung der Metaphysik durch logische Analyse der Sprache, in: Scheinprobleme in der Philosophie und andere metaphysikkritische Schriften, Hamburg: Felix Meiner Verlag, S. 108.

Lehre vom Absoluten – »Metaphysik/Ontologie«, in: Philosophielexikon. Personen und Begriffe der abendländischen Philosophie von der Antike bis zur Gegenwart, hrsg.

von Hügli/Lübcke, erw. und vollständig revidierte Ausgabe, Reinbek bei Hamburg: Rowohlt Verlag 2013, S. 596ff.
unter dem Namen Goclenius – Vgl. Ulrich Sieg: Geschichte der Philosophie an der Universität Marburg von 1527 bis 1970, Marburg: Verlag Hitzeroth 1988, S. 8f.
88 **metaphysische Sätze** – Carnap, Überwindung der Metaphysik, S. 81.
von ihrer Syntax her – Vgl. ebd., S. 82f.
Termini ohne Bedeutung – Ebd., S. 80.
bei Heidegger – Vgl. ebd., S. 93.
Sprache des Manikers – Burton, Der Sinn des Wahnsinns, S. 129.
Erbe des »Mythus« – Carnap, Überwindung der Metaphysik, S. 105.
Aus dem Mythos – Vgl. ebd., S. 105.
adäquates Ausdrucksmittel – Ebd., S. 106.
89 **Form der Kunst** – Ebd., S. 107f.
nicht gespürter Sinnzusammenhänge – Buck-Zerchin, Auf der Spur des Morgensterns, S. 207.
in der Kunst göttlich – Bruno Liebrucks: Mythos und Logos, in: »Und«: Die Sprache Hölderlins in der Spannweite von Mythos und Logos, Realität und Wirklichkeit. Sprache und Bewusstsein, Band 7, Bern, Frankfurt am Main, Las Vegas: Akademische Verlags-Gesellschaft 1979.
von seinem Schöpfungswerk – Siehe hierzu auch Sloterdijk, Weltfremdheit, S. 30.
93 **nicht stabil genug** – Peet Thesing: Dafür sind Sie nicht stabil genug, in: Gegendiagnose II. Beiträge zur radikalen Kritik an Psychologie und Psychiatrie, hrsg. von Esto Mader et al., Münster: edition assemblage 2019.
95 **natürlichen Einstellung** – Vgl. Schütz/Luckmann, Strukturen der Lebenswelt.
als schlicht gegeben – Ebd., S. 29.
98 **als göttliches Geschenk** – Arenz, Exkursionen durch die Psychiatriegeschichte, S. 3.
die schwarze Galle – Vgl. ebd., S. 30.
99 **die ›Bibel‹ aller Mediziner** – Ebd., S. 29.
die Intelligenz des Menschen – Ebd.
aus seinen materiellen Bedingungen – Peter Bieri: Was macht Bewußtsein zu einem Rätsel?, in: Thomas Metzinger (Hrsg.): Bewußtsein. Beiträge aus der Gegenwartsphilosophie, Paderborn: Schöningh Verlag 1995, S. 61, zitiert nach E. du Bois-Reymond.
Erfahrung des Subjektseins – Ebd., S. 64.
100 **charakteristischste Eigenschaft** – Thomas Nagel: Wie ist es, eine Fledermaus zu sein?, in: Analytische Philosophie des Geistes, hrsg. von Peter Bieri, Königstein im Taunus: Verlag Anton Hain Meisenheim 1981, S. 261.
das Verhältnis des Mentalen – Ebd., S. 261.
Eine reduktionistische Theorie – Ebd.
Wenn der Physikalismus – Ebd., S. 262.
von dieser Perspektive abstrahiert – Ebd., S. 262f.
Niemand weiß – Weinmann, Die Vermessung der Psychiatrie, S. 31.
101 **eine vollständige Analyse** – Nagel, Wie ist es, eine Fledermaus zu sein?, S. 262.
durch bildgebende Verfahren – Weinmann, Die Vermessung der Psychiatrie, S. 47.
102 **Unterschiede sehr gering** – Ebd., S. 47.
die klinische Heterogenität – Ebd., S. 49.
Viele Befunde zu Verringerungen – Ebd.
Gehirnerkrankungen – Ebd., S. 52.

eine genetische Komponente – Ebd., S. 57. Zitiert nach www.brainexploerer.org von ihm übersetzt.

Dopamin und Glutamat – Ebd. Zitiert nach www.brainexploerer.org von ihm übersetzt.

funktionellen Schleifen – Ebd., S. 58. Zitiert nach www.brainexploerer.org von ihm übersetzt.

103 **im Brustton der Überzeugung** – Ebd., S. 59.

laut Pharmahersteller – Ebd.

letztlich nur unterstützend – Ebd., S. 60.

Die Langzeitmedikation – Ebd., S. 80.

in Datenbanken und Lehrbücher – Hasler, Neue Psychiatrie, S. 7.

104 **Die Entzauberung der Welt** – Max Horkheimer und Theodor W. Adorno: Dialektik der Aufklärung. Philosophische Fragmente, Frankfurt am Main: S. Fischer Verlag 1969, S. 11.

4. Dublin und der Sinn des Lebens

106 **zur Freiheit verurteilt** – Jean-Paul Sartre: Das Sein und das Nichts, Reinbek bei Hamburg: Rowohlt Verlag 1952.

107 **schwerelos aus dem Körper** – Vgl. Andrea Moldzio: Philosophie der Psychosen. Vom Symptom zum Phänomen, https://www.gnp-online.de/fileadmin/media/Moldzio_Psychosen.pdf

In-der-Welt-seins – Vgl. Martin Heidegger: Sein und Zeit, Berlin: Akademie Verlag 2007.

108 **ein Gefühl der »Schuld«** – Matthew Ratcliffe: Experiences of Depression. A Study in Phenomenology, Oxford University Press 2015.

in der Existenzialphilosophie – Albert Camus: Der Mythos des Sisyphos, Hamburg: Rowohlt Verlag 2000.

Verlangt das Absurde den Tod? – Ebd., S. 17.

111 **Leben lang unverändert** – David Hume: Über den Verstand, hrsg. von Reinhard Brandt, in: Ein Traktat über die menschliche Natur, Hamburg: Felix Meiner Verlag 1989, S. 326.

ein Zusammen verschiedener Perzeptionen – Ebd., S. 327.

112 **praktisch existentielle Notwendigkeit** – Moldzio, Philosophie der Psychosen, S. 7.

wenige Gewissheiten – Weinmann, Die Vermessung der Psychiatrie, S. 29.

113 **mehr geschadet oder geholfen** – Ebd., S. 28.

wenn ich die Wahl hätte – Burton, Der Sinn des Wahnsinns, S. 155. Zitiert nach Kay Redfield Jamison.

115 **nicht nur Hirnchemie** – Thesing, Nicht stabil genug, S. 84.

meine Organe schädigen – Siehe zu möglicher Schädigung der Niere: Alberto Bocchetta et al.: Renal Function During Long-term Lithium Treatment. A Cross-sectional and Longitudinal Study. BMC Medicine 2015; 13: 12.

117 **Kreativität unter Neuroleptika** – Vgl. hierzu auch Burton, Sinn des Wahnsinns, S. 152.

weniger Vorstellungen und Hypothesen – Weinmann, Die Vermessung der Psychiatrie, S. 99.

ihre Schaffenskraft dämpfen – Burton, Der Sinn des Wahnsinns, S. 152.

118 **bei manchen anderen Neuroleptika** – https://www.ndr.de/ratgeber/gesundheit/Anti

depressiva-koennen-Suizidgedanken-hervorrufen,depression238.html, Vgl. auch Thesing, Nicht Stabil genug. Sie schreibt über die Wirkung des Medikaments Tavor, das gegen Psychosen und Angstzustände verabreicht wird. Vgl. S. 82.
Objekt einer Verhexung – Claude Lévi-Strauss: Strukturale Anthropologie, Frankfurt am Main: Suhrkamp Verlag 1967, S. 182.

119 **sein unvermeidliches Los** – Ebd.
Auflösung der sozialen Persönlichkeit – Ebd., S. 183.

120 **eine Art Gravitationsfeld** – Ebd., S. 184.
nicht alles Hokuspokus – Vgl. Weinmann, Die Vermessung der Psychiatrie, S. 22.

121 **stärker unter dem Stigma** – Burton, Der Sinn des Wahnsinns, S. VII.
in die Person verlagert – Vgl. Rüsch, Das Stigma, S. 39.
beschädigt das Selbstwertgefühl – Finzen, Stigma psychische Krankheit, S. 9.

122 **das Leben genommen** – Pankalla, Vorwort zu Burstow, S. 7.
hat mich gebrochen – Ebd.
Suizidrate nach der Entlassung – Vgl. z. B. https://www.laekh.de/heftarchiv/ausgabe/artikel/2023/april-2023/serie-depression-teil-3-suizidpraevention
jung und männlich – Burton, Der Sinn des Wahnsinns, S. 60.
es mißlingt ihnen – Chesler, Frauen, vgl. S. 47.
Reaktion auf eine Lebenssituation – http://www.finzen.de/pdf-dateien/warum%20nehmen%20psychisch%20kranke%20sich%20das%20leben.pdf

123 **die zweite Krankheit** – Finzen, Stigma psychische Krankheit, S. 80.
in der sogenannten Mehrheitsgesellschaft – Vgl. https://www.mdr.de/wissen/transgender-jugendliche-erhoehtes-suizid-risiko-100.html
vernunftgeleitetes Denken – https://de.wikipedia.org/wiki/Rationalit%C3%A4t
Übereinstimmung mit den Prinzipien – »Rational«, in: Philosophielexikon. Personen und Begriffe der abendländischen Philosophie von der Antike bis zur Gegenwart, hrsg. von Hügli/Lübcke, erw. und vollständig revidierte Ausgabe, Reinbek bei Hamburg: Rowohlt Verlag 2013, S. 755.

124 **das Wort ›Philosophin‹** – Margarete Stokowski: Untenrum frei, Reinbek bei Hamburg: Rowohlt Verlag 2016, S. 170.
geistigen Boxkämpfen – https://taz.de/Erste-Professorin-fuer-antike-Philosophie/!5811446/

125 **Die Abwertung des ›Wilden‹** – Thesing, Feministische Psychiatriekritik, S. 12.
beschädigt das »Stigma« – Finzen, Stigma psychische Krankheit, S. 67.
der Unheilbarkeitsmythos – Ebd.

126 **Minderwertigkeitskomplex** – Emilia Roig: Why we matter. Das Ende der Unterdrückung, Berlin: Aufbau Verlag 2021, S. 102.
stigmatisierende Symbole – Schöne, Behinderung und Ableismus, S. 53.

127 **das »Stigma« zu verstecken** – Vgl. »Täuschen«, in: Erving Goffman: Stigma. Über Techniken der Bewältigung beschädigter Identität, Frankfurt am Main: Suhrkamp Verlag 1967, S. 94-128.

128 **einen tanzenden Stern** – Friedrich Nietzsche: Also sprach Zarathustra. Ein Buch für alle und keinen, Sämtliche Werke in zwölf Bänden, Band VI, Stuttgart: Alfred Kröner Verlag 1964, S. 13.
für eine bipolare Störung prädisponieren – Burton, Der Sinn des Wahnsinns, S. 144.

5. Hadamar

131 **Erinnerungsorte markieren** – Max Czollek: Versöhnungstheater, München: Carl Hanser Verlag 2023, S. 49.
auf faktischer Ebene – Ebd., S. 121.

132 **der Tod, den man »Behandlung«** – Ernst Klee: »Euthanasie« im Dritten Reich. Die »Vernichtung lebensunwerten Lebens«, Frankfurt am Main: S. Fischer Verlag 1983, S. 339.
Ballastexistenzen – https://gedenkort-t4.eu/wissen/aktion-t4
Die grundlegenden Kriterien – Jörg Osterloh und Jan Erik Schulte: »Euthanasie« und Holocaust. Überlegungen zu einer verflochtenen Geschichte, in: »Euthanasie« und Holocaust. Kontinuitäten, Kausalitäten, Parallelitäten, hrsg. von ders., Paderborn: Verlag Brill/Schöningh 2021, S. 15.
schreiben die Historiker – Siehe auch Ernst Klee, der mit Bezug zu einem Bericht der T4-Kommision aus dem Jahr 1942 über Bethel schreibt: »Im Bericht ist wohlwollend festgehalten, daß nicht arbeitende Kranke schlechter ernährt werden als arbeitende und arbeitende kranke Frauen schlechter als arbeitende kranke Männer.« Klee, »Euthanasie«, S. 244.

133 **Hier beginnt der Holocaust** – Ebd., S. 15.
Euthanasietäter führen – Ebd.
Wie der Holocaust – Siehe zum Beispiel Osterloh/Schulte, »Euthanasie«, S. 274.

134 **Berufsbeamtentums** – Vgl. Klee, »Euthanasie«, S. 36.
aus dem einzigen Grund – Jürgen Habermas: Statt eines Vorworts, in: Ein Verbrechen ohne Namen. Anmerkungen zum neuen Streit über den Holocaust, hrsg. von Saul Friedländer et al., München: C.H. Beck Verlag 2022, S. 10f.
Gleichsetzungen und Vermengungen – Vgl. Kevin Dudek: »Nazi, werde schleunigst Arzt. Sonst holt der auch Dich!« Zur Shoahrelativierung in der Antipsychiatrie, in: Gegendiagnose. Beiträge zur radikalen Kritik an Psychiatrie und Psychologie, hrsg. von Cora Schmechel et al., Münster: edition assemblage 2015, S. 313-325.
Ilsze Lekschas – Vgl. https://www.t4-denkmal.de/Ilsze-Lekschas-geb-Jakumeit

135 **Der Obergutachter verwendet** – Klee, »Euthanasie«, S. 36.
Habermas, Statt eines Vorworts, S. 123.
Ist der Kranke ermordet – Klee, »Euthanasie«, S. 123.
beobachtend ignoriert – Ebd., S. 211.

136 **als irgendeine andere Berufsgruppe** – Peter Weingart, Jürgen Kroll, Kurz Bayertz: Rasse, Blut und Gene. Geschichte der Eugenik und Rassenhygiene in Deutschland, Frankfurt am Main: Suhrkamp Verlag 1988, S. 477.
50% der deutschen Ärzteschaft – Klee schreibt: »Im katholischen Rheinland werden 56% der Ärzte NSDAP-Mitglied oder Parteianwärter. Zählt man Mitgliedschaften in SA, SS, NSKK usw. hinzu, sind es 74% aller rheinischen Mediziner. In Thüringen gehören von 1287 Praktischen Ärzten mindestens 1007 der Partei an: 78 Prozent. Im katholischen Westfalen werden 64,1% der Anstaltspsychiater Parteigenossen, die Sympathisanten hinzugerechnet: 70,9 Prozent. Diakonische Einrichtungen sind besonders anfällig [...].« Klee, »Euthanasie«, S. 38.
Sie sagen *behandeln* – Ebd., S. 339.
Angehörige von Ermordeten – Vgl. ebd., S. 211.
ein Angehöriger beschwert – Vgl. »Der Vater, Parteigenosse, der den Aufenthalt seines Sohnes bezahlen muß, handelt anders. Bei einem Besuch fragt er Direktor Gutekunst,

›wie es denn komme, daß Kinder, die doch geistig viel höher stünden als mein Heinz‹, in Anstalten stürben, während sein Sohn lebe. Der Vater: ›Ich habe seinerzeit die Anstalt verlassen, in der Annahme, daß mein Kind von seinem Leiden erlöst würde.‹ Die Tötung erfolgte aufgrund von Tarnungsgründen jedoch nicht.« Ebd., S. 353.

137 **Hitler ging es** – Vgl. z. B. Klee, »Euthanasie«, S. 340. Er zitiert dort Gerhard Schmidt, kommissarischer Leiter der Anstalt Eglfing-Haar.

138 **Trotzdem spürte ich** – Buck-Zerchin, Auf der Spur des Morgensterns, S. 114.
der Führung Gottes – Ebd., S. 101.
Die ›Viereinigkeit‹ blieb – Ebd., S. 25.

139 **Wert als Mensch** – Ebd., S. 136.
vorausgegangenen seelischen Erschütterungen – Ebd., S. 99.
mit der Wirklichkeit verwechseln – Ebd., S. 226.
im Nationalsozialismus verhasst – Während des Nationalsozialismus sind viele Analytiker emigriert, einige sind umgebracht worden. »Das Zentrum der Psychoanalyse verlagerte sich von nun an in die USA, wo Freuds Schriften schon von Anfang an auf positive Resonanz gestoßen waren.« Arenz: Exkursionen durch die Psychiatriegeschichte, S. 212.
den Platz der Realität einnehmen – C. G. Jung: Zur Psychogenese der Geisteskrankheiten, Olten/Freiburg im Breisgau: Walter Verlag 1973, S. 65.

141 **wenig in meinem Leben** – Buck-Zerchin, Auf der Spur des Morgensterns, S. 150.

142 **Symbol der Erneuerung** – Ebd., S. 191.
Versinken im Wattenschlick – Ebd, S. 192.
dem Wasser übergeben – https://www.kath.ch/newsd/warum-kim-de-lhorizon-von-hexerei-und-naturheilkunde-fasziniert-ist/

143 **das Hexische** – https://www.zeit.de/sinn/2023-03/kim-de-l-horizon-sinn-des-lebens/seite-2
alle kulturellen Riten – Vgl. Victor Turner: Vom Ritual zum Theater. Der Ernst des menschlichen Spiels, Neuausgabe, Frankfurt/New York: Campus Verlag 2009, bzw. Arnold van Gennep: Übergangsriten, Frankfurt/New York: Campus Verlag 2005.
vorübergehend außer Kraft – Ebd., S. 102.
Der Initiant sei – Ebd., S. 180.
Elemente der Kultur – Ebd., S. 40.
sehr genau nachzudenken – Ebd., S. 64.

144 **mit Gefühlen und Wünschen** – Ebd., S. 33.
zum Sterilisieren gezwungen – Klee, »Euthanasie«, S. 44.
Evangelische Häuser – Ebd., S. 44
Von einer Zwangssterilsierten – Buck-Zerchin, Auf der Spur des Morgensterns, S. 127.
manisch-depressivem Irrsein – Vgl. Klee, »Euthanasie«, S. 41.
im Körper seiner Kinder – Ebd., S. 5 (Vorwort).

145 **Millionen aufgewendet** – Ebd., S. 40.
mit sozialen Werturteilen angereichert – Weingart/Kroll/Bayertz, Rasse, Blut und Gene, S. 469.
erbliche Taubheit – Ebd., S. 465.
öffentliche Akzeptanz – Vgl. ebd., S. 468.

146 **wird per Gesetz behauptet** – Klee, »Euthanasie«, S. 41.
wie alle anderen Kranken – Ebd., S. 16.

147 **das Organ der Kalkulation** – Horkheimer/Adorno, Dialektik der Aufklärung, S. 95.

besteht die Rationalität – Ebd., S. 88.
das Besondere aus dem Allgemeinen – Ebd., S. 89. Zitiert nach Kant, Kritik der reinen Vernunft, S. 429.
148 **ihrer größten Vollkommenheit** – Roig, Why we matter, S. 118. Zitiert nach Immanuel Kant: Physische Geographie. A A IX.
am tiefsten steht ein Teil – Ebd., S. 457. Zitiert nach Kant.
kehrten sich gegen Kälte – Ingrid von Beyme und Thomas Röske (Hrsg.), Einführung Prinzhornsammlung, Heidelberg 2020, S. 7.
149 **als »diagnostische[n] Beweis«** – Ebd., S. 6.
bis heute prägt – Vgl. Arenz, Exkursionen durch die Psychiatriegeschichte, S. 179f.
Jahrzehnte vor der Wanderausstellung – Von Beyme/Röske, Prinzhornsammlung, S. 6.
sein kleinbürgerliches Bild – Todesursache: Euthanasie. Verdeckte Morde in der NS-Zeit, hrsg. von Bettina Brand-Claussen, Thomas Röske, Maike Rotzoll, 2., erweiterte Auflage, Sammlung Prinzhorn/Wunderhorn, Heidelberg 2002/2012, Vorwort, S. 7. Zitiert nach Carl Schneider: Entartete Kunst und Irrenkunst, in: Archiv für Psychiatrie 110 (1940), S. 160.
unmenschlich zu werden – Buck-Zerchin, Auf der Spur des Morgensterns, S. 77.
innere Kolonisation – Andreas Heinz: Das kolonialisierte Gehirn und die Wege der Revolte, Berlin: Suhrkamp Verlag 2023, S. 87, zitiert nach Emil Kraepelin.
150 **Richter am Erbgesundheitsobergericht** – Klee, »Euthanasie«, S. 177.
sieben Sachverständige – Vgl. Margret Hamm: Es ist grauenvoll, dass man solche Gutachten als Tatsache hinnimmt, in: Ausgegrenzt! Warum? Zwangssterilisierte und Geschädigte der NS-›Euthanasie‹ in der Bundesrepublik Deutschland, hrsg. von Margret Hamm, Berlin: Metropol Verlag 2017, S. 196.
Anschein wissenschaftlicher Autorität – Kathrin Braun: »Ob es tatsächlich dazu kommt, ist nach wie vor offen und bleibt abzuwarten.« Der Kampf des BEZ um die Anerkennung der »Euthanasie«-Geschädigten und Zwangssterilisierten als Verfolgte des Nationalsozialismus und die Antworten der Politik, in: Ebd., S. 209.
der damals beteiligten Medizinverbrecher – Ebd.
151 **nationalsozialistisches Unrecht** – Andreas Scheulen: Von der Verfolgung zur Entschädigung NS-»Euthanasie« und Zwangssterilisation in der Bundesrepublik Deutschland, in: Hamm, Ausgegrenzt! Warum?, S. 168.
erst 2007 geächtet – Vgl. Wolfgang Benz: Verweigerte Erinnerung als zweite Diskriminierung der Opfer nationalsozialistischer Politik, in: ebd., S. 22.
keine Stellungnahme des Bundestages – Braun, »Ob es tatsächlich dazu kommt«, S. 211.
die rechtlose Situation – Buck-Zerchin, Auf der Spur des Morgensterns, S. 272.
152 **im Schmerz aufbäumt** – Ebd., S. 121.
153 **Erfahrung ihrer Zwangssterilisation** – https://www.uke.de/kliniken-institute/institute/geschichte-und-ethik-der-medizin/medizinhistorisches-museum/%C3%BCber-das-museum/pressematerial/index.html
zu Einsamkeit und Unglück verdammt – Annie Ernaux: Die Jahre, Berlin: Suhrkamp Verlag 2017, S. 104.

6. Wieder in der Psychiatrie

156 **einer der bekanntesten Chirurgen** – https://www.tagesspiegel.de/wissen/strassen-an-der-charite-umbenannt-4591510.html
die Empfehlung ›Sterilisation‹ – https://www.tagesspiegel.de/wissen/strassen-an-der-charite-umbenannt-4591510.html
157 **diesen Gefühlsstau lösen** – Buck-Zerchin, Auf der Spur des Morgensterns, S. 123.
158 **trotz aller Zwiespältigkeit** – Ronald Mundkenk: Lebt Gott in der Psychiatrie? Erkundungen und Begegnungen, Neumünster: Paranus Verlag 2010, S. 31.
159 **das eigene Ich** – Burton, Der Sinn des Wahnsinns, S. 140f. Zitiert nach Virginia Woolf.
160 **in schonungsloser Offenheit** – Moldzio, Schizophrenie, S. 16.
Isolation des beobachteten Symptoms – Arenz, Exkursionen durch die Psychiatriegeschichte, S. 31.
161 **in einem sozialen Kontext** – Ebd.
andere somatische Faktoren – Sabrina Koschinsky: »Veränderung, Entwicklung, Reifung« – qualitative Erhebung zum Sinnerleben in Psychosen, in: Sinnsuche und Genesung. Erfahrungen und Forschungen zum subjektiven Sinn von Psychosen, hrsg. von Thomas Bock, Kristin Klapheck, Friederike Ruppelt, Köln: Psychiatrie Verlag 2014, S. 90.
Partnerschaftsprobleme, Konflikte in der Familie – Ebd.
162 **Schuld und Verantwortung** – Gwen Schulz: Ich bin nicht ohne Grund ver-rückt, in: Ebd., S. 67.
allen Menschen gemeinsame – Wie gesund ist krank? Argumente für eine anthropologische Sicht, in: Ebd., S. 36.
163 **subjektiven Sinn abzugewinnen** – Auch das Buch *Sinnsuche und Genesung* und die darin vorgestellte SuSi-Studie knüpfen an Dorothea Buck-Zerchin und den von ihr und von Thomas Bock initiierten Trialog zum Verständnis von Psychosen an.
164 **im Bereich des Möglichen** – Burton, Der Sinn des Wahnsinns, S. 55.
Der Mythos wollte berichten – Horkheimer/Adorno, Dialektik der Aufklärung, S. 14.
als ein Erklärungsversuch – Bock/Klapheck/Ruppelt, Sinnsuche, S. 27.
169 **Denken macht frei** – https://denkmaeler.charite.de/griesinger/#:~:text=%C2%BBDenken%20macht%20frei%C2%AB%20und%20%C2%BB,naturwissenschaftlichen%20und%20antimetaphysischen%20Standpunkts%20interpretiert.
170 **nicht das von jemand anderem** – Beate Rössler: Autonomie. Ein Versuch über das gelungene Leben, Berlin: Suhrkamp Verlag 2017, S. 246, zitiert nach Martha Nussbaum.
171 **Stoffwechseltoxikationen** – Jung, Zur Psychogenese der Geisteskrankheiten, S. 75.
172 **einen naturwissenschaftlichen Schub** – Brückner, Kurze Geschichte der Psychiatrie, S. 117.
Den »Maniker« verglich – Hans-Jörg Assion et al.: Bipolare Störungen. Das Praxishandbuch, Stuttgart: Kohlhammer 2021, S. 21.
173 **die durch Zivilisation ausgeschaltete** – Heiner Fangerau und Thorsten Noack: Rassenhygiene in Deutschland und Medizin im Nationalsozialismus, in: Geschichte, Theorie und Ethik der Medizin. Eine Einführung, hrsg. von Stefan Schulz et al., Frankfurt am Main: Suhrkamp Verlag 2006, S. 227.
rassenhygienische Konzepte – Ebd., S. 228.
einen erlaubten nützlichen Akt – »Euthanasie« im Nationalsozialismus. Die medizinische Vernichtung der Anstaltspatienten, in: Todesursache: Euthanasie, S. 9. Zitat nach Karl Binding und Alfred Hocke.

174 **Person mit der Diagnose** – https://www.neurologen-und-psychiater-im-netz.org/psychiatrie-psychosomatik-psychotherapie/news-archiv/artikel/studie-menschen-mit-schizophrenie-werden-zunehmend-stigmatisiert/
die einseitige Betonung – https://www.neurologen-und-psychiater-im-netz.org/psychiatrie-psychosomatik-psychotherapie/news-archiv/artikel/studie-menschen-mit-schizophrenie-werden-zunehmend-stigmatisiert/
175 **Grundlagen des heutigen Systems** – https://de.wikipedia.org/wiki/Emil_Kraepelin
zweiten biologistischen Psychiatrie – Arenz, Exkursionen durch die Psychiatriegeschichte, S. 220.
Zweiteilung der Psychosen – https://de.wikipedia.org/wiki/Emil_Kraepelin
über 2000 Meldebögen – Klee, »Euthanasie«, S. 126.
176 **besonders gut arbeiten** – Nikolas Lelle: Arbeit, Dienst und Führung. Der Nationalsozialismus und sein Erbe, Berlin: Verbrecher Verlag 2022, S. 13, 14.
177 **in der Begründung** – Sie schrieb: »Da in der ganzen Zeit keine nervenärztliche Behandlung notwendig war und auch meine Zeugnisse einwandfrei sind, bin ich der Meinung, daß dieser Eingriff unrechtmäßig erfolgte.« Braun: »Ob es tatsächlich dazu kommt«, S. 199f. Zitiert nach Klara Nowak, Schreiben an den Petitionsausschuss des Deutschen Bundestages v. 21.6.1971, LAW NRW OWL, D 107/73.
von außen unterstellte Minderwertigkeit – Stefanie Westermann: »Ein Mensch, der keine Würde hat, bedeutet auf dieser Welt nichts mehr.« Zwangssterilisierte in der Bundesrepublik Deutschland, in: Hamm, Ausgegrenzt! Warum?, S. 40.
Einzigartigkeit eines historischen Ereignisses – Natan Sznaider: Fluchtpunkte der Erinnerung. Über die Gegenwart von Holocaust und Kolonialismus, München: Hanser Verlag 2022, S. 185.
178 **Ihr Motto** – Natalie Dedreux: Mein Leben ist doch cool! Unsere Welt und was ich dazu zu sagen habe, München: Knaur Verlag 2022.
179 **Umgang mit negativen Stereotypen** – Burton, Der Sinn des Wahnsinns, S. VII.
180 **einen noch Verrückteren** – Stammt eigentlich von Heinrich Heine: Sämtliche Werke, Neue Ausgabe in 12 Bänden, 4. Bd, Hamburg: Hoffmann und Campe 1884, S. 11.
Parasit der Gesellschaft – Friedrich Nietzsche: Götzendämmerung, Sämtliche Werke in 12 Bänden, Bd. 8, Stuttgart: Alfred Kröner Verlag 1964, S. 154.
Das psychoanalytische Modell – Burton, Der Sinn des Wahnsinns, S. 52.

7. Zusammenfinden

183 **Ja! ein göttlich Wesen** – Hölderlin, Hyperion, S. 12.
184 **Zustand des Zeichenträgers** – Goffman, Stigma, S. 9.
185 **Der herrschende Sprachgebrauch** – Max Horkheimer: Zum Begriff der Vernunft, in: Sozialphilosophische Studien. Aufsätze, Reden und Vorträge 1930-1972, hrsg. von Werner Brede, Frankfurt am Main: S. Fischer Verlag 1972, S. 47.
186 **Induktion und Deduktion** – Ebd.
187 **der Blick des anderen** – Sartre, Sein und Nichts, S. 344f. Siehe dazu auch Moldzio, Schizophrenie, S. 124.
188 **im biblischen Schöpfungsmythos** – Vgl. dazu Michaela Bauks: Nacktheit und Scham in Genesis 2-3, in: Kulturgeschichte der Scham, hrsg. von Michaela Bauks und Michael Andritzky, Hamburg: Felix Meiner Verlag 2010, S. 17-34.

die Schamschwelle ansteigt – Norbert Elias: Über den Prozeß der Zivilisation. Soziogenetische und psychogenetische Untersuchungen, Bd. 1, Wandlungen des Verhaltens in den weltlichen Oberschichten des Abendlandes, Frankfurt am Main: Suhrkamp Verlag 1976.

189 **Gegen Eintrittsgeld** – Heiner Fangerau: Psychische Erkrankungen und geistige Behinderung, in: Geschichte, Theorie und Ethik der Medizin. Eine Einführung, hrsg. von Stefan Schulz et al., Frankfurt am Main: Suhrkamp Verlag 2006, S. 369.

190 **den Arbeiten des KWI-A zum Opfer** – https://www.polsoz.fu-berlin.de/polwiss/gesch-ihne22/index.html

192 **unauflöslichen Zusammenhang** – Axel Honneth: Kampf um Anerkennung. Zur moralischen Grammatik sozialer Konflikte, Frankfurt am Main: Suhrkamp Verlag 1994, S. 212.

Identitätsmacht – Miranda Fricker: Epistemische Ungerechtigkeit. Macht und die Ethik des Wissens, München: C.H. Beck Verlag 2023, S. 39.

Die Macht darüber – Ebd.

193 **aufgrund dieser Krankheit** – Burton, Der Sinn des Wahnsinns, S. 155. Zitiert nach Kay Redfield Jamision.

194 **Der offenen, ironischen Seite** – Jutta Rosenkranz: Mascha Kaléko, Biografie, München: dtv Verlag 2012, S. 212.

der Erfinder des Jazz – https://www.wissenschaft.de/erde-umwelt/britischer-psychiater-wurzel-des-jazz-liegt-in-der-schizophrenie/

195 **durch geeignete Erbpflege** – Todesursache: Euthanasie, S. 7.

aufgrund der verstärkten Nutzung – Burton, Der Sinn des Wahnsinns, S. 75.

ein hohes Maß – Ebd., S. 75f.

43 Prozent der Schriftsteller – Ebd., S. 141.

196 **für größere Leistungen** – Ebd., S. 142.

Jeder Mensch aber ist – Hesse, Demian, S. 7.

197 **In einem Aufsatz** – Margret Osterfeld: Vor der Tatsache des Krankwerdens habe ich keine Angst mehr. Nur von der Tatsache, so behandelt zu werden, habe ich Angst, in: Seitenwechsel. Psychiatrie-Erfahrene Professionelle erzählen, hrsg. von Sibylle Prinz, Neumünster: Paranus Verlag 2006, S. 66.

198 **Nur für Verrückte** – Hermann Hesse: Der Steppenwolf, Frankfurt am Main: Suhrkamp Verlag 1974, S. 50.

tun sich mit Menschen zusammen – Siehe zum Beispiel der Berliner Verein Kellerkinder e.V. »Was unser alltägliches Leben manchmal schwer macht, liegt selten in unserem Anderssein begründet, sondern in den erlebten Diskriminierungen durch die Gesellschaft. Diese Erfahrungen stehen unserem Handeln oft im Weg.« Quelle: https://seeletrifftwelt.de

organisieren sich nach Diagnosen – Siehe zum Beispiel Deutsche Gesellschaft für bipolare Störungen e.V. https://dgbs.de oder Selbsthilfevereine wie Bipolaris https://www.bipolaris.de

unter anderen Symptomen – https://stimmenhoeren.de

verbünden sich als Psychiatrie-Erfahrene – Siehe Bundesverband Psychiatrie-Erfahrener e.V.: https://bpe-online.de

200 **Teilnehmer der Verhandlungssituation** – Martha C. Nussbaum: Grenzen der Gerechtigkeit. Behinderung, Nationalität und Spezieszugehörigkeit, Berlin/Frankfurt am Main: Suhrkamp Verlag 2010, S. 32f.

körperliche Einschränkungen – Ebd., S. 37.
für eine gerechte Gesellschaft – Vgl. ebd., S. 34.
besonderen psychologischen Neigungen – Rawls, Eine Theorie der Gerechtigkeit, S. 29.

201 **Neurophysiologin und Expertin** – Frank Jackson: What Mary didn't know, The Journal of Philosophy Vol. 83, No. 5 (May, 1986), S. 291-295.
sozialwissenschaftliche Disziplin – Eliah Lüthi: Mad Studies und Disability Studies, in: Handbuch Disability Studies, hrsg. von Anne Waldschmidt, Wiesbaden: Springer 2022, S. 435-452.
Mad Studies – »Der Begriff *Mad Studies* findet sich akademisch dokumentiert erstmals in Kanada.« Ebd., S. 435. Siehe auch ebd., S. 441: »Die skizzierte, vielfältige Kritik an Psych-Zusammenhängen und die Entwicklung emanzipativer (Selbst-)Verständnisse hat seit den 2000er Jahren zu dem internationalen Feld der Mad Studies geführt.«
aktivistische Wissenschaft – Vgl. ebd., S. 449.
rund um den Globus – Shaindl Diamond: What Makes Us a Community? Reflections on Building Solidarity in Anti-sanist Praxis, in: Brenda A. LeFrançois (Hrsg). et al.: Mad Matters. A Critical Reader in Canadian Mad Studies, Toronto: Canadian Scholars' Press Inc 2013, S. 64. Eigene Übersetzung.

203 **Es gibt Lücken** – Kübra Gümüşay: Sprache und Sein, Berlin: Hanser Verlag 2020, S. 45.

204 **Schizophrenie galt als** – Thesing, Feministische Psychiatriekritik, S. 26.
Ihr Engagement führte – Brückner, Kurze Geschichte der Psychiatrie, S. 167.

205 **über hundert solcher Seminare** – https://www.trialog-psychoseseminar.de/grundidee/geschichte-des-trialogs. Die Zahl stammt von 2008.
eine Befreiung aus – Brückner, Kurze Geschichte der Psychiatrie, S. 167.

206 **unter den geladenen Sachverständigen** – Braun, »Ob es tatsächlich dazu kommt«, S. 208.
Wiedergutmachungsausschusses – Ebd., S. 210.

207 **ein asozialer Trinker** – Ebd., S. 213. Zitiert nach Deutscher Bundestag (Hrsg.): Wiedergutmachung und Entschädigung für nationalsozialistisches Unrecht, S. 288.
Antrag auf Härteleistung – Ebd., S. 201.
während der NS-Zeit – https://www.otz.de/regionen/jena/jenaer-uni-klinik-trennt-sich-vom-namen-des-eeg-erfinders-hans-berger-id235487575.html

208 **eine Initiative kämpft** – https://www.otz.de/regionen/jena/jenaer-koryphaee-und-nazi-taeter-id239673555.html
Ein Argument, das – Günter Saathoff: Geleitwort, in: Hamm, Ausgegrenzt! Warum?, S. 9f.

209 **bei voller Namensnennung** – Robert Parzer: Beinahe vergessene Opfer, in: GiD Gen-ethischer Informationsdienst, Informationen und Kritik zur Fortpflanzungs- und Gentechnologie, Nr. 239 – Dezember 2016, S. 33-36.

211 **Dahinter steckt die Idee** – https://ex-in.de/ueber-ex-in

213 **Ausschluss behinderter Schüler_innen** – https://pride-parade.de/die-glitzernde-kruecke

8. Mehr Allies!

einen angstbesetzten Raum – Er bezieht sich in dem Aufsatz auf »den Mythos von Arnsdorf«, Iltzsche, Mit dem Rücken zur Wand, S. 64.

216 **Was wir ›Geisteskrankheit‹ nennen** – Chesler, Frauen, S. 55.

218 **Ver-rücktheiten sind** – https://bpe-online.de/tips-und-tricks-um-ver-ruecktheiten-zu-steuern/

Ver-rücktheiten können – Ebd.

219 **als Teil des Lebens** – Burton, Der Sinn des Wahnsinns, S. 76.

In Ländern, in denen – Weinmann, Die Vermessung der Psychiatrie, S. 17.

Medikament- und Absetzeffekte – Ebd., S. 13.

so groß und so eingeübt – Ebd., S. 41.

222 **Der Pariser Psychiater** – Brückner, Kurze Geschichte der Psychiatrie, S. 150.

Seit 1967 werden – Ebd., S. 151.

als Gift gefürchtet – Arenz, Exkursionen durch die Psychiatriegeschichte, S. 39.

Therapeutikum – Ebd.

223 **Absetzen von Psychopharmaka** – Peter Lehmann: Medizinische und juristische Probleme psychiatrischer Akutbehandlung, in: Förderung der Selbstbestimmung und Vermeidung von Zwang. Tagungsdokumentation 06./07. und 08. September 2021 in Bremen, Tagungsband 48, hrsg. von Aktion Psychisch Kranke et al., Köln: Psychiatrie-verlag 2022, 264f.

Menschenrechte in Aktion – https://menschenrechte-in-aktion.de

228 **kannibalischen Kapitalismus** – Nancy Fraser: Der Allesfresser. Wie der Kapitalismus seine eigene Grundlagen verschlingt, Berlin: Suhrkamp Verlag 2023, S. 9.

Grundlagen unserer Existenz – Ebd., S. 11.

230 **religiöse Ausbildungsstätten** – Erving Goffman: Asyle. Über die soziale Situation psychiatrischer Patienten und andere Insassen, Frankfurt am Main: Suhrkamp Verlag 1973, S. 16.

Das Polizeiauto – Iltzsche, Mit dem Rücken zur Wand, S. 64.

234 **Von den vielfältigen menschenrechtlichen Anforderungen** – Valentin Aichele: Menschenrechte und Psychiatrie, in: Prävention von Zwangsmaßnahmen, S. 19.

238 **Soteria wurde 1971** – Peter Lehmann: »Alternativen zur psychiatrischen Behandlung – Was Psychiatriebetroffene, Angehörige und Profis brauchen«, in: praxis wissen psychosozial – Zeitschrift für psychosoziale Pflege (Seelze, BRD), Heft 13 2013, S. 7.

die Psychose als Lösungsversuch – Buck-Zerchin, Auf der Spur des Morgensterns, S. 303.

239 **Strafe Gottes** – Ronald Mundhenk: Lebt Gott in der Psychiatrie? Erkundungen und Begegnungen, Neumünster: Paranus Verlag 2010, S. 41.

240 **Bei vielen PE** – https://bpe-online.de/tips-und-tricks-um-ver-ruecktheiten-zu-steuern

241 **Unter Zwangsmaßnahmen** – https://www.institut-fuer-menschenrechte.de/fileadmin/Redaktion/Publikationen/Fact_Sheet/DIMR_Factsheet_Zwang.pdf

242 **Entwicklung der Psychiatriekritik** – https://www.antipsychiatrieverlag.de/artikel/recht/antipsychiatrie.htm

über Bord geworfen – Ebd.

245 **Expert:in aus Erfahrung** – https://ex-in.de/ueber-ex-in/

246 **Minimum an Zwang** – Zinkler/Osterfeld, Einführung, S. 15.

9. Achtgeben

249 **Das Schwierige ist** – Thesing, Feministische Psychiatriekritik, S. 28.
Hochsensiblen Menschen – Elaine N. Aron: Sind Sie hochsensibel? Wie Sie Ihre Empfindsamkeit erkennen, verstehen und nutzen, München: mvg Verlag 2005.
250 **Sie sind auch *Benennende*** – Gümüşay, Sprache und Sein, S. 54f.
permanent in Frage zu stellen – Thesing, Feministische Psychiatriekritik, S. 31.
251 **Arzt auch mal als manisch-depressiv diagnostiziert** – Buck-Zerchin, Auf der Spur des Morgensterns, S. 152.
252 **mehr oder weniger psychoseanfällig** – https://www.telepolis.de/features/Es-gibt-keine-Schizophrenie-3825681.html
253 **Tips und Tricks** – https://bpe-online.de/tips-und-tricks-um-ver-ruecktheiten-zu-steuern/
Ver-rücktheit ist eine Begabung – https://bpe-online.de/tips-und-tricks-um-ver-ruecktheiten-zu-steuern
dann einen freien Willen – Vgl. Frankfurt, Willensfreiheit, S. 75.
welcher davon handlungswirksam – »Willensfrei zu sein bedeutet gemäß der Frankfurtschen Konzeption, daß jemand gemäß einem Wunsch handelt, von dem er möchte, daß er handlungswirksam ist, oder – anders ausgedrückt – daß er den Willen hat, den er haben möchte« Barbara Guckes: Harry G. Frankfurts hierarchisches Modell des Wünschens, in: Freiheit und Selbstbestimmung. Ausgewählte Texte, hrsg. von Monika Betzler und Barbara Guckes, Berlin 2001, S. 10.
255 **nach Bedeutungen sucht** – Clifford Geertz: Dichte Beschreibung, Frankfurt am Main: Suhrkamp Verlag 1983, S. 9.
Herstellung und Darstellung – Arnulf Deppermann und Gabriele Lucius-Hoene: Rekonstruktion narrativer Identität. Ein Arbeitsbuch zur Analyse narrativer Interviews, Wiesbaden: Springer Verlag 2002, S. 9.
Fähigkeit zur Verbindung – Priya Basil: Im Wir und Jetzt. Feministin werden, Berlin: Suhrkamp Verlag 2021, S. 138f.
256 **in Richtung Zuversicht** – Thomas Bock: Der eigene Sinn in der Forschung. Das Hamburger SuSi-Projekt, in: Eigensinn und Psychose, Noncompliance als Chance, Neumünster: Paranus Verlag 2006, S. 72.
finnische Zwillingsstudie – Vgl. Pekka Tienari et al.: The Finnish Adoptive Family Study of Schizophrenia, in: The Yale Journal of Biology and Medicine 58 (1985) S. 227-237.
257 **ein rätselhaftes Buch** – https://www.deutschlandfunkkultur.de/literaturagentin-elisabeth-ruge-mit-mut-und-leidenschaft-100.html https://www.deutschlandfunkkultur.de/literaturagentin-elisabeth-ruge-mit-mut-und-leidenschaft-100.html
258 **als konkrete Verkettung** – Jürgen Habermas: Motive Nachmetaphysischen Denkens, in: Nachmetaphysisches Denken. Philosophische Aufsätze, Frankfurt am Main: Suhrkamp Verlag 1992, S. 37.
259 **ein sinnhafter Versuch** – Volkmar Aderhold: Netzwerkgespräche im Offenen Dialog, in: Prävention von Zwangsmaßnahmen, S. 134.
Das Modell wird seit – Ebd., S. 156.
260 **Leidenszustände zu lindern** – Jaeggi, Und wer therapiert die Therapeuten?, S. 27.
die Grundlage seines Berufes – Ebd.
261 **bei Menschen mit Psychosen keine Psychoanalyse** – Siehe hierzu auch ebd., S. 116.
262 **Aufklärung der Öffentlichkeit** – https://dgbs.de/bipolare-stoerung

263 **Gut und Böse** – Arnhild Köpcke: Der Sinn liegt im Zwischen, in: Hartwig Hansen (Hrsg.): Der Sinn meiner Psychose. Zwanzig Männer und Frauen berichten, Neumünster: Paranus Verlag 2013, S. 156.

Wer Du spricht – Martin Buber: Ich und Du, Gerlingen: Lambert Schneider 1994, S. 10.

264 **allein verantwortlich** – Şeyda Kurt: Radikale Zärtlichkeit. Warum Liebe politisch ist, Hamburg: HarperCollins 2021, S. 14.

265 **Handlungsmöglichkeiten** – Diana T. Meyers: Personale Autonomie ohne Transzendenz, in: Autonomie der Person, hrsg. von Monika Betzler, Münster: mentis Verlag 2013, S. 150.

266 **neuzeitlichen Abendlands** – Charles Taylor: Quellen des Selbst. Die Entstehung der neuzeitlichen Identität, Frankfurt am Main: Suhrkamp Verlag 1994, S. 30.

268 **ethnologischen Psychiatrieforschungsprojekt** – Sonja Lauff: Die gemiedene Kategorie der Psyche in der intersektionalen Diskriminierungskritik. Psychismus als Diskriminierungsform denken wagen, in: Geschlechterforschung in und zwischen den Disziplinen. Gender in Soziologie, Ökonomie und Bildung, Leverkusen: Verlag Barbara Budrich 2020, S. 63. Sie spricht in dem Zusammenhang auch von epistemischer Ungerechtigkeit.

269 **Gewalt und Zwang** – Zinkler/Osterfeld, Einführung, S. 11.

272 **Oder ganz praktisch** – Hasler, Neue Psychiatrie, S. 9.

273 **ein unrechtmäßiges Merkmal** – https://www.amnesty.ch/de/themen/diskriminierung/zahlen-fakten-und-hintergruende/was-ist-diskriminierung

274 **Schon der Mythos ist** – Horkheimer/Adorno, Dialektik der Aufklärung, S. 6.

Gesprächsversuche scheiterten – Buck-Zerchin, Auf der Spur des Morgensterns, S. 147.

Inhalt